나의
페미니즘
레시피

나의 페미니즘 레시피

우리 시대 페미니스트 15인의 "현장" 이야기

초판 1쇄 발행 2015년 6월 10일 ＼**초판 2쇄 발행** 2015년 8월 1일
기획 이화여대 아시아여성학센터 ＼**지은이** 장필화 외
펴낸이 이영선 ＼**편집 이사** 강영선 ＼**주간** 김선정
편집장 김문정 ＼**편집** 김종훈 김경란 하선정 김정희 유선 ＼**디자인** 김회량 정경아 이주연
마케팅 김일신 이호석 김연수 ＼**관리** 박정래 손미경

펴낸곳 서해문집 ＼**출판등록** 1989년 3월 16일(제406-2005-000047호)
주소 경기도 파주시 광인사길 217(파주출판도시) ＼**전화** (031)955-7470 ＼**팩스** (031)955-7469
홈페이지 www.booksea.co.kr ＼**이메일** shmj21@hanmail.net

장필화 외 © 2015
ISBN 978-89-7483-721-1 03330
값 17,500원

이 도서의 국립중앙도서관 출판시도서목록(CIP)은 e-CIP 홈페이지(http://www.nl.go.kr/ecip)에서
이용하실 수 있습니다.(CIP제어번호: CIP2015013271)

나의 페미니즘 레시피

우리 시대 페미니스트 15인의 "현장" 이야기

이화여대 아시아여성학센터 기획
장필화 외 지음

서해문집

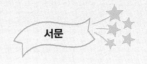

여성주의, 그 현장의
이야기를 담다

 여성학, 여성운동, 여성정책을 가로지르는 공통의 관심사는 '변화' 혹은 '바꾸기'입니다. 여성주의자들은 여성의 인권, 해방, 성평등을 실현하기 위해 우리 사회의 의식, 개념, 관습, 전통, 법, 제도 등 다양한 영역과 분야에서 새로운 변화가 필요하다는 점을 이야기해왔습니다. 그 변화가 왜 필요한지, 어떤 변화를 원하는지를 논의하고, 변화가 일어나면 어떤 점이 좋은지, 어떻게 이를 만들어갈 수 있을지 상상하고 도전해왔습니다. 때로는 기존의 제도에 들어가서, 때로는 새로운 조직을 만들어가면서. 담론과 실천의 한가운데서 희망과 열정과 용기를 갖고 일해왔습니다.

 3년 전 뜨거운 여름날. 여성학, 여성운동, 여성정책 현장에서 일하는 몇몇 사람들이 모여 여성주의자로서 우리는 어떻게 살아왔는지, 어떤 영역에서 어떤 활동을 했는지, 변화는 무엇이었고 어떤 성취와 좌절 그리고 어려움을 겪었는지를 서로 이야기하는 자리를 가졌습니다. 분명히 각기 다른 삶의 여정이었지만 우리는 인간으로서 그리고 여성으로서 존엄성을 찾고 새로운 변화를 만드는 길을 함께해왔고 함께하고 있음을 재확인하면서, 서로가 서로로부터 힘과 위안을 받는 경험을 했습니다. 그리고 자연스럽게 이 이야기를 글로 써서 좀 더 많은 사람들과 공유하자는 데 뜻이 모아졌습니다.

이 책의 저자들은 대부분 1980~90년대에 여성학을 공부하고 이후 현재까지 각기 다른 전문 영역과 현장에서 일을 해온 세대입니다. 사실 1970년대 대학에 여성학이 처음 개설된 이래 많은 여성학자들이 학계나 여성운동 현장뿐 아니라 문화, 예술, 언론, 정책 등 여러 영역에서 다양한 전문성을 갖고 활동해왔습니다. 최근 일각에서 여성학의 위축 혹은 페미니즘의 위기, 페미니스트에 대한 폄하와 왜곡 등의 우려가 제기되고 있는 것도 사실이지만, 드러나지 않게 다양한 영역에서 일하고 활동해온 많은 여성주의자들은 여전히 가슴속에 뜨거운 열정을 놓지 않고 묵묵히 앞을 보며 함께 걸어가고 있습니다.

여성주의는 우리 사회에 많은 변화를 만들어왔습니다. 누군가는 여성주의자들이 반(反)성폭력 운동을 그렇게 열심히 했음에도 여전히 성폭력이 난무하고 있다고 회의적인 시선을 보내지만, 성폭력이라는 개념 자체가 낯설던 사회에서 이제 직장 내 성희롱이 중요한 뉴스로 다루어지게 된 현상이 시사하듯이 여성주의는 법이나 제도뿐 아니라 사람들의 관계와 정서에까지 깊은 영향을 미쳤다고 생각합니다. 여전히 수많은 현실의 한계와 장애들이 놓여 있지만, 최소한 '성평등'은 더 좋은 사회로 나아가기 위한 중요한 사회적 의제로 자리 잡게 되었고, 관련된 많은 제도와 법적 변화들이 이루어졌습니다.

이러한 변화가 있기까지 수많은 사람들의 의지와 참여, 열정과 헌신, 그리고 공식적·비공식적인 여성주의자들의 연대와 네트워크, 협력이 있었습니다. 이러한 노력들은 분명한 성과로 가시화되기보다는 비가시적인 것으로 남기도 하고, 때로는 후퇴와 좌절처럼 보이기도 했습니다. 그러나 우리는 이 모든 것이 결국 변화를 향한 한 걸음 한 걸음의 과정이라고 믿습니다. 그럼에도 불구하고 그동안 대부분의 역사가 그랬던 것처럼, 여성주의의 역사도 법이나 제도, 조직의 성과나 숫자로만 가시화되고 평가될 뿐 그 과정이나 그 안에 있는 한 사람 한 사람의 여정과 숨결은 기록되지 못했다는 안타까움이 있었습니다.

이 책을 쓰는 과정은 우리의 가치와 삶의 여정을 돌아보고 또 내다보는 시간이었습니다. 여성주의자로서의 삶은 전통이라고 불리는 오래된 습관과 제도에 균열을 일으키겠다는 목표를 설정하고 그것을 실천하는 과정이었고, 선례가 없는 일을 해나가면서 새로운 규칙을 만들어 적용하는 시도였습니다. 그리고 성별관계의 변화가 어떤 다른 영역의 변화를 가져오는지 그 변화의 도미노를 경험하고, 새로운 비전을 꿈꾸고 실현하는 항해에서 부딪히는 현실적 문제를 협상하는 과정이기도 했습니다.

글을 쓰면서 우리는 스스로에게 몇 가지 질문을 반복적으로 되묻곤 했습니다. 각자 그 길의 시작 시점에서 우리가 원했던 변화는 무엇이었나? 실제로 일어난 변화는 어떤 것이었나? 그 변화를 위해 여성학을 공부하고 실천한 나의 기여는 어떤 것이었나? 그 과정에서 "경계 넘기"가 있었다면 어떤 것이었나? 각자 생각하는 여성주의의 소임은 무엇이었고, 앞으로 어떤 새로운 방향 모색이 필요한가? 나의 활동을 이어가게 한 에너지, 힘, 추동력은 어디에서 왔는가?

물론 바쁜 일상과 업무를 병행하면서 글을 쓴다는 것은 생각보다 쉽지 않았습니다. 더구나 어떤 일은 이미 오래전의 기억과 경험들이고, 또 어떤 일은 현재도 진행되고 있는 일이어서 섣부른 평가가 될까 우려했습니다. '나'를 화자로 하다 보니 동료와 팀, 조직이 함께 한 일들이 나 혼자 한 일처럼 기록될까봐 망설이기도 했습니다. 그러다 보니 초고가 나오기까지만도 상당한 시간이 흘러갔습니다. 때로는 멈춰서기도 하고 천천히 걷기도 하면서, 그럼에도 불구하고 글을 쓰는 것이 좋겠다고, 필요한 작업이라고 서로를 격려했습니다. 가까스로 나온 초고를 서로 돌려 읽으면서 의견을 나누고 수정하는 작업도 당시에는 지난한 과정이었지만 돌아보니 소중하고 행복한 경험이었습니다.

이 책은 한국페미니즘에 관심 있는 분들을 독자로 한 '현장 속의 여성학과 여성주의'에 관한 이야기입니다. 한국의 여성학, 여성운동, 여성정책을 만들어온 이들의 개인 경험에 기반한 이야기이며, 개인의 경험과 구술을 바탕으로 함께한 사람들, 사례, 그리고 무엇보다 현장의 이야기를 담은 기록입니다. 책에 담은 '현장'은 참여하는 저자에 따라 다양하게 구성되었습니다.

끝으로 이 책이 나오기까지 함께해준 이화여자대학교 아시아여성학센터의 지원에 감사드립니다. 아시아여성학센터는 2012년 아시아 여성 NGO 활동가를 위한 이화글로벌임파워먼트프로그램(Ewha Global Empowerment Program)을 시작하면서, 초국적 아시아 페미니즘의 지식 생산과 연대 안에 한국의 여성주의 현장 이야기를 담아 아시아 여성활동가들과 나누고자 이 책을 시작하는 데 용기를 북돋아주고, 발걸음이 꺾일 때마다 격려를 아끼지 않았습니다. 또한 흔쾌히 출판을 맡아준 도서출판 서해문집에도 감사드립니다. 여러 공동 저자들과의 작업이 더디고 쉽지 않았음에도 그 과정을 또 하나의 공감과 배움의 출판 현장 이야기로 만들어간 편집진에 고마움을 전합니다.

이 책이 여성학자들만이 아니라 여성운동과 여성정책 등 다양한 현장에서 때로는 구체적인 지침서로, 때로는 참고자료로 활용될 수 있기를 바랍니다. 나아가 앞으로 수많은 현장 이야기들이 새롭게 이어져 우리의 경험이 소중한 자산으로 쌓일 수 있기를 소망합니다.

2015년 5월
단행본 기획팀
장필화, 김엘리, 노지은, 이명선, 이미경

차례

2부 경계에서, 새 장을 열다

삶, 몸, 사람, 생태 그리고 연대

3부 글로컬 페미니즘, 세계를 날다
아시아여성학을 꿈꾸다

세상의 중심에서, '성 주류화'하기

'끼어들기'냐 '새판짜기'냐

1부

{ ㅔ }

장필화

이화여자대학교 여성학과 교수
아시아여성학센터 소장

프롤로그 :

처음부터

길은 없었으니…

01

무엇이 진보인가?

해방 후 70년을 맞이하면서 새삼스레 "역사는 진보하는가?"라는 해묵은 질문을 떠올린다. 역사는 진보한다 또는 역행한다는 단순한 답을 얻기 위해서라기보다는, 과연 무엇을 '진보'라고 볼 것인가가 더욱 절실한 물음으로 다가오기 때문이다. 이 책의 저자들은 진보가 무엇인가를 정의하는 작업에 여성이 핵심적 주체로 참여하기를 희망하는 사람들이다. 지난 30년 가까운 세월 동안 그 희망을 붙잡고 크고 작은 문제들을 젠더 관점으로 분석하면서 대안을 모색하며 살아온 저자들이 각자의 영역에서 어떻게 일하고 일상의 삶을 살아왔는지 되돌아보려는 노력이 이 책의 글들을 구성하게 했다.

우리는 여성이 인간으로서 존중받는 것이 사회 진보의 주요 기준이라고 믿는다. 또한 여성이 존중받을 때 비로소 사회 전체가 모든 소수자, 소외된 자들이 존중받을 수 있는 상태와 가장 근접할 수 있음을 믿는다. 이 땅의 여성이 좀 더 인간답게, 좀 더 존중받으면서 살 수 있는 사회를 만들기 위해 다양한 현장에 들어가 일하면서, 우리는 사회 변화란 인간의 머리로 예견할 수 있거나 인간의 힘만으로 이루어낼 수 있는 것이 아닌, 좀 더 복잡하고 때로는 신비한 과정이기도 함을 깨닫는다.

이 글을 쓰기 위해 지난날을 돌아보면서 쓰라린 실패의 기억과 회한이 되살아오는 때도 있었다. 반면 짧은 기간에 정말 한 줌도 안 되는 우리가 '제법 큰일을 해냈구나' 하는 자부심을 느끼기도 한다. 설렘, 기쁨, 희망, 감동과 함께 좌절과 낙담도 친구처럼 세월을 함께해왔다. 실패감과 성취감의 진자 운동 속에서 글쓰기 작업이 지체된 것도 사실이지만, 단지 과거를 기록하거나 거기에 머물기 위해서가 아니라 좀 더 지혜로운 내일의 일과 삶을 위해 더 많은 대화를 이끌어낼 수 있는 마중물을 붓는 의미로 이 글들을 완성해갔다.

이 책에는 많은 현장이 언급되고 있다. "여성운동은 통일 문제에서 쓰레기 문제까지"라고 어떤 여성운동가가 말했듯이, 이 책에도 다양한 무대가 등장한다. 할머니들의 전통 지식을 전수받는 젊은이들이 둥지를 틀기 시작하는 땅끝 마을 강진의 얘기가 펼쳐지는가 하면, 시시포스의 신화를 연상시키는 성매매 현장에 개입하는 용감한 여성들 이야기, 반(反)성폭력 운동 이야기, 주부들이 지역사회의 주인이 되어 아이들을 더 잘 키우는 사회를 상상하며 지역 정치와 생명·생태 운동에 매진하는 재미있는 마을 만들기 이야기, 여성주의자의 언론 활동 분투기, 일상에서 찾는 여성들의 평화운동, 건강 문제를 여성주의 관점에서 풀어보는 이야기 등이 담겨 있다. '성 주류화'라는 어려운 과제를 연구하고 입법 과정에 참여한 선구자들의 정책 현장 이야기는 국회나 청와대 사무실 한켠에서 이루어진 노력과 연결되기도 한다.

또한 이 책은 국내 여성운동이나 여성정책 현장뿐 아니라 아시아-아프리카 여성들과 함께하는 교육운동, 아시아여성학 제도화에 관한 이야기까지, 지역적·공간적으로 경계를 넘어서는 다양한 활동을 담고 있다. 이런 이야기들은 가히 세계적 관심을 이끌어낼 만한 일이어서 실제로 전 세계 수십 개 나라의 페미니스트들이 우리를 만나고자 찾아온다. 그 만남의 다양한 접점은 온라인·오프라인에서 다양하게 이루어지고 있으며, 때로는 저널이나 컨퍼런스로 이어지기도 하고 숙박 교육의 형태를 띠기도 한다. 이렇게 만들어지는 여러 네트워크를 통해 우리는 새로운 패러다임을 모색하는 미래의 현장을 향해 나아가고 있다.

나와 여성학

1970년대 중반 대학 4학년 졸업반이 된 나는, 졸업 후의 계획에 대해 여성과 남성이 어떻게 이렇게 다를 수 있는가 하는 의문을 갖게 되었다. 여자 친구들은 대부분 결혼이 가장 중요한 관심사였고, 단지 소수의 친구들만이 취업이나 대학원 진학 등에 관심을 보였다. 반면 남자 친구들의 관심은 모두 경력에 관련된 것으로, 군대를 먼저 갈 것인지 취업 준비를 할 것인지에 모아져 있었다. 그들에게 결혼에 대한 언급은 그저 농담거리 정도에 지나지 않는 것 같았다. 물론 벌써 40년 전 일이라 지금과는 너무나 다른 풍경이긴 하지만.

아무튼 그때는 똑같은 교육 기회를 향유하고 똑같이 공부를 했음에도 여자와 남자의 삶이 졸업 후 질적으로 다른 경로로 전개된다는 것 자체가 내겐 매우 중요한 발견이고 의문이었다. 이 의문은 동시에 사회 구성원의 성별에 따른 교육과 경력, 사회적 역할과 분업에 대한 질문이기도 했다. 즉 여자는 결혼을 중심으로, 남자는 경력을 중심으로 하는 사회적 역할이나 성별분업이 절대적으로 중요한 것이라면, 교육의 내용도 여자와 남자에 따라 달라져야 합리적인 것일까? 아니면 교육의 기회가 남녀 불문하고 평등하게 주어지는 것이 사회적 진보라면, 사회적 역할과 분업 역시 남녀에게 균등하게 열어주는 것이 합리적인 것일까?

　이런저런 물음을 갖고 대학원 진학을 준비하다가 크리스찬아카데미에서 일하게 되었는데, 여기서 내 삶의 방향에 깊은 영향을 준 지도자, 선배, 동료 멘토들을 만나게 된다. 당시 나는 경동교회를 다니고 있었는데, 담임목사이신 강원용 목사님이 설립한 크리스찬아카데미에서 교육 간사를 맡게 된 것이다. 크리스찬아카데미는 사회교육을 통해 사회 발전에 기여하고자 1965년 설립된 단체로, 1970년대 초반부터 "중간집단 교육" 프로그램을 실시하고 있었다. 그 교육 대상에 여성이 주요 범주로 포함되어 있었고, 나는 여성 프로그램을 담당하는 교육 간사로 일하게 되었다.

　바로 이 기간 동안 만난 분들이 한국여성학 역사에서 매우 중요한 위치를 점하고 있는 분들이었다. 윤후정, 정의숙 당시 이화여대 교수님들은 이론적 작업을 통해 한국여성학의 기초를 세우는 데 결정적 역할을 하셨고, 지속적 발전을 위해 신인령 교수께서 큰 힘을 보태셨다. 또 박영숙 당시 YWCA 총무님을 비롯해 한명숙, 이상화, 이계경, 이혜경, 이정자, 이현숙 선생들이 여성 프로그램 담당으로 힘을 보태신 분들이다.

이 교육 프로그램에 참여한 이후 독일 장학금을 받게 되어 영국에서 유학할 기회가 생겼다. 학사 학위는 영어영문학인데 석사 과정은 여성을 주제로 사회교육 문제를 다루겠다는 내 공부 계획을 보고 장학재단에서는 다소 난감해했다. 독일 대학에서는 이런 코스를 찾을 수 없다며, 혹시 영국에서 찾을 수 있으면 보내주겠다는 답을 보내왔다. 영국의 헐(Hull)대학교는 내게 입학 허가서를 보내준 첫 학교였다. 지금은 한국 학자들에게 지명도가 높은 대학이지만 그때만 해도 우리에게는 잘 알려지지 않았고, 그쪽에서도 한국이라는 나라를 잘 몰랐다. 그곳에서 첫 일 년 동안 한국인은 단 한 명도 만나지 못했다.

나의 연구 목적은 여성을 대상으로 여성주의 의식화 교육을 하는 것의 학문적 의미와 근거를 찾아내고, 이를 어떻게 발전시킬 수 있는가에 대한 것이었다. 이를 위해서 한편으로는 교육의 이데올로기적 성격을 나름대로 비판하고, 다른 한편으로는 당시 막 싹트기 시작한 여성학적 분석을 주요 내용으로 담고 있는 과목들을 열심히 수강했다. 영문학과, 사학과, 사회학과 교수들이 주로 역사·문화·사회구조 속에서 배제된 여성의 경험과 왜곡된 여성관에 대한 비판적 연구를 바탕으로 열렬한 강의를 하던 때였다. 후에 유명한 여성학자가 된 미셸 바렛(Michele Barrett)이 사회학 강의에서 심리학·역사학·인류학·철학을 종횡무진 넘나들며 심층적 문제제기를 하던 기억이 인상 깊게 남는다. 하지만 여전히 교육철학 쪽에서는 여성에 대한 논의가 거의 진행되지 않고 있었다.

지도교수는 나의 문제제기를 들어주고 그에 대해 필요한 질문을 던져줌으로써 훌륭히 논문 지도를 해주었다. 고전적 교육철학 이론에서는 남성 중심적인 접근이 당연시되거나, 성별은 교육 이론과는 무관한 것으로 전제되어 있었다. 아주 드물게 성별이 언급되는 경우도 간혹 있긴 했는데 그런 경우에는 루소의 교육철학처럼 교육을 통해 여성의 보조적 역할을 제도화하려는 의도가 보였다. 이렇게 우열을 가르는 가치의 문제와 성별분업을 유지하는 물질적 근거를 비판적으로 분석하는 것이 내 우선적 목표가 되었다.

여성학 하기

　대학의 학과목으로 만들어지고 학과가 설립되던 1970년대부터 여성학은 최근 중시되고 있는 융합 학문으로서의 포부와 다학문적·학제적 포괄성을 그 중요한 특성으로 포함해왔다. 이를 위해 다양한 과목을 개발해야 했는데, 여성학에서는 팀 티칭의 방법으로 전공 영역이 다른 교수들이 서로 보완하며 협동하는 시범을 보여주었다. 특히 여성학과 초창기에는 철학, 교육학, 사회학, 법학 등 전공을 가로질러 이화여대 내 김영정 교수, 정세화 교수, 정대현 교수, 신옥희 교수, 조형 교수뿐 아니라 학교 울타리를 넘어 연세대 조혜정 교수, 서강대 조옥라 교수, 동국대 조은 교수 등이 여성학 과목을 만들고 강의하는 데 참여했다. 이것은 학부 교양 과목에서부터 대학원에 이르기까지 새로운 주제를 발전시키는 데 매우 필요한 과정이기도 했다.

인류사의 오랜 세월 동안 축적돼온 여성과 남성의 사회문화적·경제적 위치에 대한 연구를 수행하기 위해서도 학제적 접근은 필수적이다. 예를 들어 '노동/일'이라는 주제 하나만 놓고 보더라도 사회학, 경제학, 경영학, 법학 등 다양한 접근을 통합해야 현재 이것이 어떤 위치에 처해 있는지 그 윤곽을 이해할 수 있다. 여성학적으로 노동과 일을 분석한다는 것은 기존의 연구보다 몇 걸음 더 들어가야 하는 것을 의미한다. 역사적으로 오랜 기간 구축되어온 성별분업이 현재의 사회구조에서 나타나는 성별분업에 어떠한 영향을 주었고 미래에는 어떻게 변화할 수 있는지를 묻는 과정에서, 인류의 생존을 위해 가장 중요한 생명 생산과 유지, 양육의 노동에 대한 가치가 절하되어 있다는 문제를 포착하게 된다. 가사노동과 양육노동처럼 노동시장에 자리 잡지 못한 '보이지 않는 노동'을 보게 만드는 작업이 여성학적 접근의 한 예이다.

각 분과학문 간 장벽이 높은 상황에서 이러한 새로운 접근의 커다란 도전 앞에 선 여성학 전공자들은 이제까지와는 다른 보다 통합된 방식으로 사고하는 훈련을 받는다. 다른 전공 영역에서 이루어진 연구를 참고하면서 여성학적 시각으로 문제를 접근하는 것은 벅찬 일이기도 하다. 그럼에도 여성학과 초기에 설정한 '가족', '일', '성'이란 세 가지 핵심 영역을 통해 시작한 새로운 여성학적 연구와 실천은 힘들지만 보람 있는 작업이었다. 그리고 여성학이란 학문이 선례가 없는 영역을 새롭게 접근하여 축적해온 과정의 연속인 것처럼, 사회에 진출해 새로운 영역에서 일을 시작하게 된 많은 여성학 전공자들은 다양한 분야에서 새롭게 비전과 미션을 세우고 목표를 성취해가는 과정에서 많은 성과를 올리고 보람을 찾았다. 새로운 개념과 문제의 정의, 목표에 맞는 새로운 문법과 규칙을 '발명'해내야 하는 경우도 많았을 것이다.

수많은 여성학 전공자들이 새로운 주제 영역을 개척해낸 석·박사 논문을 발표했다. 이제까지 '보이지 않았던' 영역에 대하여, 새로운 방법론을 적용해 논문을 쓰느라 석사 과정조차도 3~4년이 넘는 경우가 허다했다. 그 결과 인용 지수가 타 전공 석사 논문에 비해 월등히 높은 논문들이 많이 발표되기도 했다. 새로운 이슈를 제기하는 논문들은 이론적 문제제기에 그치지 않고, 현실적으로 문제 해결을 모색하고 실천 방법을 찾는 구체적 제언을 담고 있다. 이론과 실천이 접목되어야 한다는 연구 자세는 그들에게 교육, 출판, 문화, 정치, 정책, 기업 등 다양한 영역에 적극적으로 진출하게 하는 동기를 부여했다. 성폭력특별법과 같이 국가적으로 새로운 법률을 만들어가는 작업이 여성학의 문제제기로부터 가능했던 것은 여성학의 짧은 역사를 볼 때 긍지를 가질 만하다.

기존 제도와 정책의 틀에서 벗어나 새롭고 의미 있는 일을 시도하려는 노력은 많은 저항에 부딪히기 마련이다. 그러나 어떤 경우에도 그 다양한 경험은 매우 값진 교훈일 것이다. 현실이 우리의 이념과 너무 거리가 멀게 느껴지는 것은 우리 대부분이 겪는 좌절이지만, 여성학이 변화를 추구하는 학문이니만큼 저항에 부딪히는 것은 당연한 일이기도 하다. 그렇기에 새롭게 사회에 진출한 여성학 전공자들은 새로운 문제를 해결하기 위해 단체를 결성하고 그 다양한 단체들과 연합 활동을 벌여나가기도 한다. 여기서 다 열거할 수 없지만 예를 들면 한국성폭력상담소의 설립, 군위안부 문제의 제기, 환경 생명운동을 펼치는 '꿈꾸는 지렁이들의 모임', 농업생산공동체 '가배울' 설립 등 다수가 있다. 또한 새로운 개념과 언어(여성학, 가사노동, 젠더, 섹슈얼리티, 성폭력, 간접차별, 성 인지 감수성 등)를 만들어내고 그것이 사회적 용어로 자리 잡아가는 과정을 보며 누군가는 이렇게 비유하기도 했다. 바리데기 공주가 저승에서 안내자 없이, 홀로 말을 타고 적진에 나가 싸우는 필마단기의 모습이라고.

여성주의는 이제
그 소명을 다했다?

사실 기대했던 것보다 훨씬 빨리 변화가 일어나기 시작했다. 민주화운동으로 군사정권이 막을 내리고 문민정부가 시작되면서, 여성학의 문제제기는 어느새 여성운동의 의제가 되었다. 또 여성단체 지도자들은 이를 중요한 정치적 어젠다로 밀고 나갈 수 있는 전략을 짰다. 남녀고용평등법을 필두로 여러 성평등 관련 법이 신속하게 입법화될 수 있었던 것은, 지난 30년 가까이 대선 때마다 후보자들에게 압력을 가해온 여성계가 구사한 전략의 가시적인 성과라고도 볼 수 있다. 정치의 영역은 이제 사회 구성원들의 적극적인 참여를 통해 의사결정을 할 수 있는, 민주 사회의 새로운 장으로 인식되는 것이 당연하게 여겨졌다.

이런 변화 가운데 여성학의 소임에 대해 여러 의견이 나오기 시작했다. 초기에 많은 여성학자들은 여성학이 '여성을 차별하고 억압하는 사회구조를 분석하고 이를 철폐하는 방법을 모색하여 남녀평등 사회에 기여하는 것을 궁극적 목표로 하는 학문'이라는 주장에 동의하고 출발했다. 바로 이 특성이 다른 학문에 비해 여성학 이론과 실천의 근접성이 강조되는 이유이기도 하다. 그런데 어느 때부터인가 차별·억압이라는 개념이 유행 지난 낡은 옷처럼 느껴지기 시작했다. 억압에 대한 분석은 피해의식의 발로라거나 모든 여성을 과장되게 '피해자화' 하는 것으로 곡해하는 것이라는 시각도 눈에 띈다.

2007년 한국여성학회 학술대회의 주제가 "흔들리는 가부장제 : 새로운 젠더 질서를 향하여"로 설정되었던 것을 보면, 여성을 차별하고 억압하는 사회구조의 하나인 가부장제가 흔들리고 있는 것은 무시할 수 없는 현상인 것 같다. 얼마 전부터는 여성주의에 대한 사회적 반격과 혐오가 다양한 방식으로 강하게 표현되고 있고, 점점 더 많은 여성들이 자신을 페미니스트라고 드러내는 것에 부담을 느끼게 된다고 한다. 이것은 역설적이게도 짧은 기간에 여성주의가 강력한 영향력을 행사했던 것의 반증일 수도 있다. 여성주의에 대한 반발과 반격은 알파걸들의 등장, 똑똑하고 시험 잘 치르는 여성들이 ('군대 갔다 오느라 불이익을 받은') 남성들을 각종 시험에서 앞지르면서 남성들을 역차별하는 결과를 가져왔다고 생각하는 남성들(그리고 그들의 생각을 반박하지 못하는 여성들) 사이에 공유되고 있다.

"21세기는 여성의 시대"라는 말이 유행했던 적이 있다. 그렇게 예견된 '여성의 시대'는 21세기에 들어선 지도 이미 15년이 지난 지금 어떤 모습으로 나타나고 있는가?

전 세계의 상상력을 자극한 〈해리 포터〉 영화의 여주인공이었던 배우 에마 왓슨이 유엔 무대에서 페미니즘을 옹호한 연설이 순식간에 전파되면서 화제를 낳은 적이 있다. 또 무고한 폭력으로 목숨을 잃을 뻔했던 파키스탄의 10대 여성이 모든 위험과 협박에도 불구하고 용감하게 나서서 반(反)폭력과 여성교육 확대를 호소했고, 그러한 노력이 노벨평화상 수여라는 인정을 받기도 했다. 이들의 감동적인 연설은 여성이 직면한 심각한 불평등과 불의의 문제가 여전히 해결되고 있지 못함을 웅변한다. 에마 왓슨은 성평등이 어느 정도 제도화된 나라에서 20대 백인 여성으로서 부러울 것 없이 사는 것처럼 보이지만, 그녀 역시 성차별에서 완전히 자유로울 수 없고 페미니스트로서 스스로 남녀 불평등의 불의를 고발해야만 하는 현실에 마주서 있다. 또한 여성에 대한 폭력이 끊임없이 자행되고 여성들은 여전히 두려움을 피할 수 없는 (피해자를 면치 못하는) 세상을 과연 여성의 시대라고 할 수 있을까? 법과 제도의 개선이 어느 정도 달성되고, 여성 일부가 성차별과 성역할 고정관념을 극복하고 전문직으로 진출하면 여성주의의 문제제기는 사명을 다한 것인가? 여성주의는 소멸되어도 되는가?

언젠가부터 여성학을 하는 우리에게 이제 문제제기는 그만하고 대안을 내놓으라는 주문과 요청이 밀려들고, 나아가 여성주의자들을 갑갑해하는 시선마저 느껴지기 시작했다. 아직도 근본적 문제제기를 하려면 멀었는데, 이제 겨우 몇 걸음을 내딛기 위해 안간힘을 쓰고 있는데, 우리에게 대안이 뭐냐고 묻는다. 한편으로 그것은 우리의 문제제기를 받아들였다는 의미로서 반가운 일이지만, 또 한편으론 우리 힘만으로 어떻게 그 모든 대안과 답을 내놓을 수 있는지 안타깝고 답답하기도 하다.

다시 여성학 하기 :
끼어들기 vs. 새판짜기

궁극적으로 여성주의가 필요하지 않은 세상을 꿈꾸는, 즉 자기 소멸을 목표로 하는 여성주의에 대한 섣부른 인식을 정대현 교수는 '역설'로 풀이하면서, 여성주의를 여성 권익 향상이나 평등성에만 한정하거나 여자대학의 이유를 여성교육의 기회 또는 여성 지도자 양성으로 제한한다면 이 역설을 피할 수 없다고 설파한 적이 있다. '여성주의 역설'이란 여성주의가 성공할수록 여성주의의 절실함은 축소된다는 것으로, 법적 개정을 성취하고, 고정관념을 극복해 여성들을 전문직으로 진출시키고, 여성주의적 방침을 상식으로 만들어갈수록 여성주의의 절실함은 공허해질 수 있다는 것이다. 달리 표현하자면, 여성주의는 사회가 진보적으로 발전하는 과정에 있을 때 성장하긴 하지만 다른한편으로 기존 질서에 머무르지 않고 그 진보를 한 단계 더 완성해야만 비로소 그 존재의 기초를 확보할 수 있다는 말이다. 그러면서 이 역설을 극복할 수 있는 길은 "여성주의는 이 시대의 대안적 가치이다"라는 하나의 명제에서 찾을 수 있다고 주장한다.

내 개인적 경험을 돌아보면, 아이를 낳고 키우면서 그 이전까지 이해했던 '억압'이란 개념과 경험이 관념적이고 피상적이며 주변적인 것이었다는 생각을 하게 되었다. 그런데 여성학 연구를 계속하면서 이 생각은 다시 한 번 바뀌었다. 바로 대안적 패러다임에 대한 요구 때문이다. 차별과 억압의 피해라는 것에서 출발하다 보면 어느새 더 많이 차별받고 더 격심한 억압을 받은 사람이 슬그머니 더 중심적 조명을 받게 되기도 한다. 문제를 겪고 있는 당사자가 그 문제를 해결할 가장 큰 동기를 갖게 된다는 점에서 나름 당연한 면이 있기도 하고, 또 억압의 경험과 분노가 문제를 뚫고 나갈 수 있게 하는 에너지의 원천이 되기도 한다. 그럼에도 불구하고 그것이 긍정적 에너지로 승화되지 않는 경우, 자신과 공동체 모두에게 부정적인 영향을 미치게 되기도 한다. 궁극적 목표는 억압의 상태를 벗어나는 것이지 억압의 경험과 고통을 권력화하거나 극대화하는 데 머무르는 것이 아니기 때문이다.

여성주의는 여성만을 위한 편협한 이념이 아니다. 여성주의는 여성의 시각에서 역사·사회·문화를 분석하는 것이지만 이는 가족, 사회, 나아가 다른 생명체 및 생태계와 어떤 관계를 구성하는가 하는 질문들과 직결되어 있는 문제이다. 따라서 여성주의가 성별에만 관심을 두는, 특히 여성만을 대상으로 하는 편협한 이념이라는 고정관념에서 벗어날 필요가 있다. 인권에 대한 감수성이 있다면 여성주의를 이해하기가 어렵지 않다. 모든 인간은 인간으로서 존중받고 차별받지 않아야 한다는 신념이 인권에 대한 믿음이듯, 여성도 인간으로서 존중받고 차별받지 않아야 하는 존재라는 믿음이 여성주의이기 때문이다. 따라서 여성주의를 이해하지 못한다는 것은 인권에 대한 감수성이 부족하다는 뜻도 된다.

여성주의에서 '여성'은 주체를 일컫는 이름이다. 소재나 대상이 아니라 여성이 '주체'가 되어 가부장적 문화와 제도에 대한 비판을 바탕으로 대안을 모색하는 것이 여성주의다. 그렇다면 여성이 주체가 된다는 것은 무엇일까? 윤후정 교수는 일찍이 '여성의 인간화', '통합여성(integrated woman)'을 그 주체의 상(象)으로 제시한 바 있다. 통합여성이란 "인간 본래의 모습을 온전히 지닌 여성"으로서, 의식과 가치에서 남녀의 구분이 없고, 능력과 기능에서 남녀의 영역을 나눔 없이 대등한 관계임을 보여주며, 서로의 인격적인 성장을 지원하며, 가정과 직장과 사회를 유기적으로 연관시켜 생활 행태 전반에서 남녀를 구분 짓지 않음으로써, 결국 여성도 정치와 역사에 능동적으로 참여하고 책임 있는 역할을 수행하는 주체이다. 통합여성은 곧 "개인으로서 인간답게 사는 길과 공동체 구성원으로서 정의와 평화 사회를 구현하며 사는 길"을 모두 실현하는 사회로 '재창조'하는 단계로 나아가는 것이다.

그러나 많은 것이 변화했지만 여성과 남성의 구분은 여전히 가장 중요한 사회조직의 원리로 작용하고 있다. 태어나는 순간부터 신생아의 성별이 가장 관심의 대상이고 주민등록번호가 정해지며, 그에 따라 병역의 의무 유무가 결정된다. 아이는 여전히 여자들이 낳고, 양육 역시 남자들보다는 여자들이 더 많은 몫을 담당한다. 여자들이 국가고시와 입사 시험에서 좋은 성적을 내고 있어서 이제 남자들은 막노동밖에 할 게 없다고 엄살하는 남자들도 있지만, 여전히 남녀의 평균 임금 격차는 줄어들지 않고 있다. 남녀 경제력의 차이는 여성의 성 판매 현상이 줄어들지 않는 것과 무관하지 않다.

성평등에 대한 기대는 커졌지만 실제로 그 성과는 어떻게 나타나고 있는가? 영국에서 발표한 한 보고서에 의하면, 여성 고용률이 1980년 이후 급상승하고 남녀 평균 임금 격차도 줄었지만 이는 계층 상승을 가능하게 하는 사회 변동 요소가 줄고 경제 불평등이 심화된 탓이라고 보고 있다. 괜찮은 보수를 받는 제조업 남성 노동자들의 일자리가 비정규 비숙련 서비스업으로 대체되면서 맞벌이를 해야 가계가 유지되기 때문에, 여성 파트타임 노동자들이 대규모 양산되어 여성 고용률이 상승한 것이다. 또 교육 수준이 높은 여성들이라 해도 육아를 편안하게 할 수 있는 전문직이 흔하지 않기 때문에 많은 여성들이 남성들보다 질 낮은 일자리를 선택할 수밖에 없다. 남편의 육아와 가사 분담이 확대된 것도 사실이지만 부부 모두 정규직 일자리를 갖고 육아를 병행하기에 필요한 지원체계는 아직도 요원하다.

에릭 홉스봄은 20세기의 민중은 '노동자'가 아니라 "아이를 안고 있는 여성"이라고 했는데, 그것은 노동자(노동을 하기에 자유로운 몸과 시간을 가진 존재)보다는 아이를 안고 있는 여성이 가장 어려운 위치에 있는 민중이라는 의미다. 21세기 인류가 과학기술의 발전, 생산성 확대 등으로 역사상 최대의 물질적 풍요를 향유하는 진보의 정점에 도달한 것을 자부하고 싶어 하지만, 아이러니컬하게도 세계 경제는 롤러코스터 같은 불안을 조성하고 대부분의 사람들은 경력, 직업, 실업, 생계의 문제에 대한 고민을 안고 사는 어려운 상황에 놓여 있다. 이런 상황에서 아이까지 안고 있는 여성은 가장 힘겨운 민중이다.

'경제'라고 하면 흔히 경제학 전공자들의 전문 영역으로 생각하지만, 경제는 가구의 살림 전반, 즉 의식주에 관한 것이다. 화폐를 매개로 하는 시장경제가 일반화되기 전에는 자급자족과 물물교환의 형태로 의식주를 해결했다. 하지만 시장경제가 지배적 형태가 되고 난 후에는 화폐를 매개로 하는 교환이 비단 시장에서만이 아니라 가족관계를 비롯한 인간관계에도 영향을 미치는 원리로 작동하기 시작했다. 시장에서 거래는 이익의 극대화를 목표로 하고, 최소한 등가의 교환이 되어야지 손해를 본다면 아예 거래를 하지 않는 것이 합리적인 것이다. 바로 이 점 때문에 우리는 긴장한다. 거래에서 나와 상대는 제로-섬 관계에 있기 때문이다. 즉 내가 이익을 많이 낼수록 상대방의 이익은 감소하거나 혹은 손해를 보고, 그 반대의 경우도 마찬가지다.

시장에서의 관계는 자기 이해관계를 중심에 놓고 상대방은 그 수단이 되는 관계를 형성한다. 농산물 수확이 너무 많아지면 밭을 갈아엎거나 바다에 빠뜨려 버리는 일이 벌어지고 있다. 비록 어디선가는 먹을 것이 없어 굶는 사람들이 있다 하더라도. 거래를 하려면 거래하는 물건의 희소성이 유지되어야 하기 때문이다. 희소성은 시장 거래를 위해 필수적인 요소이다. 희소성이 자연스럽게 만들어지는 방법은 소수의 사람들이 부를 장악하거나, 또는 전쟁을 일으켜 소비와 결핍을 만들어내는 것이다.

그러므로 기존의 남성 중심적 사회에 여성들이 '끼어들기'하는 것만으로는 한계가 분명하다. 결국 유리 천장을 부수는 엘리트 여성들과 최저임금의 밑바닥에서 헤매는 여성들이 함께 '새판짜기'에·힘을 모아 새로운 경제 구조를 수립할 수 있을 때, 모두가 누리는 삶의 질을 개선할 수 있을 것이다.

잠시 멈추어 우리 삶을 돌아보면, 생명을 유지하기 위해 얼마나 많은 사람과 사물과 자연에 의지하고 있는지 금방 알 수 있다. 보이지 않는 것을 볼 수 있게 하는 여성학의 탐구정신으로 다시 한 단계 더 깊이 찾아본다. 우리는 화폐로 매개되는 계산법에 너무 익숙하다 보니 공짜는 가치가 없는 것으로 착각하게 된다. 그러나 공기, 물, 자연, 경치, 미소, 따뜻한 말이나 칭찬 한마디, 포옹의 가치는 돈으로 따질 수 없이 귀한 것이다. 시장 교환이 제로-섬 관계인 데 반해 '기프트-기빙(gift giving)'

은 윈-윈 관계이다. 시장 교환이 양방향의 교환을 전제로 한다면, 기프트-기빙은 상대방의 욕구를 직접적으로 만족시키고자 하는 일방향적인 행동이다. 이것은 상대방을 우선 존중한다. 이것은 양적인 것이 아니라 질적인 것이고, 상황에 따라 달라질 수 있다. 상대방은 선물을 받음으로써 의식이 고양된다. 기프트-기빙은 반드시 상호적이고 호혜적인 교환을 전제하지 않는다.

지난 30년 동안 여성학과 여성운동 전반부가 끼어들기와 새판짜기의 첫 걸음마였다면, 이를 발판 삼아 새판짜기를 위한 세력화에 집중하는 것이 다음 30년의 과제일 것이라고 생각한다. 끼어들기를 통해서 성취해낸 우리의 영향력(혹은 권력)을 어떤 방법으로 나눌 것인가를 생각해야 할 시점이다. 또한 남성들에게는 여성의 세력화가 남성들과의 제로-섬 게임에서 그들의 몫을 차지하려는 것이 아니라는 것을 보여줄 필요가 있다. 또한 남성들이 더 많은 공감의 능력을 키울 수 있도록 교육 과정을 제공하는 방법을 모색하는 것도 앞으로의 과제이다.

이 책의 글쓴이들의 공통점이 있다면 아마도 새 길을 찾아 나선 사람들이라고 할 수 있을 것이다. "희망이란 본시 있고 없고를 말할 수 없는 것. 그것은 길과 같다. 사실 땅 위에 처음부터 길은 없지만, 다니는 사람이 많아지면 길이 되는 것이다"는 루쉰의 말처럼, 길은 다니면서 생기는 것이고 도(道)란 행하면서 이루어질 수 있다. 더 많은 사람들이 존중받는, 더 나은 사회를 향한 변화는 바로 우리가 함께 만들어가는 길 위에 있음을 또한 나는 믿는다.

김정희

한국여성정책연구원 연구위원

페미니즘의
새로운
패러다임 :

'성 주류화'와
성별영향분석평가

02

비주류의 반란,
새롭고 낯선 용어들

'성 주류화(gender mainstreaming)'는 일반인들에게는 생소하고 낯선 용어다. 하지만 우리 사회에서는 이미 '성 주류화'의 분석 도구라 할 수 있는 성별영향분석평가와 성인지예산제도가 정부 정책으로 확산되고 있는데, 2000년대 초반부터 이 두 가지가 법률로 제정되어 제도화되었기 때문이다.

'성 주류화'는 여성정책 연구자와 여성학자들 사이에 여성정책의 대안적 패러다임으로 알려지면서 그 용어가 널리 확산되고 있는데, 그 배경에는 기존의 여성정책이 대상을 여성으로 한정하면서 성별관계를 변화시키는 데 한계가 있다는 비판이 있었기 때문이다. 이에 성평등 사회의 실현을 위해서는 성별 분업이 고착화된 사회에서 변화해야 할 대상이 여성만이 아닌 남녀 모두를 포괄해야 한다는 인식으로부터 '성 주류화'라는 개념이 등장하였다. 즉 국민을 대상으로 한 공공정책을 성 인지적(gender-sensitive)인 관점에서 분석하여, 성차별적인 젠더관계를 변화시킬 수 있는 지점을 찾아내 정책에 반영하자는 것이다.

유엔이 개최했던 세계여성대회가 1995년 베이징에서 열렸을 때, 100여 개가 넘는 회원국가에서는 정부를 대표해서 온 공무원뿐 아니라 여성단체 활동가, 국회의원, 여성학자들이 대거 참석했다고 한다. 그 자리에서 '성 주류화'가 행동강령으로 채택되었다고 하는데, 이는 정부가 많은 예산을 들여서 하는 사업들이 더 이상 몰성적인(gender-blind) 정책이 되도록 내버려두지 않겠으며, '성 주류화' 정책을 통해서 성차별적인 관행과 제도를 바꾸어보겠다는 여성주의자들의 의지가 담겨 있다.

내가 일하는 한국여성정책연구원은 매년 상급기관으로부터 평가를 받는데 평가자들 중에는 남성 학자들이 많다. 그런데 평가자 대다수가 '성 주류화'라는 용어는 이해하기도 어렵고 의미 전달이 되지 않는다는 이유로 바꿀 것을 요구한다. '성 주류화' 대신 양성평등이나 여성정책이라는 용어로 변경하는 것이 좋겠다고 제안하는 경우도 있다. 그러나 나는 그러한 제안에 동의할 수 없다. '성 주류화'와 양성평등은 서로 대체할 수 없는 개념일 뿐만 아니라, '성 주류화'는 기존의 여성만을 대상으로 했던 여성정책과는 다른, 여성정책의 패러다임 전환을 고민하면서 탄생한 용어이기 때문이다.

국내외 여성연구자들 사이에 '성 주류화'는 성평등을 실현하기 위한 '전략'으로 이해되고 있다. 즉 성평등 사회를 실현하기 위해 공공정책에 젠더 관점을 통합하려는 전략이 '성 주류화'인 것이다. 그리고 이러한 전략을 실천하기 위한 분석 도구와 방법론이 성별영향분석평가와 성인지예산, 성인지통계, 성인지교육 등이다. 유엔의 회원국들은 다양한 도구들을 갖고 '성 주류화'를 실행하고 있는데, 그중 가장 보편적으로 활용되고 있는 분석 도구가 성별영향분석평가와 성인지예산이다.

과거의 여성정책은 모자가정지원사업, 여성인력개발사업, 성폭력예방사업 등 주로 여성을 대상으로 한 정책에 제한되었다. 그러나 '성 주류화' 정책은 장애인정책, 노인일자리사업, 공공시설개선사업 등 남녀모두를 대상으로 한 정책을 포괄한다. 분석의 핵심은 남성 중심의 가부장적 사회에서 성별로 구성된 젠더관계이다. 즉 '성 주류화'는 젠더를 고려하지 않았던 공공정책을 성 인지적인 관점에서 분석하고 평가한 결과를 정책 개선에 반영해서 성평등 사회를 만들기 위한 전략이고, 남성 중심의 주류 사회를 변혁(transforming)하는 것이다.

그러나 실제로 우리나라가 '성 주류화' 전략을 제도화하면서 주류 사회를 변혁하는 방향으로 운영하고 있는지는 의문스럽다. 과연 한국 사회는 '성 주류화' 제도를 도입하면서 그러한 전략에 내재되어 있는 변혁적 성격을 현실화시킬 수 있을 것인가? 많은 남성 공무원과 학자들이 '성 주류화'라는 새로운 용어에 대한 호기심보다는 '불편함'과 '반발심'이 깔려 있는 질문을 할 때 특히 그런 생각이 든다. 남성이 주도적으로 정부 정책을 평가하는 환경에서 과연 '성별영향분석평가'와 '성 주류화'라는 용어와 제도가 뿌리를 내릴 수 있을까? 어떻게 하면 '성 주류화' 전략이 남성 주류 사회를 변화시키는 데 기여할 수 있도록 할 것인가? 이것은 '성 주류화' 정책 연구를 하면서 내가 가졌던 질문이자 숙제이기도 하다.

실천하는 '우리', 여성정책을 만나다

나는 여성학과에 다니면서 여성학이 '실천적' 학문이라는 사실에 큰 매력을 느끼고 있었다. 다른 제도권 학과와 달리 여성학과는 선후배 간의 교류가 많았고 관계가 돈독했다. 여성학과 학생들 중에는 평범한 대학생활을 보낸 친구들도 있었지만 학생운동을 하면서 사회문제에 관심을 갖고 '행동하는 지식인'이 되고 싶어 하는 친구들도 적지 않았다. 학과 사무실은 행정을 처리하는 곳만이 아니라 학과생들이 모여서 수다를 떨고 세미나를 하는 공간이기도 했다. 방학이 되면 주제별로 여러 세미나팀이 만들어졌고, 선배가 세미나 지도를 하면서 후배들을 챙겨주었다. 우리는 그런 분위기 속에서 각자의 관심사를 키우고 실천하는 여성학자가 되겠다는 꿈을 키웠다. 그러다 보니 여성학을 공부하는 '나'보다는 여성학을 공부하는 '우리'라는 공동체의식이 만들어졌고, 이러한 의식은 가부장적인 사회를 바꾸기 위해 노력하는 여성단체들과의 교류, 연대의식으로 이어졌다.

나는 1980년대 말부터 1990년대 후반까지 여성학과 대학원에서 석·박사 과정을 했는데, 대부분의 학과생들이 자신의 연구 주제와 비슷한 여성단체에서 회원으로 활동했던 기억이 난다. 여성노동 문제에 관심이 많았던 나는 여성 노동자들이 겪는 성차별적인 현실을 바꾸기 위해 활동했던 한국여성노동자회 회원이었다. 당시 한국여성노동자회는 단체 활동가와 연구자들이 함께하는 정책연구팀을 만들었고, 여성노동자의 차별적 저임금 문제를 해결하기 위한 '동일노동 동일임금',

비정규직 여성의 문제를 다룬 '산업구조조정과 여성고용불안정'에 관한 세미나를 하고 책자를 발간하는 일을 했다.

이러한 활동과 관심 영역은 나를 자연스럽게 '여성정책 연구자'의 길로 이끌었던 것 같다. 당시에는 '여성정책'이란 용어는 알지도 못했고, '내'가 하는 일이 '정책 연구'라는 생각은 하지도 못했다. 생각이 비슷한 사람들이 모여서 가부장적 사회를 비판적으로 바라보며 여성 억압의 원인을 찾고 해결 방안을 생각하는 '활동'으로만 인식하였던 것이다. 이러한 대학원 생활로 인해 내 석사 논문 주제는 '동일노동 동일임금'이 되었고, 박사 논문의 주제는 '남녀고용평등과 적극적 조치'로 정해졌다.

대학원을 졸업하고는 어려서부터 한 번도 생각해보지 않았던 공무원이 되었다. 서울시 산하기관에서 1년 반 동안 일을 하다가 2001년에 여성부(현 여성가족부)가 탄생하면서 중앙부처의 공무원이 된 것이다. 대학원을 다니면서 연구자의 길을 걷고 싶다는 생각은 했지만 그렇다고 전공에 맞는 직업을 갖게 될 거라는 기대는 하지 않았고, 더욱이 내가 공무원이 될 거라는 생각은 전혀 하지 않았다.

돌이켜 생각해보면, 김대중 정부 때 여성정책의 기본 틀이 만들어지고 실행기구가 구성되면서 비로소 여성정책이 확산되고 발전했던 것 같다. 1998년에 대통령 직속 여성특별위원회가 만들어지면서 여성정책을 실행하는 기구의 역할을 했다. 그러나 여성계에서는 여성정책의 실행 근거가 되는 법을 만들기 위해서는 반드시 여성부가 설치되어야 한다는 주장을 폈다. 대통령 직속 위원회는 법안을 제출할 수 있는 권한이 없는 데 반해, 행정부처인 여성부는 법안 제출 권한을 갖고 있었

기 때문이다. 널리 알려진 대로, 1980년대 말부터 시작된 우리나라 여
성정책의 출발은 행정부에 의해서라기보다는, 여성단체들이 국회에
청원서를 내고 국회의원을 통해 자신들의 정책적 요구를 법에 반영하
는 식으로 이루어졌다. 그렇게 해서 새로운 법률이 제정되거나 개정되
었는데, 영유아보육법과 성매매방지법 등이 대표적인 예이다. 따라서
한국의 여성정책을 이해하기 위해서는 여성운동의 역사, 민-관 협력
의 거버넌스에 대한 이해가 우선되어야 한다.

　여성부가 출범했던 2001년 초에 여성정책 전문가를 채용한다는 말
을 지인으로부터 듣게 되었다. 100여 명의 여성부 직원 대부분은 공무
원 채용 시험을 거쳐 정부기관에서 근무했던 공무원들인데, 그중에서
도 여성부의 전신이라고 할 수 있는 여성특별위원회에서 근무했던 이
들이 다수를 차지했다. 나를 포함한 여섯 명은 여성정책 관련 분야에
서 활동했던 경력자로 여성부에 채용되어 일을 하게 되었다.

　여성정책국 산하 정책총괄과에서 근무하면서 나는 여러 가지 새로
운 업무를 맡게 되었다. 그중에는 여성발전기본법 개정 업무가 포함되
어 있었는데, 짧은 기간이지만 교육부, 농림부 등 다른 부처들로부터
여성발전기본법 개정안에 대한 의견을 취합하는 일을 하게 되었다. 그
러면서 정부 입법으로 제출된 법안이 어떤 과정을 거쳐 국회에 제출되
는지를 경험할 수 있었다. 지금까지도 생생하게 기억나는 것은 법제처
에 가서 법률안을 심사받는 일이었다. 의원 입법보다 정부 입법은, 해
당 부처가 법안을 만들어 국회에 제출하기까지의 절차가 길고 복잡했
던 것 같다. 여성부 소관의 법률 가운데 여성발전기본법은 여성정책을
총괄하는 성격을 갖고 있어, 법 조문별로 담당 부서와 협의하여 개정

안을 만들었다. 이어서 개정안에 대한 다른 부처의 의견을 수렴한 다음에는 국민들의 의견 수렴을 위해 공청회를 개최하고 입법예고를 하는가 하면, 규제개혁위원회와 법제처 심사를 거치도록 되어 있다.

당시 여성부는 출범 이후 새로운 사업들을 시도하였는데, 그중 하나가 여성의 관점에서 일반 정책들을 분석하고 평가하는 것이었다. 당시에는 '성별영향분석평가'라는 용어 자체가 존재하지 않았고 다만 공공정책에 대한 '성 분석(gender based analysis)'이라는 개념이 있었는데, '정책의 분석·평가'라는 조항으로 현재의 성별영향분석평가제도를 도입하고자 한 것이었다. 그때 나는 처음으로 '성 분석'이라는 제도가 캐나다에 있다는 것을 알게 되어, 관련 자료를 두 권의 파일로 만들어서 법제처에 심사받으러 갔던 기억이 있다.

자료를 찾으면서 새롭게 알게 된 것은, 성별영향분석평가뿐 아니라 '성 주류화'라는 정책이 지구상의 여러 나라들에서 이미 도입, 시행되고 있다는 점이었다. 우리나라도 2000년대 초에 한국여성민우회, 한국여성의전화, 한국여성단체연합 등 여성계가 나서서 여성예산, 성인지 예산제도의 도입을 정부에 요구하고 국회에 청원서를 제출했다. 2001년에 여성부가 설치되고 농림부, 복지부, 고용부 등 6개 부처에 여성정책을 담당하는 여성정책관(4급)이 있어 여성 관련 예산이 전 부처에 분산되어 있었는데, 여성부는 해당 예산을 파악하고자 했으나 다른 부처들은 소극적인 태도였다. 이에 국회에서는 2002년 여성가족위원회 여성위원들이 단합하여 '여성예산 결의서'를 제출하고, 여성 관련 사업의 예산 파악에 나섰다. 여성부 설립 초기에는 여성정책을 성장시키고 여성부를 키우기 위해 도와줘야 한다는 생각이 초당파적이었던 것 같다.

여야를 막론하고 '여성 의원'이라면 누구나 여성 이슈에 대해 협조적이고 단합하려는 분위기가 강했다.

여성부는 여성정책을 종합하고 다른 부처의 여성 관련 정책을 조정하는 기능을 수행하도록 되어 있었는데, 성별영향분석평가는 그 적절한 방법이자 도구가 될 수 있었다. 드디어 2002년에 여성발전기본법이 개정되면서 이 제도의 법적 근거가 마련되었다. 하지만 앞서 말한 바와 같이 당시에는 성별영향분석평가라는 개념이 사용되지 않고 '정책의 분석·평가'로 명시되었다. 즉 여성발전기본법 제10조(정책의 분석·평가 등)에는 "국가 및 지방자치단체는 소관 정책을 수립·시행하는 과정에서 당해 정책이 여성의 권익과 사회참여 등에 미칠 영향을 미리 분석·평가하여야 한다"라는 조항으로 되어 있었다. 또 그것을 어떻게 실행해야 할지에 대해서는 구체적인 방법이 제시되지 못했는데, 2004년 참여정부 시절에 이르러서야 대통령 지시사항으로 성별영향분석평가 시범 분석이 시작되었다.

당시 연구자들은 과학기술인력양성활용사업, 농업인력육성정책, 문화기반시설과 생활체육시설 등 여성의 참여가 낮거나 일상생활에 영향을 미칠 것으로 예상되는 사업에 대해 심층적인 성별영향분석평가를 수행했다. 한국여성정책연구원의 연구자들이 해외 사례 탐색에 나섰고, 당시 캐나다의 성 분석 지표들을 벤치마킹했다고 한다.

한편 여성단체에 이어서 성인지예산의 제도화를 위한 움직임이 국회에서 지속되면서 그 법적 근거를 마련하려는 시도도 이루어졌다. 2003년 이후 국회에서는 여성가족위원회, 운영위원회, 예산결산특별위원회 등을 중심으로 성인지예산이 논의되었으며, 국회의원 주최 간담화나 세미나, 포럼 등을 통해서 성인지예산의 제도화 방안이 거론되었다. 이어서 2006년 1월에는 국회 예산결산특별위원회에 '성 인지 관련 재정 연구를 위한 태스크포스(TF)'팀이 구성되었다. 이렇게 성인지예산의 제도화 논의가 국회를 중심으로 활발해지면서 국가재정법(안)에 성인지예산 관련 조항을 포함시키자는 주장이 제기되었고 마침내 현실화되었다. 2006년에 국가재정법이 제정되면서 성인지예산 조항이 포함된 것이다. 그러나 성인지예산을 제도로 시행하기 위해서는 준비시간이 필요하다는 이유로 시행 시기가 2010회계연도로 정해졌다.

성인지예산이 우리나라에서 제도화되는 과정에서는 무엇보다 여성단체들의 활약이 컸고, 국회에서 활동하는 여성주의 시각을 가진 공무원, 보좌관, 의원들의 노력이 컸다. 국회 여성가족위원회에는 여성학을 전공한 공무원이 있었고, 여성신문사 기자로 활동했던 여성 보좌관이 중심이 되어 성인지예산 연구모임을 만들었으며, 여성신문사 사장이었던 여성 의원과 노동운동가 출신의 여성 의원이 주도하여 성인지예산을 제도화한 것이다. 성별영향분석평가가 정부 주도로 제도화된 것과 달리, 성인지예산은 여성단체와 국회에서 일하는 젠더 전문가, 여성주의 시각을 가진 여성 의원들이 협력하여 제도화한 것이다.

나는 여성부에서 2년간 근무하다가 2003년 1월 국회로 직장을 옮기게 되었다. 부처 공무원으로 행정 업무를 했지만 여성정책 연구에 대한 미련은 계속 남아 있었다. 국회에서 여성 담당 입법정보연구관으로 일하면서 성인지예산의 제도화 과정을 가까이서 볼 수 있었다. 아울러 성인지예산과 달리 성별영향분석평가제도는 왜 국회의원들에게 큰 관심을 받지 못하는지 그 이유를 궁금하게 여겼던 것 같다.

환경영향평가, 교통영향평가는 있는데 성별영향(분석)평가는 왜 안 되나?

한국여성정책연구원은 여성정책 연구의 메카로 알려져 있었고, 그곳에서 일하고 싶은 나의 소망이 이루어졌다. 연구원이 2005년 말에 전공 분야별로 석·박사 인력을 대거 채용하면서, 나는 국회에서 한국여성정책연구원으로 직장을 옮기게 되었다. 입사 후 평등정책연구실 소속으로 근무하면서 2006년부터 성별영향분석평가에 관한 연구를 하였다.

성별영향분석평가가 2005년에 본격적으로 시행되면서 이 용어를 '성별영향평가'로 사용할 것인지 아니면 '성 분석'으로 사용할 것인지를 둘러싸고 여성부 내부에서 상당한 논의가 있었다고 한다. 당시에는 환경영향평가, 교통영향평가, 재해영향평가 등 각종 영향평가제도가 도입되어 시행되고 있었고, 성별영향평가도 정부가 시행하는 여러 영향평가 중 하나이기 때문에 이 용어가 적합하다는 의견이 많았다. 더욱이 '성 분석'은 전문가가 수행하기엔 적합해 보이지만 공무원이 하기에는 부담스럽다는 의견이 있어 최종적으로 '성별영향평가'라는 용어로 정해졌다고 한다(그 뒤 2011년에 현재의 '성별영향분석평가'라는 용어로 바뀌었다). 그리고 한국여성정책연구원에 성별영향평가센터가 설치되어 나는 그곳에서 '성 주류화'와 성별영향분석평가에 관한 연구를 하게 되었다.

2005년에 성별영향분석평가 지침이 만들어졌고, 여성부는 중앙 행정기관과 광역자치단체 공무원들이 성별영향분석평가 보고서를 작성하도록 했다. 2006년에는 300여 개가 되는 기초자치단체들이 성별영향분석평가 보고서를 작성하기 시작했고, 2007년에는 시·도 교육청으로 확대되었다. 시간이 지나면서 참여하는 기관이 늘어나고 평가 대상이 되는 정부 사업이 많아졌다. 2005년에는 53개 기관이 85개 사업에 대해 성별영향분석평가를 시행했는데, 2011년에는 293개 기관이 3천여 개 사업에 대한 성별영향분석평가를 실시했다. 짧은 기간 동안 놀랄 만한 양적 확대가 이루어졌다. 이와 같이 대상 사업이 크게 늘어난 이유는 각 지방자치단체들이 성별영향분석평가의 대상이 되는 과제 수를 크게 늘렸기 때문이다.

한국여성정책연구원에서는 지난 2008년부터 여러 차례 성별영향분석평가와 '성 주류화'를 주제로 국제 심포지엄을 열었고, 나는 그 행사를 기획하고 주관하였다. 나와 함께 일하는 센터원들과 공동 연구 프로젝트를 하면서 미국, 영국, 독일, 벨기에, 캐나다에서 '성 주류화'를 연구해온 학자와 공무원들을 한국에 초대할 수 있었다. 심포지엄에 참석해 한국 사례를 듣게 된 외국 학자와 공무원들은 우리나라의 성별영향분석평가와 성인지예산제도가 빠르게 확산된 것에 놀라워했다.

미국의 한 대학에서 온 분은 이런 질문을 하기도 했다. 본인은 유엔 기구에서 한국 남성과 함께 근무를 한 적이 있는데, 그를 통해 알게 된 한국은 유교 국가여서 성평등이나 여성정책이 발전하기 어렵다고 생각했다고 한다. 그 한국인 남성은 심지어 한국 사회에서 성평등을 거론하는 것은 달걀로 바위를 깨는 격이라고 말했다고 한다. 그런데 여성정책의 새로운 패러다임으로 알려져 있는 '성 주류화' 정책을 한국이 빠르게 도입하고 확산시킨 것이 매우 놀랍다는 것이었다.

이 외에도 외국 학자들의 공통된 질문은 "어떻게 중앙정부와 지방정부가 그 짧은 기간에, 그렇게 많은 정부 사업에 대해 성별영향분석평가를 할 수 있었는가"였다. 이에 대한 나의 대답은 이랬다. 한국에는 성별영향분석평가와 성인지예산을 시행할 수 있는 법이 있고, 공무원들은 그 법을 이행해야 할 책임이 있다. 그러니 성평등에 대한 저항감이 있다 해도 성별영향분석평가 보고서를 작성해 여성부에 제출하지 않을 수 없다고. 외국 학자들의 질문은 이어졌다. "그렇다면 왜 지방정부가 중앙정부보다 더 적극적으로 성별영향분석평가를 실시하는가."

실제로 성별영향분석평가에 관한 통계자료를 보면, 중앙정부는 대상 과제 수가 2005년 51개에서 2011년에 129개로 늘어났지만, 지방정부는 2005년 34개에서 2011년에 2900여 개로 크게 늘어났다. 그 이유는 안전행정부가 16개 시·도별로 지방정부의 여성정책을 평가하면서, 평가 항목에 성별영향분석평가 대상 과제의 수와 교육받은 공무원 수를 포함시켰기 때문이다. 뿐만 아니라 시장이나 군수 등 일부 지방자치단체장이나 고위직 공무원들은, 성별영향분석평가를 통해 성 인지적인 관점에서(또는 여성의 관점에서) 정부 정책을 평가하고 개선한다면 지역 주민들의 만족도를 높이는 방향으로 정부가 제공하는 서비스의 질을 높일 수 있다는 기대감이 있었다. 공무원들이 성별영향분석평가 보고서를 작성하면서 스스로 정책 개선 아이디어를 제시하고 시행한다면 주민들로부터 좋은 평가를 받을 수 있고, 그 결과가 지방자치단체장의 성과로 이어질 수 있다는 판단이다. 더욱이 성별영향분석평가제도 자체를 운영하기 위한 예산이 거의 들지 않는다는 이점이 있었다. 일부 지방자치단체에서는 특정 정책에 대한 심층적인 성 분석을 위해 별도의 연구비 예산과 공무원 교육 예산을 확보하고 있지만, 일부 지방자치단체에서는 관련 예산이 전혀 없어 지역 간 편차가 큰 편이었다.

이렇게 성별영향분석평가제도가 확산되면서 독립된 법을 만들어야 한다는 주장이 제기되었고, 2011년에는 드디어 '성별영향분석평가법'이 제정되었다. 그때 용어가 '성별영향평가'에서 '성별영향분석평가'로 바뀌었다. 이 제도는 공공정책을 성 인지적인 관점에서 분석한다는 점에서 '분석'이 핵심이다. 그러나 일부에서는 평가를 하려면 어차피 분석이 필요한데 굳이 성별영향분석평가라는 긴 용어를 써야 하는가라는 불만을 표시하기도 했다. 하지만 법률명이 '성별영향분석평가법'으로 정해지면서 '성별영향분석평가'라는 용어가 공식화되었다.

성별영향분석평가법이 제정되어 시행된 첫해인 2012년에는 이 제도가 전환기를 맞이하는 것 같았다. 먼저 분석 대상의 범위가 사업뿐 아니라 법령과 기본 계획을 포함하는 것으로 확대되었기 때문이다. 정부가 제정 또는 개정하는 법령에 대해 성별영향분석평가를 시행하도록 했고, 3년 이상의 주기를 가진 중장기 계획에 대해서도 평가를 수행하도록 한 것이다. 또한 성별영향분석평가 결과를 정책 개선에 반영하기 위한 절차가 보강되었다. 과거에는 참여 기관이 성별영향분석평가서를 작성해서 여성가족부에 제출하는 것이 전부였다. 그러나 법이 제정된 이후에는 여성가족부가 취합한 평가서를 국무회의에 보고하고 국회에 제출하도록 되어 있다. 또한 중앙정부와 지방정부가 제출한 평가서를 성별영향분석평가 책임관이 검토해서 의견서를 제시하고, 그 의견에 대해 해당 기관이 반영 결과서를 제출하도록 하는 절차가 추가되었다.

법 제정을 계기로 나타난 여러 변화 중 의미가 크고 여성정책 연구자로서 보람이 컸던 점은 16개 시·도별로 지역 성별영향분석평가센터가 모두 설치된 것이다. 내가 한국여성정책연구원에 들어와서 참여했던 첫 프로젝트가 '국가균형발전모델의 성 주류화 전략 개발'이었는데, 지역개발정책에서 '성 주류화'의 필요성과 방법, 지역 여성정책 관계자들과의 네트워크 등을 위해 지방 출장이 잦은 편이었다. 서울 출신이라 지역의 사정을 잘 알지 못했던 내게는 새로운 경험이었다. 아울러 지역에서 여성정책을 연구해온 학자들과 여성정책을 담당하는 공무원들을 자주 만날 수 있었다.

내가 살고 있는 한반도에는 시·도별로 비슷해 보이지만 지역별로 차이가 있는 여성정책이 공존하고 있었고, 여성정책에 대해 서로 다르게 생각하는 사람들이 있었다. 알고 보니 여성정책의 인프라로 여겨지는 법과 규정, 여성정책 관련 예산, 정책 결정에 참여하는 여성 집단의 특성이 각기 달라, 전체적으로 여성정책의 성장 정도에서 지역 간 격차가 커 보였다. 이를테면 서울과 경기 지역을 포함한 수도권은 여성정책에 관심을 갖는 연구자들과 여성단체들의 활동이 활발하다. 그러나 일부 지역의 여성정책을 보면 여성들을 위한 정부 예산의 비중이 적고 이에 관심을 갖는 여성단체들도 매우 적다.

흔히 울산 지역은 여성정책의 암흑지대로 알려져 있는데, 2011년에는 지방자치단체 산하 연구기관에 여성정책을 전담하는 연구원이 단 한 명도 없었다고 한다. 그런데 여성가족부가 2012년 성별영향분석평가센터를 지정하면서 자격 요건으로 여성정책 연구자 3인 이상을 포함하도록 하면서 일부 지방정부의 태도가 달라졌다. 성별영향분석평가센터로 지정받기 위해 여성정책 전문가를 찾고 예산 확보에 나서는 지방정부가 생겨났다. 여성가족부는 2008년부터 한국여성정책연구원과 경기도가족여성연구원 등 지역의 지방자치단체 산하 여성연구기관 또는 정책연구기관을 성별영향분석평가센터로 지정하기 시작했는데, 처음에는 지방정부에서 별다른 관심을 보이지 않았고 확산의 속도도 더디었다. 하지만 성별영향분석평가법이 제정되면서 지역 센터 지정에 대한 관심이 높아졌다. 지방정부의 공무원들이 성별영향분석평가제도를 운영하면서 젠더 전문가들의 자문과 지원을 원했기 때문이다.

지역에 성별영향분석평가센터가 설치되면서 여성정책 연구자들이 위상을 갖게 되고, 그 센터가 중심이 되어 여성정책에 관심을 갖는 지역의 여성들을 한자리에 모이게 했다. 울산 지역에서는 2012년 하반기부터 지역 여성정책에 관한 토론이 이루어졌고, 여성 이슈에 관심이 있는 전문가와 의원, 시민단체 활동가, 공무원들이 모여 논의하면서 네트워크를 활성화하기 시작했다. 각 지역의 여성연구자들이 만나고 의사소통을 하면서 성별영향분석평가, 성평등에 대해 논의하는 움직임이 활발해지기 시작했다. 이러한 변화는 성별영향분석평가와 '성 주류화' 정책의 제도화가 지역의 여성정책이 활기를 띨 수 있는 여건을 마련하는 데 기여했음을 보여준다. 내가 만난 지역 센터에서 활동하는 여성연구자들은 성별영향분석평가를 통해 정책 개선을 이루어낸 사례를 찾고, 그 사례 속에서 성평등의 구체적인 기준과 이 제도의 성과를 대중에게 알리고 싶어 한다. 나아가 어떻게 하면 정부 정책이 성평등한 방향으로 개선될 수 있는지, 성평등한 정책 개선이란 과연 무엇인지 그 의미를 찾고 싶어 한다.

여성과 남성의 삶을 바꾸는
100가지 사례

우리나라가 성별영향분석평가제도를 본격적으로 실행한 지 10년이 되었다. 공적개발원조사업(ODA, Official Development Assistance)의 하나로 우리나라를 방문한 저개발국가의 여성들은 성별영향분석평가제도와 '성 주류화' 정책에 관심이 많다. 그들은 한국에 독립된 법으로서 성별영향분석평가법이 있다는 사실에 놀라워했고, 그 법의 세부적인 내용을 알고 싶어 했다. 또한 성별영향분석평가를 통해 어떠한 정책 개선이 있었는지 그 사례들을 소개해달라고 요청하기도 한다. 내가 캄보디아에서 만났던 공무원들과 시민단체 활동가들은 공공정책을 성 인지적인 관점에서 분석하기 위해서는 어떠한 방법이 활용되는지 분석지표들을 세세하게 물었고, 그러한 분석지표들을 설명하는 영문 매뉴얼을 보고 싶어 했다(그래서 지난 2013년에 '여성과 남성의 삶을 바꾸는 성별영향분석평가 100가지 사례'라는 제목으로 국문과 영문 사례집을 발간했다).

무엇보다 아시아 국가에서 온 여성들이 우리나라 '성 주류화' 정책에 큰 관심을 보일 때, 나와 그들이 아시아 국가의 여성으로서 여성정책에 관심을 갖고 있다는 공통점과 동질감이 더욱 가깝게 느껴진다. 국내의 성별영향분석평가 사례를 아시아 국가 여성들에게 소개할 때는 신이 나서 나도 모르게 목소리가 커졌다. 특히 농업이 주된 산업인 개발도상국가의 여성들은 농업 분야에서 행해졌던 성별영향분석평가를 통해 정책을 바꾼 개선 사례들에 지대한 관심을 갖는 듯했다.

농림부에서는 농기계임대사업에 대해 성별영향분석평가를 한 결과,

농기계가 남성 신체에 맞게 제작되어 있어서 여성들이 사용하기 불편하다는 사실을 알게 되었다. 농업 인구의 절반 이상이 여성이고 농가의 핵심 인력이 여성임에도, 아직까지 농가의 대표는 남성이라는 인식이 농촌 사회에서는 강한 편이다. 따라서 정부가 제공하는 교육 프로그램의 참가 신청자는 여성보다 남성이 많다. 이에 농림부에서는 농기계를 제작할 때 여성 농업인들이 사용하기 편하도록 소형 농기계를 만드는가 하면, 여성들의 요구를 제작 과정에 적극 반영하도록 하고 있다. 또한 정부가 제공하는 농업기술교육에 부부가 참여할 경우 가산점을 부여해 여성 농업인들의 교육을 장려하였다.

흥미로운 것은 정부기관이 수행하는 사업을 성 인지적인 관점에서 분석하고 성별영향분석평가 결과 제시된 정책 개선안을 체계적으로 관리하기 위한 시스템을 만들어가고 있다는 점이다. 농촌진흥청의 경우, 성별영향분석평가를 본격적으로 하기에 앞서 분석 대상이 되는 사업을 선정하기 위한 위원회를 구성한다. 그 위원회에는 실·국장과 과장이 참석하는 것을 원칙으로 하며 외부의 젠더 전문가도 참여하고 있다. 분석 대상 사업이 선정되면 담당 공무원은 성별영향분석평가를 하기 위한 기초 교육을 받게 되는데, 성 인지적인 관점이 무엇인지, 그리고 그 관점을 적용해서 어떻게 성별영향분석평가서를 작성할 것인지 등을 교육받는다. 그리고 정책 개선이 지속적으로 이루어지도록 하기 위해 집중적으로 관리가 필요한 일부 사업에 대해서는 매년 성별영향분석평가 결과 정책 개선이 필요한 사항을 점검하도록 하는 '이력관리제'를 도입하여 운영하고 있다.

되돌아보면 성별영향분석평가는 도입 초기에 공무원들의 강한 저항에 부닥쳤다. 그들은 자신들의 반발심을 노골적으로 드러내기도 했다.

"여성가족부가 '쓸데없는 제도'를 만들어서 공무원들을 괴롭히고 있다."

"남녀평등이 다 이루어졌는데 여성가족부가 왜 있는지 모르겠다. 성별영향분석평가를 제대로 하려면 남성들을 위한 제도 개선에도 주력해야 한다."

몇몇 공무원들이 작성한 성별영향분석평가서를 보면, 이 제도를 왜 시행해야 하는지 회의감마저 들 때도 있다. 성평등이라는 것이 단지 남성과 여성이 정부 예산을 반반씩 나누어 갖는 것이며, 남성이 역차별을 받지 않도록 해야 한다는 생각이 보고서에 그대로 담겨 있기 때문이다. 또 한부모가정지원사업에 대한 성별영향평가분석을 하면서 부자가정의 경우 반찬을 만들어줄 사람이 없으니 정부가 부자가정에게는 별도로 반찬값을 지원해야 성평등한 방향으로 이 사업을 개선할 수 있다는 의견이 포함되어 있기도 했다. 그리고 정부가 제공하는 많은 교육 프로그램에 여성들이 좀 더 적극적으로 참여하기 위해서는 '여성 친화적인' 교과목을 개발해야 하는데, 그러한 과목들이 대체로 전통적으로 여성들이 해온 가사나 육아와 관련된 것들이었다. 성차별을 완화시켜야 할 성별영향분석평가제도가 반대로 성별 분업을 강화시켜 성평등을 저해할 수 있고, 자칫하면 지금까지 여성주의자들이 공들여 바꾸어온 대안적인 성평등 관행과 문화를 거꾸로 되돌려놓을지 모른다는 위기감마저 들었다.

내가 만났던 노동부의 한 여성 공무원은 성별영향분석평가제도에 심한 거부감을 보이면서, 느닷없이 "여성가족부가 왜 있는지 모르겠다. 없어져야 할 부처이다"라는 말을 거침없이 했다. 그리고 정부가 제공하는 직업훈련사업과 관련해 "취업에 별다른 관심을 보이지 않는 여성들을 위해 왜 정부가 나서서 도와주고 홍보해야 하는지 그 이유를 모르겠다"고 말했다. 남성이 집중된 직종에 여성들이 가지 않는 이유는 일이 힘들어서 여성들이 기피하는 것이고, 여성들이 설령 교육을 받는다고 해도 기업이 채용하려 하지 않기 때문에 여성들을 교육시켜봐야 소용이 없다는 것이었다. 때맞춰 그 옆에 있던 남성 공무원이 한마디 거든다.

"가정과 아이한테 관심이 쏠려 있는 여성들을 불러내서 정부가 돈 들여가면서 교육시키면 뭐하나? 교육받다가 집안일로 중도에 포기할 것이고, 설령 교육을 끝까지 받는다고 해도 일에 대한 책임감이 부족하기 때문에 힘들면 쉽게 그만둘 게 뻔하다."

그러면서 여성가족부가 성별영향분석평가를 한답시고 다른 부처의 사업에 개입하는 것도 잘못되었다고 말했다.

제도 도입 초기에 보였던 이러한 반발감은 성별영향분석평가법이 제정되면서 조금은 줄어든 것처럼 보이지만 공직 사회에 여전히 남아 있다. 그럼에도 불구하고 변화는 보인다. 다른 한편에서는 성별영향분석평가가 법적 근거를 갖고 있는 제도이니 행정을 책임지는 공무원이라면 '제대로 잘 해보자'라는 태도로 수용하는 분위기다. 면접 조사하면서 만났던 한 지방자치단체 공무원은 성별영향분석평가 교육을 세 차례나 받았다고 하면서, 처음에는 성평등이나 성 인지적인 관점, 성 주류화, 성별영향분석평가라는 용어가 생소하고 어려웠지만 교육을 받고 직접 보고서를 작성해보니 이 제도가 왜 필요한지 이해하게 되었

다고 말한다. 그 남성 공무원은 자신에게 딸이 둘 있어서 여성정책에
관심을 갖게 되었다는 말을 덧붙였다.

성별영향분석평가제도가 무엇인지, 그리고 이 제도가 왜 필요하고
그 성과가 무엇인지를 궁금해 하는 공무원과 연구자, 의원, 시민단체
활동가들을 만나면서 성별영향분석평가 사례집을 만들어야겠다는 생
각을 하게 됐다. 그래서 공무원들이 작성한 수천 개의 성별영향분석평
가서들을 보면서 교육, 농업, 복지, 지역개발 등 사업 분야별로 좋은 사
례들을 찾아내려고 했다. 여기서 좋은 사례란, 성 중립적인 일반 정책
을 성평등한 방향으로 개선하기 위해 제안된 것들이었다. 하지만 예상
보다 시간이 많이 걸리고 어려운 작업이었다. 특히 힘들었던 것은, 젠
더 관점이 없고 성별영향분석평가 교육을 받지 않은 공무원들이 작성
한 보고서를 인내심 있게 끝까지 읽어야 하는 것이었다. 하지만 이보
다 더 힘들었던 일은, 보고서에 담겨 있는 정책 개선안이 실제로 정책
에 반영되었는지를 확인하는 작업이었다. 일부 사례는 여성가족부가
매년 선정하는 성별영향분석평가 우수 사례에 포함된 것이어서 부분
적으로 확인이 가능했지만 대부분의 사례는 확인하기가 어려웠다. 공
무원들은 2년 이내에 다른 부서로 이동하는 것이 관례이고, 1년도 채
되지 않아 인사이동을 하는 경우도 있다. 그래서 정책 개선이 어느 정
도 이루어졌는지를 확인하는 것이 매우 어렵다. 고민 끝에 성별영향분
석평가 사례집에는 분석평가의 결과를 정책 개선에 반영하여 그 정책
을 바꾼 사례뿐 아니라, 적절한 정책 개선안이 제시된 사례들도 포함
하기로 했다.

그렇게 해서《여성과 남성의 삶을 바꾸는 성별영향분석평가 100가

지 사례》(2013)가 1년여의 준비 끝에 탄생하였다. 앞으로 기회가 된다면, 우리가 성 중립적인 정책을 '젠더'라는 렌즈를 갖고 들여다보면 얼마나 그것이 성차별적일 수 있는지를 생생하게 보여주고, 아울러 '성분석'을 통해 일반 정책이 어떻게 여성과 남성의 삶을 바꿀 수 있는 정책으로 바뀌는지 그 과정을 역동적으로 설명하면서 여성주의가 정책영역에 기여하는 바를 보여주는 '스토리텔링 사례집 만들기'를 후속작업으로 하고 싶다.

젠더 감수성을 감시하는 '벨벳 트라이앵글'을 만들자!

현재와 같은 성별화된 사회, 즉 가부장적인 제도와 관행에 익숙해 있는 문화에서 성별영향분석평가와 '성 주류화' 제도가 시행되다 보면, 자칫 그 제도의 본래 목적과는 다른 방향으로 운영될 수 있다. 무엇보다 성별영향분석평가와 '성 주류화'는 결과 중심의 제도이기보다는 시행 과정이 중요한 제도이다. 그러므로 무엇이 '성평등한 것인지'에 관한 논의가 상시적으로 있어야 하고, 여성정책에 관여하는 주체들 사이의 토의가 전제되어야 한다. 또한 '정부 사업이 어떤 방식으로 여성과 남성에게 다른 영향을 미치고 성차별적으로 운영되는지'를 분석하려면, 정부 사업이 누구에 의해서 기획되고 시행되고 평가되는지를 단계별로 검토해야 한다.

그러나 아직까지 우리나라는 성별영향분석평가제도가 공무원 중심으로 운영되면서 공무원과 전문가가 협업하는 방식이다 보니, 시민사회와 활발하게 소통할 수 있는 통로가 제대로 열려 있지 않다. 하지만 다행스럽게도 몇 년 전부터 지방자치단체를 중심으로 젠더 거버넌스에 기초한 '성 주류화' 정책을 시행하려는 움직임이 활발하다. 2012년 광주시에서는 성별영향분석평가조례를 제정하면서, 시민단체가 공식적으로 참여할 수 있는 근거 규정을 만들고 그에 따른 예산을 편성할 수 있게 했다. 이 조례의 제17조에 의하면, "정책 추진의 실효성을 높이도록 시민제안제도 활용, 시민참여단 구성, 시민단체 예산 지원 등으로 시민의 솔선 및 자조(自助)를 장려하고 민-관의 협조 체제를 구축하도록 노력하여야 한다"고 명시하고 있다. 또 대전시와 인천시 등에서는 여성단체를 포함한 일부 시민단체들이 이 제도에 관심을 갖게 되면서 성별영향분석평가 모니터링 사업을 본격적으로 하겠다고 나섰다.

지난 몇 년간 '성 주류화' 정책을 연구하면서 인상 깊게 읽었던 몇몇 여성주의 학자들의 논문이 기억 속에 떠오른다. 호주의 여성학자인 캐롤 바키(Carol Bacchi)와 네델란드의 앨리슨 우드워드(Alison Woodward), 영국의 주디스 스콰이어스(Judith Squires)가 그들인데, 연구를 하면서 운 좋게 그들을 우리나라에 초청할 수 있었다.

바키 교수는 "성 주류화 정책이 성별 '차이'에 대응하는 방식은 젠더를 명사이기보다는 동사(gendering), 즉 성별화하는 방식으로서 봐야 하며, 정책은 성별화된 실행으로 봐야 한다"는 점을 강조했다. 실제로 여성정책의 대안적 패러다임으로 기대했던 '성 주류화' 정책이 현실에서 적용되는 방식은 젠더를 지속적으로 재편해 성 불평등한 관계로 재구성할 수 있는 가능성을 갖고 있다.

나의 페미니즘 레시피

또한 우드워드 교수는 한국여성정책연구원이 주관한 소규모 국제 워크숍에서, "성평등에 이르는 적절한 방법이 무엇인가에 대한 다양한 시도들이 유럽 사회에서 혼재되어 있고, 젠더 감수성을 감시하는 역할을 시민사회와 학계가 담당할 것"을 힘주어 말했다. '성 주류화' 정책의 수행 주체로서 우드워드 교수가 제시했던 삼자연대, 즉 공무원·젠더 전문가·시민단체 활동가가 협력하는 '벨벳 트라이앵글'을 한국 사회에서 어떤 방식으로 적용하고 실현 가능한 방법으로 만들 수 있는지 그 모델을 개발하는 일은 연구자의 몫이라고 생각한다.

더불어 스콰이어스 교수가 국제 심포지엄에서 발표했던 내용 가운데 다음과 같은 말은 지금까지도 내 기억 속에 인상 깊게 남아 있다.

"성평등이 다른 불평등 영역에 의해 비주류화될 것인지의 여부는 정치적 논쟁에 달려 있으며, 이때 젠더 전문가, 시민사회 활동가, 여성 의원, 공무원의 역할이 매우 중요하다. '성 주류화' 정책이 의제 설정 접근을 위한 공간을 만들어가야 한다."

문득 거버넌스에 기초해 '성 주류화'를 실천하고자 했던 대전 지역 한 연구자의 열정적인 모습이 생각난다. 그녀는 포럼을 열어 젠더 전문가, 시의 여성정책 담당 공무원, 시의원, 여성단체 활동가들을 초대했다. 그리고 대전 시민을 대상으로 '성 주류화 모니터링단'을 모집했는데, '성 주류화'라는 용어는 시민들에게 생소한 것이었지만 일부 시민들은 그것이 확장된 여성정책이라는 것을 알게 되면서 모니터링 활동에 참여하게 되었다. 참여자들의 직업도 다양했다. 대학생, 대학원생, 시민단체 활동가, 마을공동체에 관심 있는 전업주부 등이었다. 그들은 성별영향분석평가, '성 주류화' 교육을 받고 모니터링을 위한 기본 교육을 받았다. 그리고 직접 현장을 방문해 관찰한 모니터링 결과는 보고서로 제출되었다. 이러한 과정에서 다양한 이해관계를 가진 당사자들이 성별영향분석평가를 위해 만나게 되었고, 각자가 현장에서 느낀 점과 '여성의 관점'에서, 그리고 '성평등의 관점'에서 분석한 내용을 교환하였다. 그리고 무엇이 문제인가, 어떻게 무엇이 바뀌어야 할 것인가에 관한 토론이 이어졌다. 이후 여러 가지 정책 개선안이 제시되고, 그 개선안에 대한 공무원과 시의원들의 의견이 더해졌다. 이러한 흥미진진한 작업에 언론도 관심을 보였다.

성별영향분석평가와 '성 주류화'의 정체성을 새삼스레 되물으면서, 나는 이렇게 답을 얻고 싶다. '성평등 사회를 향한 네트워크 만들기', '그 공간에서 성 인지 감수성을 얻고 그것을 키워나가기', '시민사회와 언론, 의회, 행정부가 함께 젠더 의제를 만들어가기', '여성과 남성이 함께 성 불평등한 젠더관계를 바꾸기'라고. '성 주류화' 정책, 여성정책 연구자로서 내가 무엇을 해야 할지 끊임없이 물음을 던지는 가운데 '성 주류화를 실천하는 친구들'을 찾고, 그 친구들과 함께 우리가 살고 있는 사회를 성평등한 세상으로 바꾸고 싶다.

차인순

국회 여성가족위원회 입법심의관

예산에도 성별이 있다 :

재정제도에 도전하기

생리대에
세금 감면을!

재정(財政)제도에 대한 여성주의의 도전은 그렇게 시작되었다. 1990년대 말 여성학 박사 과정에서 여성정책을 공부하고 있던 나는, 그 많은 국가 정책 자료들은 왜 여성에 대한 충분한 정보를 제공해주지 않는가에 기본적인 의문을 가지고 있었다. 여성에 관해 국가로부터 얻을 수 있는 구체적이고 세부적인 정보와 자료는 거의 없었다. 여성이 세상의 절반인데, 국가가 국정을 이야기할 때 여성이 처한 문제를 어떻게 해결해나가겠다고 언급해야 하는 것 아닌가, 정책의 기본적인 통계들은 당연히 여성에 대한 정보와 자료를 상세히 제공해야 하는 것 아닌가, 답답했다. 외국과 비교되는 우리의 정책 자료 수준에 한숨을 내쉬던 중, 눈을 의심할 만한 문구가 섬광처럼 날아들었다.

'젠더와 예산(gender and budget)'!

내겐 놀라운 일이 아닐 수 없었다. 정책도 아니고 법률도 아니고, 예산을 젠더 차원에서 접근하다니! 예산을 성평등을 위해 적극적으로 쓰이게 할 수만 있다면 이보다 더 직접적이고 빠른 변화를 가져올 수 있는 길은 없을 것 같았다. 평소 공공재정에 호기심이 있었던 터라, 과감히 재정제도에 도전하는 젠더에 매력을 느끼지 않을 수 없었다.

단어 하나하나를 단서 삼아 호주, 영국, 필리핀, 남아프리카공화국의 사례를 찾아들어갔다. 당시에는 국내의 학문적 연구나 선례가 없어 누구에게 물어볼 수도 없는 상황이었다. 불확실성과의 싸움을 계속했다. 마치 영화 〈그래비티〉의 스톤 박사처럼, 포기할 수 없는 막연한 희망을 껴안고 막막한 시간을 보내고 있었다. 그러던 중 박사 과정 동기가 내게 말을 건네었다. 지금 한국여성민우회에서 '여성과 예산'에 대한 활동을 시작하려고 하는데 연구자로서 동참해보지 않겠냐고. 우주에서 헤매고 있던 나는 두말없이 그러겠노라고 했다.

'부딪쳐보면 더 감이 잡히겠지. 게다가 함께 고민할 사람들도 있잖아.'

처음에는 한국여성민우회, 다음해에는 한국여성의전화도 참여해 함께 공부하면서, 예산을 어떻게 지역사회 여성활동에 접목시킬 것인가를 논의했다. 2년간 함께 공부하면서 시도해본 '여성예산'('성인지예산'의 전신이다)이라는 아이디어는 지역 활동가들의 열정과 땀을 자양분 삼아 모양을 갖춰나갔다. 지금으로부터 13~14년 전인 2001~2002년 사이에 지역사회에서 보육예산 증액을 요구한 것도, 여성 공무원 육아휴직 대체인력 확보 필요성을 제기한 것도 이들이었다. 또 각 지역의 각종 '○○아가씨 선발대회'에 지자체가 예산을 지원하는 것이 여성의 상품화이자 예산 낭비임을 지적하면서 예산 지원에 제동을 건 것도 이들 덕이다. "머리털 나고 양성평등이란 말은 처음 듣는다"며 부끄러워 하기는커녕 자랑스럽게 대놓고 이야기하던 지자체의 일부 공무원들을 상대로 지역사회 여성활동가들은 문제를 제기하고 설득해가면서 이 모든 일들을 진행했다. 바로 이 지역사회 활동을 모아 매년 진행했던 토론회의 제목이 '예산에도 성(性)이 있다'였다.

시민사회와 함께한 '여성예산' 분석의 경험은 제도화의 가능성을 확신하는 계기가 되었다. 이제 나의 관심은 지역사회 활동을 넘어 재정제도로 향했다. 한국여성민우회와 함께했던 2002년 '생리대 부가가치세 감면' 토론회는 조세 분야에서 성인지예산의 단초가 되었다. 생리대에 부가가치세를 부과하는 것이 성차별이라는 주장은 낯선 만큼 새로운 것이었다. 여성과 남성의 성차를 고려할 때 생리대에 세금을 내는 것은 조세정의에 부합하지 않는 것으로 생각했다. 부가가치세는 간접세이기 때문에 제도적으로도 가난한 여성들이 안게 되는 부담은 더 클 것이었다.

물론 반론 역시 만만치 않았다. 남성도 생리적·문화적인 이유로 면도기를 써야 하는데 그렇다면 면도기도 부가가치세를 감면받아야 한다는 주장이 나왔다. 물론 딱 두 가지 상품만을 저울에 단다면 그럴 수도 있겠다 싶었지만, 여성적 혹은 남성적 특성과 관련된 모든 상품을 세금 감면할 수는 없는 것 아닌가. 그러니 면도기가 아닌 생리대가 왜 특별히 세금 감면의 대상이 되어야 하는지 명확한 이유가 필요했다. 우리나라는 모성보호를 헌법적 가치로 두고 있으므로, 생리대 세금 감면의 필요성에 모성보호를 위한 정책적 의미가 부여된다면 그것은 납득이 될 만한 것이었다.

성 인지적 분석에 기반한 면세 또는 세금 감면의 문제제기는 이 사례가 최초일 것이다. 생리대 세금 감면 논의는 국회까지 이어졌다. 2003년 국회 여성위원회(이후에 명칭이 여성가족위원회→여성위원회→여성가족위원회로 부침을 겪었다)에서 일하기 시작했을 무렵, 우연인지 필연인지 조세특례제한법과 부가가치세법의 일부개정법률안을 만나게 되었다. 정말 가슴 뛰도록 반가웠다. 이 법안들은 세금 관련 법안으로 재정위원회 소관이었지만, 여성 관련 법안에 대해서는 관련 위원회로서 의견을 듣기 위해 여성위원회로 회부되었다.

여성위원회 의견서 초안을 쓰기 위해 긴장된 마음으로 컴퓨터 자판 앞에 앉았다. 생리대 세금 감면은 여성과 남성의 차이를 인정하고 헌법의 모성보호를 실현하는 성인지예산의 일환임을 일필휘지로 써내려 갔다. 의견서(안)는 여성위원회 의결을 거쳐 재정위원회로 전해졌고, 다행스럽게도 재정위원회에서도 토론 끝에 부가가치세 감면 사안으로 받아들여졌다. 국회에서 일을 시작한 첫해에 다시 만난 성인지예산. 제도권에서도 성인지예산이 불가능한 이야기는 아니었구나 싶어 안도했다. 이후 저출산 대책과 관련한 육아용품 세금 감면은 큰 논란 없이 수용되는 덕을 얻게 되었다. 무엇이든 처음이 어려운 법이다.

국회로 온 '성인지예산'

2002년 10월 8일, 한국여성단체연합은 이미경 의원 소개로 국회 여성위원회에 '성 인지적 예산정책 마련을 위한 청원'을 제출했다. 현행 국가재정법에 의하면 '성인지예산'이란, 정부가 예산이 여성과 남성에게 미치는 효과를 평가하고 이 결과를 예산 편성에 반영하기 위한 것으로, 재정제도를 통해 성 불평등을 해소하고 성평등을 촉진하기 위한 것이다. 당시 국회 여성위원회에서는 청원의 정신을 받아들여 '성 인지적 예산 편성 및 자료 제출 촉구 결의안'을 만들어 의결하였고, 이 결의안은 같은 해 11월 8일 국회 본회의에서 채택되었다. 결의안의 주요 내용은 다음과 같다.

첫째, 정부는 예산안 편성 지침의 작성 및 예산안 편성에 있어서 성평등적 관점을 적극적으로 반영할 것.

둘째, 정부는 예산안에 대한 시정 연설에 있어서 여성 관련 예산의 편성 방침 및 내용을 명확히 밝힐 것.

셋째, 행정부처는 관련 자료를 여성부와 국회 여성위원회 및 예산결산특별위원회에 제출할 것.

그러나 정부는 국회의 결의문을 전달받았음에도 16대 국회가 마감될 때까지 연구용역 이외에는 조그마한 진전을 위한 노력도, 진지한 고민의 흔적도 보여주지 않았다.

2004년 17대 국회가 새로이 시작되면서 성인지예산은 다시 여성 의원들의 주요 관심사가 되었다. 당시만 해도 여성위원회 외에도 여러 회의에서 성인지예산 문제가 다루어졌다. 2004년 7월 14일, 17대 국회 본회의 첫 대정부 질문에서 당시 장향숙 의원은 성인지예산 분석을 위해 정부기관의 변화를 이끌 수 있는 방안을 여성부 장관에게 요구했다. 그리고 9월 17일에는 전재희 의원이 예산결산특별위원회에서 성인지예산 결의문의 이행을 촉구하였고, 10월 21일에는 심상정 의원이 국회 운영위원회에서 성 인지적 예산 편성 지침 수립에 대해 기획예산처로부터 노력하겠다는 답변을 이끌어냈다.

하지만 정부는 여전히 말뿐이었다(하기야 크든 작든 여성 의제가 어느 하나라도 저절로 된 적이 있었던가). 정부의 무대응을 지켜보던 여성 의원들은 움직이기 시작했다. 2005년 6월, 국회 여성위원회 여·야 간사와 열린우리당·한나라당 여성위원장들은 예산결산특별위원회 예산안조정소위원회에 여성 의원 2명을 포함시켜야 한다는 요구와 함께 성 인지 TF팀 구성을 촉구하는 성명서를 발표하였다. 김애실 국회 여성위원장도 두 번에 걸쳐 예산결산특별위원장에게 간곡한 서한을 보냈다. 요구는 받아들여졌고, 11명의 예산안조정소위원회에 여성 의원이 각 당 한 명씩 모두 3명이 배치되었다. 이것은 국회 헌정사상 최초의 일이었다. 하지만 너무나 아쉽게도, 예산결산특별위원회의 파행으로 인해 그들의 활약을 지켜볼 수는 없었다(이후 2014년도에 가서야 김현미 의원이 처음으로 소위원회 심사에 참여하게 된다).

한편 여성위원회 위원이었던 이계경 의원은 성인지예산을 제도화할 요량으로 과감히 예산결산특별위원회로 옮겼다. 이계경 의원은 예산결산특별위원회 소속으로 성 인지 재정 연구팀을 구성하기 위해 2005년 8월부터 서한과 면담으로 계속 예산결산특별위원장을 설득하였고, 그러한 노력의 결과 2006년 1월 '성 인지 관련 재정 연구를 위한 TF'팀이 구성될 수 있었다. 이 팀에는 당시 열린우리당 의원 4명, 한나라당 의원 4명, 민주노동당 의원 1명이 함께했다. 팀의 과업은 성인지예산 제도 도입을 위한 첫 단계로 '2007년도 정부 예산안 편성 지침'에 성인지예산안 편성 지침을 포함하도록 하는 것이었다. 이것은 사실 정부가 스스로 해야 할 사안이었지만 도통 움직이지 않으니 국회가 나설 수밖에 없었던 것이다. 이를 위해 실무지원단도 구성되었다. 각 당의 여성정책 전문위원들과 예산결산특별위원회 조사관, 국회 예산정책처 조사관, 관계 보좌진, 그리고 성인지예산을 연구했던 나도 참여했다.

실무지원단은 여러 번의 회의를 거쳐 성인지예산안 편성 지침의 밑그림을 제안하기에 이르렀다. 마침 경제학을 전공한 사람들도 포함되어 있어 경제학적 지식도 통합될 수 있었고, 무조건 반대만 하던 정부 공무원들 중 열린 마음으로 동의했던 한 기획예산처 공무원의 넉넉한 태도가 힘이 되기도 했다. 마련된 안은 TF팀 의원들의 논의를 거쳐 예산결산특별위원장에게 보고된 후 2006년 3월, 예산결산특별위원장의 이름으로 기획예산처 장관과 여성부 장관에게 이를 반영할 것을 촉구하는 공문으로 보내졌다. 이계경 의원은 기획예산처가 이 제안을 실제로 지침에 반영한 것이 확인될 때까지 예산결산특별위원회에서 질의를 멈추지 않았다. 성인지예산은 그렇게 예산제도에 한 발 디밀게 되었다.

하지만 이것이 지속 가능할지, 정부 자료의 많은 부분이 그런 것처럼 지침에 형식적으로 몇 마디 포함되는 것으로 끝날지 알 수 없었다. 제도의 안정을 위해 좀 더 확실한 것은 입법이라고 생각했다. 그런 점에서 호주의 경험을 직접 살펴본 것은 큰 도움이 되었다. 국회에서 일하게 된 첫해 겨울, 여성부에서 '성 주류화' 제도와 관련해 호주와 필리핀을 둘러보자는 제안이 왔다. 호주는 1980년대 중반부터 성인지예산제도의 종주국이자 이 제도를 유엔 등 국제사회에 알린 나라다. 하지만 당시 호주는 1990년대 후반 이후 여성정책의 퇴보 속에서 성인지예산제도가 명맥만 유지되고 있었고, 필리핀은 재정부와 대통령 직속 여성위원회가 긴밀한 협력체계를 갖고 전문적으로 제도를 운영하고 있는 상황이었다. 그렇기 때문에 오히려 호주의 경험을 잘 듣는 것이 중요했다.

호주에서 만난 남호주대학의 론다 샤프(Rhonda Sharp) 교수는 정치경제학 교수로서, 영국의 다이앤 엘슨(Diane Elson)과 남아프리카공화국의 데비 버들렌더(Debbie Budlender)와 함께 당시 세계 3대 성인지예산의 리더로 꼽히는 사람이다. 샤프 교수는 매우 찬찬하고도 친절하게 호주의 경험을 이야기해주었다. 하지만 두꺼운 성인지예산 분석보고서가 얇은 팸플릿으로 바뀐 쇠락의 현실은 성인지예산제도에 희망을 가지고 있었던 내게는 안타까운 일이 아닐 수 없었다. 그때 함께 갔던 여성부 공무원은 장관에게 이 제도를 부정적으로 보고했다고 전해 들었다.

정부 측이 별다른 제도화 노력을 보이지 않는 사이, 국회에서는 경제학자 출신의 김애실 여성위원장의 직접 제안으로 성인지예산에 대한 전문가 간담회가 열리게 되었다. 이 자리에서 당시 계류 중인 국가재정법안에 성인지예산제도를 포함시키자는 제안이 나왔다. 국회 경험 막 2년을 넘어선 터라 입법 경로에 대한 확신이 없어 주저하고 있던 내게는 귀가 확 트이는 소리였다. 국회에서도 손에 꼽는 베테랑의 입에서 나온 이야기이니 방법은 더 고민하지 않아도 되겠다 싶었다. 호주의 아픈 경험이 떠올랐다. 입법이 필요했다. 하지만 법적 근거를 가지고 있는 나라는 필리핀밖에 알지 못했다. 필리핀은 예산법에서 재정의 5퍼센트를 성인지예산으로 할당하도록 돼 있었는데, 우리의 상황에서는 이런 방식이 받아들여질 것 같지 않았다.

사람들이 공감할 만한 해외 입법 사례는 없는지 자료를 뒤지며 이리저리 알아보던 중 희망의 단서를 발견했다. 프랑스의 예산법에 법적인 근거가 있다는 단 한 줄의 언급이었다(다른 나라들은 대부분 예산이 법안의 형태로 의회에 제출된다). 프랑스어를 모르는 나는 국회 도서관의 해외자료 관실에 부탁하여 프랑스의 1999년도 예산법 원문을 찾았다. 내 마음은 흥분의 도가니였다. 내친김에 번역을 부탁했다. 프랑스가 비록 성인지 예산서를 부록으로 제출한다는 내용이었지만, 우리의 상황에서는 여기부터 출발해도 좋을 것 같았다. 누가 시키지도 않은 것이었지만 무엇에 홀린 듯 입법안 연구에 빠져들어갔다.

여성 의원들 사이에서도 입법의 필요성에 대한 공감대는 계속 확산 되어갔다. 2005년 6월, 심상정 의원 주관으로 '양성평등 예·결산제도 도입을 위한 토론회'가 개최되었다. 열린우리당 전국여성위원장인 조배숙 의원, 예산결산특별위원회와 정무위원회를 겸임했던 한나라당 이계경 의원, 교육위원회와 여성위원회를 겸임했던 민주노동당의 최순영 의원이 직접 토론자로 참여했다. 각 당의 여성 의원들이 당의 이해관계를 따지지 않고 기꺼이 한마음으로 참여하는 토론회는 국회에서는 매우 이례적인 일이다. 토론회는 감동 그 자체였다. 김애실 여성위원장의 진심어린 믿음의 격려사는 발제를 맡아 긴장한 내 마음을 어루만져주었다. 나는 발제에서, 그동안 연구한 예산 원칙에서의 성별 형평성 규정, 성인지예산 보고서와 성인지결산 보고서 제출 규정을 국가재정법에 신설할 것을 제안했다. 모든 토론자들이 공감으로 화답했다.

국회 운영위원회 위원이었던 심상정 의원은 국가재정법안을 논의하는 회의에서, 성인지예산은 국회의원 100인이 서명한 것임을 상기시키면서 그 필요성과 중요성을 계속 강조했다. 기획예산처가 토론회의 내용이 담긴 성인지예산 조문안을 가져왔고, 이는 국회 운영위원회의 2006년 6월 회의에서 받아들여지게 되었다.

'구구스'들에 의한
입법의 드라마

구구스(Goo-gus)란, 좋은예산센터의 대표를 맡고 있는 김태일 교수의 《국가는 내 돈을 어떻게 쓰는가》라는 책의 후기에 나오는 말로서 '좋은 정책을 지향하는 사람들(Good Governance Guys)'을 뜻한다. 성인지예산의 입법 과정을 되돌아보면, 이 제도가 얼마나 많은 구구스들의 노고의 결정체인지 새삼 마음이 찡하다.

성인지예산제도는 재정제도 차원에서 성평등 문제 해결 방법을 고민하던 수많은 사람들의 노력의 산물이다. 멀리는 1980년대 중반에 처음으로 성인지예산제도의 아이디어를 정책으로 구체화한 호주의 페모크라트(femocrat, 여성주의 공무원)들이 있었고, 이 논의를 국제적 의제로 이끌어온 1990년대 중반 유럽의 여성정책 지성들이 있었다. 또 어설픈 영문 이메일에다 급작스런 요청에도 불구하고 당시 호주 시찰 중이던 여성 의원들의 간담회에서 발표를 해준 론다 샤프 교수의 진정성도 영향을 미쳤을 것이다.

무엇보다도 제4차 베이징 세계여성대회를 다녀온 후 1998년부터 '여성과 예산'의 문제를 시민활동으로 이끌어내서 이를 정부 정책으로 만들어줄 것을 요구한 여성단체들이 있었다. 여성단체들은 2002년 청원을 내었고 논의의 진행 과정을 모니터링했다. 이들은 국가재정법 제정 논의가 교착 상태에 있던 2005년 12월, '국가재정 관련 법 제정안에 대한 한국여성단체연합 의견서'를 운영위원회 위원들에게 전달하기도 했다.

또 17대 국회에서 일하게 될 여·야 초선 여성 의원 중 21명은 4·15 총선 직후 이화여대 리더십개발원이 개최한 워크숍에 참석하여 성인지예산을 포함한 여성주의 의제를 사전에 공유하였다. 이러한 배경도 입법 과정에서 당을 초월한 여성 의원들의 높은 연대정신과 무관하지 않았을 것이다. 더욱이 성인지예산은 남녀 국회의원들이 초당적으로 협력해 정부를 이끈 제도라는 점에서 의미를 더한다. 남성 의원 72명, 여성 의원 28명, 총 100명의 국회의원들이 국가재정법에 성인지예산제도를 도입하는 데 지지 서명을 했고, 이것은 당시 기획예산처가 더 이상 제도 도입을 부정할 수 없게 만들었다. 호주제 폐지를 위한 남성 국회의원 100인 서명 다음으로 뜻 깊은 연대의 표식이 아닐 수 없었다. 17대 국회가 시작된 9월, 4당이 참여한 '여성 국회의원 네트워크'가 소통의 기반이 되었을 것이다. 또 이계경 의원과 김춘진 의원, 이은영 의원이 공동대표로 있으면서 시민사회와 함께 꾸렸던 '국회양성평등포럼'의 지지 활동도 영향을 주었다.

성인지예산의 입법 과정에서는 이외에도 다양한 작용들이 있었다. 2004년 5월 17대 국회의 시작과 더불어 2006년 9월 성인지예산제도가 도입되기까지, 여성위원회와 예산결산특별위원회, 운영위원회 세 곳을 축으로 하여 수차례의 면담과 간담회, 토론회, 서한 발송과 대국민 기자회견 등 할 수 있는 모든 노력이 이루어졌다. 문안의 기초와 설득과 서명을 받기 위해 뛰었던 보좌진들이 있었고, 국내외의 논의를 조사하여 뒷받침한 국회 입법조사관들의 조사·분석보고서도 나아갈 방향을 명료히 하는 데 도움을 주었다. 이계경 의원의 노력으로 KBS 방송에서 성인지예산을 주제로 시민토론회까지 열리게 되었는데, 생소한 내용이었음에도 명쾌하게 토론을 이끈 정용실 아나운서의 탁월한 진행은 다시 생각해도 감탄스럽다. 보이지 않았거나 알려지지 않은 그 모든 수고들을 포함하여 성인지예산에 대한 열망은 국가재정법에 이렇게 새겨졌다.

> 제16조(예산의 원칙) 5. 정부는 예산이 여성과 남성에게 미치는 효과를 평가하고, 그 결과를 정부의 예산 편성에 반영하기 위하여 노력하여야 한다.
>
> 제26조(성인지예산서의 작성) 1. 정부는 예산이 여성과 남성에게 미칠 영향을 미리 분석한 보고서(이하 "성인지예산서"라 한다)를 작성하여야 한다.
>
> 제57조(성인지결산서의 작성) 1. 정부는 여성과 남성이 동등하게 예산의 수혜를 받고 예산이 성차별을 개선하는 방향으로 집행되었는지를 평가하는 보고서(이하 "성인지결산서"라 한다)를 작성하여야 한다.

그런데 새로운 변화에는 언제나 어느 정도의 반감과 저항은 있기 마련이다. 제도의 시행을 앞두고 불길한 조짐이 느껴지더니 부정적 기류는 2008년 11월 기획재정부가 제출한 국가재정법 개정안으로 모습을 드러냈다.

당시 기획재정부는 성인지결산서, 즉 '예산이 성차별을 개선하는 방향으로 집행되었는지를 평가하는 보고서'를 숫자만 가득한 몇 장짜리 명세서로 바꾸길 원했다. 그것은 정부가 성 불평등을 분석하지 않고 제도를 유명무실하게 만들겠다는 의지의 표명이나 다름없는 것이었다. 수년에 걸친 수많은 사람들의 노력이 물거품이 될지 모른다는 위기감이 닥쳐왔다. 성인지예산은 규모의 문제가 아니다. 돈의 액수로 성인지예산을 말할 수 없다. 그런데도 이를 명세서로 바꾸자고 하는 저의가 불쾌하고도 부당하게 느껴졌다.

예산 규모로 성인지예산을 분석해 들어갈 수는 없는 일이었다. 예산 사업의 성 인지적 기획과 편성, 집행과 성과에 대한 정부의 기본적인 정리 자료가 없으면 국회는 분석을 심화시킬 수 없다. 이 소식을 전해 들은 나는 어찌되었든 개악은 막아야 한다고 마음먹었다. 시간이 한정된 국회 논의의 특성상 물밑에서 오랜 기간 준비된 제안이 물 위에서 토론되는 시간은 그리 길지 않기 때문에 마음이 급했다.

기획재정위원회의 소위원회 명단을 훑어보았다. 이 문제를 제기해줄 여성 의원이 보이지 않았다. 아는 보좌진은 있는지 찾아보았다. 마침 전직 여성위원장 보좌관 출신이 있어 이야기를 건네볼 수 있겠다고 생각했다. 보좌관을 만나 자초지종을 설명하자 다행히도 그는 이 문제의 심각성을 공감해주었다. 그의 노력으로 기획재정위원회 위원들 사이에서 이 문제가 공유되었고, 다행스럽게도 보고서가 명세서로 축소되는 일은 막을 수 있었다. 이런 일을 겪고 나자 안심이 되지 않았다. 입법도 다는 아니었다. 제도가 튼튼히 뿌리내리지 않는다면 언제든지 이런 일은 또 있을 수 있겠다 싶었다.

'성인지 예·결산보고서'가 국회에 제출되기 시작했음에도 불구하고 장관들은 의원들의 질의에 제대로 답변하는 경우가 드물었다. 모 기획재정부 장관은 심지어 "남성예산이 더 필요한 것 아니냐"면서, 어렵게 도입된 제도를 희화화하기도 했다. 이러니 제도의 진척이 있을 리 만무했다. 국제의회연맹(IPU)이나 유엔 회의에서 성인지예산은 좋은 정책으로 장려받고 있음에도, 정부의 인식은 법적 근거 마련 이후에도 이처럼 보잘것없었다.

2011년 유엔 여성차별철폐위원회에 다녀온 최영희 여성가족위원장은 그해 11월, 상임위원회 차원에서는 처음으로 성인지예산제도를 독자 현안으로 하는 회의를 열어 기획재정부가 보고하도록 했다. 하지만 기획재정부 관계자를 기획재정위원회가 아닌 여성가족위원회로 오게 하는 것은 실제로는 쉬운 일은 아니었다. 기획재정부 관계자들은 서로 참석을 회피하였고, 막판에 마지못해 참석한 관계자는 회의 자료를 사전에 제출하는 것도 거부했다. 회의는 공식 보고와 자료 없이 의원들의 지적 속에 성과 없이 끝났다.

입법 이후,
무엇이 달라지고 있나?

성인지예산 입법은 2006년에 이루어졌지만 실행은 2010회계연도부터였다. 예산안은 한 해 전에 짜이니 2009년에 그 첫 보고서가 나와야 했다. 중간 3년은 바로 이 제도를 제대로 운영하기 위한 준비 기간이었다.

법적 근거가 마련된 이후의 변화는 작지 않은 것이었다. 개인 연구나 연구용역으로 소소하게 다루어지던 조사와 연구들이 비로소 본격적으로 가능해졌다. 앞선 나라들의 사례도 광범위하게 조사되기 시작했고, 제도를 구축하기 위한 다각도의 연구들이 구성되었다. 연구는 한국여성정책연구원의 성인지예산센터를 중심으로 이루어졌는데, 재정학회나 한국개발원(KDI), 조세연구원 그리고 경제학이나 행정학 관련 연구자들이나 관련 학회들과의 교류도 시작되었다. 아무리 외국에 선례가 있다고 해도, 재정제도가 나라마다 다르고 예산 편성 방식도 다르다 보니 우리의 상황에서는 그대로 가져다 쓸 수도 없는 상황이었다. 우리의 상황에 적합한 제도를 만들어나가려는 고민은 지금도 계속되고 있다. 제도의 완성도가 높지 않은 상황이라 몇몇 사람들은 제도의 실효성에 대해 낙담하기도 한다.

　하지만 성인지예산제도는 '예산은 성별과 관련이 없다'는 기존의 관점을 180도로 뒤바꾸는 문제이므로, 정착시키는 데만도 최소한 10년은 바라보고 가야 하는 제도라고 생각한다. 국가재정법 제정의 가장 큰 이유 중 하나였던 성과관리제도 역시 정착하기까지 10년 이상의 시간이 경과하고 있다. 성과관리제도는 당시 기획예산처가 야심차게 준비한 것이었는데도 아직도 그 성과지표의 타당성이 결산 때마다 국회에서 많은 지적을 받고 있고, 예산안 편성과 성과주의가 형식적으로만 연결되고 내용적으로는 따로 놀고 있다는 지적도 적지 않다.

　아무튼 성인지예산제도에 관한 연구는 성인지예산이 안착해야 할 재정제도들과의 관계에서부터 외국의 법과 제도 및 실제 운영 사례에 이르기까지 많은 지식과 정보를 축적할 수 있게 해주었다. 기획재정부의 답답한 움직임에도 불구하고 그간의 연구보고서들을 통해서 알게 된 오스트리아와 프랑스의 역동하는 모습에서 다시금 힘을 얻곤 한다. 오스트리아는 헌법에 성평등예산을 언급하고, 성과주의예산제도에 성인지예산을 완전히 통합한 나라이다. 또 프랑스는 성인지예산제도 도입 10년을 계기로, 기존 부록 형태에서 정식 통합예산보고서로 전면 개편해 새롭게 추진하고 있다.

성인지예산 입법으로 인해 2009년부터 해마다 가을이 되면 또 하나의 보고서를 기다리게 되었다. '성인지예산서'가 그것이다. 아직은 보고서다운 보고서라 하기 어렵고 자료집에 가까운 성격이지만, 그래도 아주 조금씩 달라지고 있음을 엿볼 수 있다. 또 2011년부터는 해마다 5월이면 '성인지결산서'도 볼 수 있다. 이 자료들은 국회 의안정보시스템에 파일로 올려지기 때문에 누구든지 접근 가능하다. 그리고 성인지예산제도 도입으로 또 하나의 새로운 자료를 볼 수 있게 되었는데, 감사원이 정부 결산을 검사하고 나서 국회에 보내는 '결산검사보고'에서도 성인지결산 부분을 찾을 수 있다. 감사원의 분석 내용은 세부적이기보다는 개괄적이라는 게 아쉽지만 말이다.

이렇게 정부로부터 '성인지예산서'와 '성인지결산서', 그리고 성인지예산이 언급된 감사원의 '결산검사보고'를 제출받게 된 국회는 심사를 지원하기 위한 활동들을 새롭게 갖추게 되었다. 국회예산정책처가 매년 발간하는 '성인지예산 분석보고서'와 '성인지결산 분석보고서'는 국회 내에서 성인지예산제도를 이해시키고 제도 운영의 문제점을 파악하게 하는 데 도움을 준다. 이 보고서들 또한 국회예산정책처 홈페이지에서 누구든지 살펴볼 수 있다. 성인지예산제도가 실제로 어떻게 운영되는지 시민사회의 접근이 어려운 상황에서 국회예산정책처의 보고서는 간접적으로나마 도움이 될 것이다. 또 몇몇 상임위원회에서 성인지예산제도에 대한 질의가 이어지고, 특히 여성가족위원회에서는 성인지예산제도 추진의 문제점을 꾸준히 전문위원실 검토보고서에 포함하여 제도 개선의 공감대를 만들어가고 있다.

2012년 예산결산특별위원회에서는 의미 있는 변화가 감지되었다. 처음으로 성 인지적 재정운영의 개선 과제가 시정요구사항으로 채택된 것이다. 결산 시정요구는 국회가 정부 결산을 심사한 후 문제가 있는 사업에 대하여 요구하는 것으로 징계, 변상, 시정, 주의, 제도개선의 항목이 있다. 그중 제도개선을 정부에 요구한 것이다. 또 2014회계연도 예산안 심사 과정에서는 남인순 의원의 제안으로 여성가족위원회 차원에서 의결한 '성인지예산제도 개선 방안에 관한 의견서'를 예산결산특별위원회에 보냈고, 예산결산특별위원회는 이 의견을 받아 2014년도 예산안 부대의견으로 채택하였다. 정부로서는 국회에서 공식적으로 제도개선 요구를 받은 만큼 구체적인 노력을 하지 않을 수 없고, 이 부분에 대하여는 국회에 의해 다시 점검될 것이다.

국회의 눈으로 볼 때 지금의 성인지예산제도는 성과관리제도처럼 전 부처 전 사업을 대상으로 하지도 못하고, 고용평가제도처럼 깊이 있는 분석과 평가를 해내는 수준도 아니다. 또 세계경제포럼(WEF)의 발표에서 보듯 2014년 세계 117위에 머물고 있는 우리나라의 성별격차 수준을 전략적으로 개선해나가는 재정운용전략도 없고 보고서에도 반영되어 있지 않다. 성인지예산제도는 이처럼 미완의 제도이다. 다섯 번째 성인지예산서를 받아들었지만 담당 부서와 추진체계도 마련되지 않았다. 아직 제도는 국가의 재정운용에 통합되지 못한 채 겉돌고 있다. 현재의 재정제도에 내실 있는 '젠더 통합(gender intergration)'을 이루기 위해서는 좀 더 인내심이 필요한 것 같다. 하나의 제도가 제대로 운용되려면 법적 근거만이 아니라 실제 이행을 가능하게 하는 추진체계와 업무 내용, 그리고 그를 시행하는 전문성과 진정성을 갖춘 사람들이 함께해야 하기 때문이다. 2014년 가을 정부가 국회의 부대의견을 일부 수용하여 여성가족부, 기획재정부, 안전행정부, 통계청 등 관련 부처와의 정책 협의를 위한 상설 협의체를 가동하기 시작했으니 기다려볼 일이긴 하다. 마침 박근혜 정부의 국정과제에서도 성인지 예·결산제도를 내실화하겠다고 약속하고 있으니 말이다.

지방으로 확대,
시민사회의 참여

국가 예산의 많은 부분은 지방자치단체 보조사업에 쓰인다. 사회정책 부분은 더욱 그렇다. 지방의 재정자립도가 낮은 상황에서 국고보조사업이 지방자치단체의 고유 사무보다 월등히 많은 것이 현실이다. 따라서 성인지예산제도가 실제 주민들이 체감하는 성평등을 촉진하는 예산 편성과 집행이 되려면 지방재정운용 과정에서도 필요하다. 우리나라의 재정 현실에서 빈껍데기 성인지예산제도가 되지 않으려면 지방도 함께해야 한다는 생각은 자연스러운 것이다.

하지만 얼마 안 된 국가의 성인지예산제도를 지방까지 확산할 경우 이것이 잘 수행될 것인지 염려가 되었던 것도 사실이다. 국회는 5년간의 논의를 거쳐 만들어낸 것이지만 지방은 자체적인 논의가 있는 상황도 아니었다. 하지만 입법 과정은 크게 문제가 되지 않으리라고 판단했다. 이미 중앙 행정기관들에서 수행하고 있는 제도이고, 또 별도의 예산이 크게 수반되는 것도 아니었기 때문이었다. 오히려 제도의 정합성을 위해서라도 꼭 필요한 상황이었다.

마침 이 문제에 관심을 가지고 있었던 당시 신낙균 의원실 보좌관과 이야기를 나눌 수 있는 기회가 생겼다. 이 제도는 정부 스스로가 예산 편성과 정책의 운영을 성 인지적으로 하도록 하는 것이므로, 지방에서도 당장의 어려움은 있을 수 있겠지만 빠르면 빠를수록 좋겠다고 판단했다. 또 이 과정에서 과거의 여성예산 활동처럼 시민사회와 젠더 전문가가 함께한다면 지방정책은 더 나아지리라.

그래서 우리의 결론은, 중앙정부의 경험이 있으니 시행의 준비 기간을 두고 추진하면 지방정부도 가능하지 않을까 하는 것이었다. 그렇게 해서 2009년 8월, 신낙균 의원 대표 발의로 성인지예산제도를 지방재정법안에 적용하는 것으로 제안되었다. 지방재정법안은 이듬해 행정안전위원회에서 다루어졌는데, 당시 소위원장이었던 진영 의원과 공감대가 형성돼 있었던 것이 큰 도움이 되었다. 진영 의원은 국제의회연맹(IPU) 부의장을 경험하면서 성평등에 관한 국제사회의 흐름을 잘 인지하고 있었던 것 같았다. 진영 의원은 아예 '성 주류화'의 파트너가 되어주었다. 외교통상통일위원회에서 국제개발협력기본법 제정안을 의결하기 직전, 성평등과 여성 인권을 기본 원칙에 포함시키자는 신낙균 위원장의 주장에 대하여 찬반 토론이 붙었을 때 적극적으로 지지하기도 했고, 또 성인지예산제도 도입 3년차를 맞아 신낙균 의원과 함께 제도개선토론회를 공동주최하기도 했다. 이런 공감의 연장선상에서 지방의 성인지예산제도는 2013회계연도부터 도입되었다.

성인지예산제도는 국가의 재정운용, 정부의 예산 편성과 집행, 국회의 심의확정 과정을 통해 정부 예산제도의 패러다임을 (성평등을 촉진하는 방향으로) 바꾸고자 하는 것이지만, 국내외 여러 연구자들이 지적하는 것처럼 이것의 실질적 동력은 시민사회에 있다. 시민사회의 참여만이 제도를 살아 있게 만든다. 다행히도 지방재정법 개정 당시 성인지예산제도 도입과 함께 기존의 주민참여예산제도의 의무화도 함께 이루어졌다. 이것은 정말로 잘된 일이었다. 주민들이 지역사회에 필요한 예산안을 공부하고 그 요구를 지방정부가 수렴하면서 성인지예산도 함께 토론해나간다면, 시간은 걸리겠지만 앞으로 시민사회의 요구가 반영되는 성인지예산이 가능할 것이기 때문이다. 몇몇 지방자치단체에서 이러한 문제의식을 담기 시작한 것은 정말 고무적인 일이다.

지방의회에서도 차차 성인지예산에 관심을 가져주는 것 같다. 지방자치단체가 여성발전기본조례를 성평등기본조례로 개정하는 과정에 성인지예산 규정을 포함시키고 있다. 성인지예산제도가 중앙정부에서도 아직 추진체계가 미흡한 것처럼 지방에서도 아직 기반이 갖추어져 있는 상태는 아니다. '나의 사업이 (귀찮게) 왜 분석 대상인지' 의문을 제기하는 모양새가 중앙정부에서의 초기 모습과 흡사해 쓴웃음이 나기도 했다. 의회와 더불어 시민들이 점검하고 평가해주었으면 좋겠다. 대전 등 몇몇 지방자치단체가 시도해본 것처럼 시민단체와 전문가, 정부와 지방의회가 함께 머리를 맞대고 고민해나간다면, 어쩌면 중앙 행정기관보다도 훨씬 좋은 진전이 있을지도 모르겠다.

함께 꿈꾸면
현실이 된다

　박사 과정 시절, 성인지예산을 평생의 연구로 삼겠다고 무모한 도전을 시작한 첫 3년 동안은 꼬박 '젠더와 예산'을 이해하는 데 보냈다. 그것은 마치 코끼리의 꼬리와 다리 등을 만지면서 코끼리의 모습을 그리려는 격이었다. 경제학에 대한 호감 덕분에 읽었던 몇몇 저작들을 제외하곤 재정학적 지식 기반이 약한 상태에서, 성인지예산에 대한 국내외 정책 자료집이나 회의 자료에서 언급된 조각조각의 자료들을 이어가면서 상상의 나래를 펴나갔다.

　그나마 그 정도도 가능했던 것은 세계 각지에서 무상으로 보내준 자료들 덕분이다. 당시만 해도 인터넷에 성인지예산 관련 정보가 상세하게 전문으로 올라온 경우는 드물었다. 세계의 성인지예산 정보는 유엔여성개발기금(Unifem, 지금은 '유엔위민Un Women'으로 합쳐졌다)에서 간헐적으로 찾을 수 있는 정도였다. 구글링도 지금처럼 광범위하거나 효율적이지 않았다. 그러니 별다른 방법이 없었다. 그냥 자료를 읽다가 연구자나 연구소, 단체 이름이 나오면 무작정 자료를 보내달라는 메일을 썼다.

　그런데 참 신기한 것은, 요청한 곳들 중에서 자료를 보내주지 않은 곳이 없었다는 것이다. 영국, 호주, 남아프리카공화국, 필리핀에 이르기까지 여러 교수와 연구소, 시민단체들이 그들의 자료들을 기꺼이 보내준 것이다. 국제우편으로 보내온 영문 자료들을 손에 쥐면서 작은 전율을 느꼈다. 그 자료들은 지금도 내 서가 한편에 보물처럼 간직되어 있다. 지금 돌아보니 그때는 우송료를 보낼 생각도 못했다. 나라면 이름 모를 제3세계 학생의 무작정 편지에 답하고 자료들을 쉬이 보내줄 수 있었을까? 그들이 있어 나의 연구와 관심은 계속될 수 있었다. 그들이 바쁘다고, 자신과 상관없는 일이라고 무시했다면 나는 자료를 구할 수 없어 포기했을지도 모르겠다.

성인지예산을 좋은 정책으로 보고 확산되기를 꿈꾸었던 이름 모를 구구스들 덕분에 꿈은 이렇게 현실이 되어가고 있다. 성인지예산은 16대 국회인 2002년부터 의제가 되어 지금 19대 국회까지 대를 바꾸어가면서도 논의의 흐름을 이어왔다. 무엇보다도 이 제도는 특히 정부를 견인하는 국회 주도의 제도라는 점에서 의미가 크다. 삼권분립의 정신에 비추어볼 때에도 정부에 대한 국회의 재정 통제의 한 유형이라고도 볼 수 있다. 세계 대부분의 나라에서 정부의 예산은 예산법안 또는 재정법안 형태로 국회에서 다루어지는데, 그만큼 편성과 집행에 책임이 크다는 것이다. 아마 알려진 나라 중에서는 우리나라와 일본만이 정부 책임성이 약한 예산안의 형태일 것이다. 그렇기 때문에 예산과 결산 등 재정운용의 성평등 효과를 국회가 치밀히 다루는 것은 정부 재정 통제라는 국회 본연의 역할을 하는 것이기도 하다.

물론 아직 앞으로 넘어야 할 산도 많고 갈 길도 멀다. 예산의 측면에서는 국가재정운용에 통합되어야 하고, 성과관리제도와도 연계되어야 한다. 국가재정운용계획에서 성인지예산은 아직 찾을 수 없다. 성과주의 관련 정보는 예산·결산 설명 자료에 통합되어 있지만 성인지예산 정보는 아직 그러하지 못하다. 그리고 결산의 측면에서는 감사원의 결산검사보고에서 성인지예산 분석이 더 심화될 필요가 있다. 또 성인지 결산에 대한 메타 평가도 필요하다.

이처럼 현 단계의 성인지예산제도에 대한 미흡한 감정을 숨길 수 없다. 하지만 이는 단지 성인지예산제도가 제도로서 불완전하기 때문만은 아니다. 제도로서의 완결성은 제도 밖의 문제와 깊이 맞닿아 있다는 사실을 숙고할 필요가 있다. 먼저 예산이 정부의 예산안이 아닌 예산법안의 형태로 제안되어야만 편성과 지출 과정, 결산에 대한 책임성이 더욱 높아진다. 궁극적으로는 예산안 편성권을 국회에 부여하는 것도 필요하다. 여야가 있는 국회에서의 논의는 정부보다 더 공개적이고, 국민의 다양한 요구가 수렴될 가능성이 높다. 그 과정에서 정부의 책무성이 더 강해질 것을 기대할 수 있다. 또 하나의 근본 과제는 대통령 소속 하의 감사원을 국회로 이관하는 문제다. 행정부의 예산 지출에 대한 검사와 사업 감사를 행정부가 하는 것은 삼권분립의 원칙상 맞지 않다. 국민의 입장에 선 충실한 감사는 성인지결산 심의를 더욱 내실화할 수 있다. 이는 모두 헌법 개정 사항이라 단시간 내에 이루어지기는 어려울 것이다. 하지만 앞으로 헌법 개정 논의가 있다면 놓치지 말고 살펴볼 주제다.

국내외에서 좋은 정책을 만들고 확산시키기 위해 개인의 시간과 노력을 아낌없이 주었던 구구스들을 생각한다. 이들에게 부끄럽지 않도록 더 살펴보고 연구하는 것이 나의 숙제임은 두말할 나위가 없다.

"혼자 꿈꾸면 꿈이지만, 함께 꿈꾸면 현실이 된다."

정영애

서울사이버대학교 교수

젠더 이슈의
정치학과
균형인사

04

여성학자와
여성주의 공무원 사이에서

지난 2012년 대선에서 젠더, 즉 여성 관련 이슈는 얼마나 중요하게 다루어졌을까? '여성' 대통령 당선과는 무관하게, 각 후보의 공약 속에서 여성 이슈는 사회복지의 하위 범주로 다루어지거나 일자리, 성폭력 방지 등 몇 가지 단위과제로만 제시되었다. 정책 추진 과정에서도 여성 이슈는 저출산 극복이나 국가경쟁력 강화 등을 위한 수단이나 무상보육·무상급식 등의 과제로 대체되고 있다. 최근에는 진보적 성향의 사회정책 토론회에서도 주제뿐 아니라 발제자나 토론자를 배치하는 과정에서 성에 대한 고려는 사라지고 있다. 성평등 사회를 위한 '성 주류화'의 과제는 우리 사회에서 더 이상 중요한 고려 대상이 아닌 것일까?

2013년 세계경제포럼에서 발표한 우리나라 '성별격차 지수'는 113위다. 같은 해 전체 고위 공무원 1466명 중 여성은 4.8퍼센트, 288개 공공기관 전체 임원 중 여성은 8.8퍼센트에 불과하다. 여성 기관장은

5.6퍼센트이고, 정부 위원회 여성 비율도 25.7퍼센트에 그치고 있다. 기업의 여성 임원도 비슷한 상황이어서, 2012년 기업의 여성 임원 비율은 1.9퍼센트로 모건스탠리캐피털인터내셔널(MSCI) 지수에 속한 45개국 가운데 43위를 차지하고 있다. 여성 대졸자가 남성보다 많고 여성의 사회활동에 대한 개인적·사회적 요구가 증가하고 있음에도, 우리 사회에서 여성의 경제활동 참여율은 OECD 국가 중 최저 수준이다. 이와 함께 일-가족 양립의 어려움이나 사회경제적 불안정 확대로 출산율 또한 세계 최저를 기록하면서 지속 가능한 사회 발전에 적신호가 켜지고 있다.

여성정책은 여성을 대상으로 하는 분야별 정책을 효과적이고 체계적으로 추진하는 일과, 젠더 관점에서 여성의 참여를 확대하고 국가의 주요 의제에 젠더 이슈를 포함시켜 정책의 전 영역에 젠더 관점이 관철될 수 있도록 하는 일로 나눌 수 있다. 이 두 정책은 상호 긴밀하게 연관되어 있어서 함께 발전하거나 함께 쇠퇴한다.

이 글은 내가 지난 참여정부 시절, 대통령직 인수위원회와 대통령 비서실에서 국가 정책 전반에 여성 이슈를 의제화하고 여성 참여를 확대시키기 위한 여성정책 추진 과정에 대한 기록이다. 모든 글은 일종의 성찰의 결과이지만, 읽는 사람 입장에서는 자기합리화의 기록으로 여겨질 수도 있을 것이다. 또한 경험이라는 것이 어느 정도 주관적일 수밖에 없으며, 조직 속에서 개인의 경험과 집단의 경험을 분리시킨다는 것이 쉽지 않다는 한계도 있다. 하지만 참여정부라는 특정 시기에 정부 조직 내에서 '성 주류화'를 추진한다는 것의 의미는 무엇이고 성과는 어느 정도였는지, 또 그 한계는 무엇이었는지를 점검해보는 것은 의미 있는 일일 것이다. 게다가 당시 추구하고자 했던 목표와 과제들이 여전히 미완의 현재진행형인 현실에서, 이러한 질문들은 여성정책과 여성운동의 방향과 전략을 재고해보는 데도 도움이 될 것이다.

새 정부의 국정과제에
젠더 이슈 끼워 넣기

2002년 말 어느 날, 16대 대통령직 인수위원회 위원으로 합류하라는 전화를 받았다. 대선 과정에 관여한 바도 없고 인수위원이 되기 위한 인맥도 정보도 없던 상황이어서 매우 당황스러웠다. 대통령 당선자는 인수위원 임명장을 받으면서 처음 만났는데, 당시에는 대통령 등 VIP 앞에 서려면 최대한 예우를 갖출 수 있도록 거리를 두고 마주서야 할 위치를 바닥에 표시하는 것이 관례였다. 그 표시 위에 섰더니 미소를 지으면서 "가까이 서십시오"라고 한 것이 당선자가 첫 번째로 내게 건넨 말이었다. 언제나 따뜻한 마음을 가지고 남을 배려하는 그의 태도는 이후에도 변함없이 지속되었다.

인수위원회의 역할은 기본적으로 현황 파악, 공약의 우선순위 조정, 새 정부의 추진 과제 선정, 국정지표 제시, 행정조직 점검, 인사 자료 축적, 취임식 준비 등이다. 당선자는 새 정부의 성격과 주요 목표·방향을 설정하는 일, 즉 차기 정부 5년의 역사적 의미와 목표, 세부 정책 과제, 추진 전략, 비전을 만드는 데 초점을 맞추어 일해달라고 당부하였다.

인수위원회는 모두 6개 분과로 구성되었는데 경제 영역은 1, 2분과로 나뉜 반면, 사회문화여성분과는 교육·복지·노동·환경·문화·청소년·여성 분야를 모두 다루어야 했다. 그래서 다음 인수위원회에서는 정치와 경제 분과는 하나로 합쳐지고 대신 교육분과, 복지분과, 보건분과, 환경분과, 여성분과는 각각 독립적으로 구성되면 좋겠다는 생각이 들기도 하였다.

나는 사회문화여성분과 위원으로서 다른 분야 업무도 다루어야 했지만, 여성계를 대표한다는 사명감으로 젠더 관점에서 국정과제의 방향과 과제들이 마련될 수 있도록 열심히 노력했다. 인수위원회의 동정은 언론의 집중적인 관심 대상이 되므로 매우 신중해야 하고 또 엄청난 격무였지만, 한편으로는 성평등 이슈를 공적으로 추진할 수 있다는 점에서 매우 신나는 일이기도 했다. 그러나 머지않아 인수위원회 내부의 역학관계를 이해하기 시작하면서, 오랫동안 새 정부가 나아갈 방향에 대한 논의와 철학을 공유해온 사람들에게, 그리고 이미 어느 정도 초안이 짜여 있는 국정목표와 과제들 속에 성평등이라는 생소한(?) 이슈를 끼워 넣으려는 시도가 쉬운 일은 아니라는 것을 깨닫게 되었다.

예를 들어, '양성평등 구현'을 국정과제의 하나로 포함시키는 과정도 마찬가지였다. 국정과제의 수를 무한정 늘릴 수도 없는 데다가 어느 영역이나 국정과제에 포함되고 싶어 하므로, 이 과정은 치열한 다툼의 장이었다. 두 달여의 인수위원회 과정이 끝날 무렵 '양성평등 구현'은 '국민통합'과 합쳐져 11대 국정과제의 하나가 되는 것으로 미흡한 채 마무리되었다. 인수위원회 기간 동안 국정과제를 담당하던 TF팀은 대부분 정부 출범 이후 국정과제위원회로 전환되어 지속적으로 과제를

추진하였는데, '국민통합과 양성평등 구현' TF팀은 명칭도 '빈부격차
차별시정위원회'로 바뀌고 위원장에 경제 전문가가 임용되면서, 결국
양성평등 과제는 상당 부분 축소되거나 여성부로 업무가 이관되었다.

　각 국정과제와 연관된 정책 목표와 세부 과제를 정교화하는 과정도
일종의 시·공간적 제로-섬 관계 내에서 이루어지는 일이었다. 분야별
로 과제에 대한 발표와 토론의 과정이 있었는데, 이때 여성 관련 과제
를 발표 주제에 넣고 구체적인 목표치를 설정해 5년 동안 구속력을 가
지고 추진될 수 있도록 하는 일이 매우 중요했다. 보고회의에 올리는
보고서에 관련 과제의 분량을 최대한 늘려 공식 기록에 남게 하고, 관
련 부처 장관의 발표 시간을 가능한 한 길게 확보함으로써 당선자에게
최대한 여성 관련 의제의 중요성을 부각시키고 관련 정책을 뒷받침하
는 지시를 받도록 해야 했다.

　하위 과제나 목표치를 정하면서도 위원들 간 또는 관련 부처와의 의
견 조율이 쉽지는 않았다. 부처들 간에 여성 업무를 조정할 조직을 구
성하는 것, 여성 이슈 관련 행사를 기획하는 것 등이 모두 치열한 논쟁
의 대상이었다. 저녁에 합의하고 다음날 아침에 가면 그 사이에 사라
지거나 변경된 사항들이 부지기수였다. 예를 들어, '여성 대표성 제고'
라는 과제와 관련하여 인수위원으로서는 구체적 실천 목표를 수립하
기 위해 정부 여성 위원 비율, 관리직 여성 공무원 비율, 국회의원 비례
대표나 지역구 여성 공천 비율 등을 각각 수치로 제시하였다. 그러나
이러한 정책과제에 대해 이해가 부족한 다른 위원들은 목표를 수치화
하여 구체적으로 표시하는 것을 부담스러워하거나, 각각 다른 과제의
목표수치들을 하나로 통일하자는 제안을 하기도 하였다.

인수위원회 내부의 이견보다는 정부 부처의 반대가 만만치 않았다. 특히 호주제 폐지와 관련해서는 소관 부처인 법무부가 매우 비협조적이었다. 그때 법무부의 의견은 "호주는 명목상 가(家)의 대표자에 불과하기 때문에 호주제 자체가 남녀평등에 커다란 장애가 된다고 보기는 어렵고, 호주제도는 우리나라의 전통적인 가족문화를 형성해온 국민생활의 중대한 기본 질서이므로 그 폐지 여부를 검토하기 위해 반드시 국민적 합의가 전제되어야 하므로 (…) 호주제 폐지는 아직까지 우리 사회에서 시기상조"라는 것이어서, 이를 국정과제의 하나로 포함시키는 데 애로가 많았다. 그러나 법무부의 입장은 정부가 출범하면서 여성 법무부 장관이 임용되고 불과 몇 달 후인 2003년 9월, 호주제 폐지 소관 부처로서 민법 개정안을 입법예고하는 것으로 변화되었다. 물론 이 과정에 많은 여성들의 노력이 있었지만, 여성주의적 인식을 지닌 고위직 여성 공무원의 역할 또한 얼마나 중요한지 절감하게 되었다.

대통령 비서실의 균형인사, 여성의 고위직 진출 지원

2003년 12월, 다시 참여정부 균형인사비서관으로 업무를 시작하게 되었다. 인사비서관실이 인사수석실로 확대 개편되면서 인사관리비서관실, 인사제도비서관실과 함께 균형인사비서관실이 신설되었다. 균형인사비서관실은 여성 인재뿐 아니라 장애인, 지방 인재, 과학기술 분야의 인재, 해외 인재와 관련된 인사 업무를 담당하고 있어서, 수도

권에 거주하는 신체 건장한 중장년 남성을 제외하고는 모두 균형인사비서관실의 업무 대상이라는 농담을 하기도 했다.

그럼에도 균형인사비서관실의 가장 주요한 업무는 여성 인재를 발굴하고 주요 직위에 여성을 추천하며 여성과 관련된 인사 시스템을 정비하는 일이었다. 임용 직후 첫 부서 회식에서, "여성학을 전공하고 성평등을 위해 애써왔던 사람으로서, 이렇게 조직 속에서 권한을 가지고 여성 지위 향상과 여성 대표성 제고를 위해 일할 수 있게 되어 무척 행운이고 감사하다"고 인사했던 기억이 난다. 대통령 비서실 경험은 여성의 고위직 진출 지원을 위한 정책적 수단을 갖게 된 것만이 아니라 성별 구조에 대한 거시적 안목과 정책 결정 과정의 배경을 이해할 수 있는 매우 귀한 기회이기도 했다.

균형인사가 인사정책의 목표이자 직제로 공식화된 것은 참여정부가 유일하다. 참여정부의 3대 국정목표 중 하나는 '더불어 사는 균형발전사회'였다. 그동안 상대적으로 소외돼온 사회적 과소대표집단에 대한 차별 없는 선발과 역량 계발을 통해 각 부문 간 대표성과 다양성을 강화시켜나감으로써 균형발전사회를 이룰 수 있다고 여겼기에, '성별, 전공, 지역 등에 구애받지 않는 균형적 인사'의 추진은 참여정부 4대 인사원칙의 하나로 자리 잡게 되었다.

균형인사 추진을 위해 균형인사비서관실 외에 중앙인사위원회에도 '균형인사과'를 신설하였다. 이와 관련하여 기억나는 몇 가지 일이 있다. 부처의 조직을 확대하는 일은 행정자치부의 권한이 크고, 예나 지금이나 매우 어려운 일이었다. 마침 그 즈음 인수위원 모임이 있었는데, 인수위원 중에서 임용된 행정자치부 장관도 자리를 함께하게 되었다. 균형발전위원장이 "균형인사와 균형발전은 매우 긴밀한 관계에 있다"고 하면서 균형인사과 신설에 적극 협조해달라고 행정자치부 장관에게 지원 요청을 해준 것도 아마 도움이 되었을 것이라고 생각한다.

그런데 막상 중앙인사위원회에서는 추가로 배정받은 신규 조직으로 감사관실을 신설하고, 감사관실에서 균형인사 업무를 겸하도록 하겠다고 하였다. 실제로 균형인사과보다는 감사관실에서 업무 지시를 하면 훨씬 영향력이 클 것이었다. 하지만 인수위원회 시절 양성평등 과제가 단독 과제가 되지 못하면서 지속적으로 과제의 중요성이 약화되었던 경험도 있고, 상징적으로도 균형인사과가 존재하는 것이 중요하다고 생각하여 균형인사과 신설을 강력히 주장하였다. 결국 균형인사과는 균형인사비서관실이 신설된 지 반 년 후에 정식으로 출범하여 중앙정부 공무원의 균형인사를 추진하는 주요 주체가 되었다(하지만 차기 정부에서는 중앙인사위원회가 폐지되면서 행정안전부로 업무와 조직이 이관되었다).

균형인사는 차별로 인한 사회적 비용을 감소시키고 정책 결정 과정의 대표성과 민주성을 제고하여 사회적 통합을 유도하며, 인재의 균형적 활용을 통해 국가경쟁력을 강화하는 것을 목표로 하였다. 다양한 인적자원이 지니는 창의성과 유연성은 지식정보사회의 경쟁력 강화를 위한 주요 기반이 되며, 윤리경영과 투명성 제고, 이를 통한 조직 신뢰도나 이미지 향상에도 도움이 될 것으로 여겨졌기 때문이다. 균형인사의 패러다임도 차별 철폐 중심의 소극적 정책에서 공직의 대표성과 다양성 및 경쟁력 제고를 위한 적극적 정책으로 전환하였고, 여성 인재 풀을 발굴하기 위한 노력도 다양한 분야와 지역을 대상으로 이루어졌다.

균형인사의 결과, 과거에는 여성의 진입이 어려웠던 법무부, 법제처,

과학기술부, 식품의약품안전청, 철도청, 금융통화위원회, 검찰이나 경찰 등의 분야에서 최초의 여성 장·차관을 비롯한 고위직 여성 공무원들이 다수 임용되었다. 또한 여성 정무직의 평균 숫자도 이전 정부보다 많아졌고, 평균 재임 기간도 훨씬 길어졌다(이러한 통계는 참여정부 이후와 비교해보아도 마찬가지다). 공무원뿐 아니라 산하기관장 직위에도 많은 여성 인재들이 발탁되었는데 소비자보호원장, 과학문화재단 이사장, 표준과학연구원장, 국립오페라단 예술감독 등이 그중 일부이다.

부처의 3급 이상 여성 공무원 인사도 중요한 균형인사비서관실 업무의 하나였다. 기획, 인사부서, 주무과 등 주요 부서에 여성 공무원을 임용하게 하고, 여성 공무원의 교육훈련 참여 기회를 확대하며, 매년 정기적으로 부처별 여성 공무원 인사정책 추진 상황을 점검하고 경력을 관리하였다. 고위직 승진을 위한 내부 후보가 없는 경우에는 관련 분야 전문가를 개방직으로 영입하거나, 별정직 대상자도 임명될 수 있도록 기회를 열었다.

그럼에도 불구하고 성과는 기대보다 많이 미흡하였다. 특히 공무원의 경우는 승진 후보자 명단에 적정한 자격을 갖춘 여성이 포함되지 않으면 여성을 임용하려는 의지가 있어도 실행이 불가능하다. 이런 상황에서 적절한 대상자가 없는 여러 부처는 당당하게(?) 비협조적인 태도를 드러내기도 했다. 그래도 우호적인 분위기를 만들기 위해 장관 면담이나 장관 보좌관 회의, 기획관리실장 회의, 인사 담당 공무원 회의 등을 통해 다양한 방식으로 균형인사의 중요성과 필요성을 전하였고, 인사 담당 부서에 여성 공무원을 한 명 이상 배치하고 인사 관련 위원회에 여성을 반드시 참여하도록 하였다. 한편 중앙 행정기관의 각종 평가체계도 개선하여 다양성 관리 능력, 양성평등 관련 항목이 포함되게 하고, 장관의 인사 자율권도 확대하여 여성 공무원 관리에 유리한 환경을 조성하였다. 당시 인사수석실에서 부처의 고위직 인사 업무를 담당했던 것도 어느 정도 그 부처 내 여성 공무원 배치, 임용, 승진 독려에 도움이 되었을 것이다.

아울러 여성 공무원의 근로 여건을 개선하기 위한 노력도 함께 이루어졌다. 2005년 3월에는 공무원임용령을 개정하여 출산휴가자 또는 육아휴직자를 대신할 업무 대행자를 지정하는 '업무대행공무원제', 출산휴가 또는 육아휴직이 예상되는 직위에 대해 대체인력을 사전에 확보하여 필요시 즉시 활용토록 하는 '대체인력뱅크제' 등과 같은 다양한 제도도 도입하였다. 또한 육아휴직 대신 일정 기간 동안 경력 단절 없이 통상적인 근무시간보다 짧게(주 15~32시간) 근무하는 '부분근무제'도 최초로 도입하여 남녀 공무원들이 육아와 직장을 병행할 수 있는 환경을 조성하였다.

여성의 사회참여 확대와 관련해 역점을 두었던 또 다른 분야는 각종 위원회의 여성 비율을 높이는 일이었다. 그러나 적정한 자격 기준을 갖춘 여성 위원 후보가 없어 비율을 맞출 수 없다는 의견이 많았다. 당시 정부 위원회의 민간인 자격은 대부분 법조인이나 법학·행정학·교육학 등 특정 전공의 부교수 이상 등과 같이 매우 제한적 기준으로 되어 있었다. 하지만 소비자 관련 위원회라면 일반 주부도 충분히 역할을 할 수 있고, 환경이나 건설 관련 위원회에는 관련 NGO들이 다양한 의견을 낼 수 있기 때문에, 위원의 풀을 확보하는 것 못지않게 자격 기준을 다양화하고 완화하는 일도 중요하였다. 또 위원회 구성 과정에 반드시 균형인사비서관의 확인을 거치는 절차를 마련하여, 특별한 이유 없이 정해진 비율보다 여성 후보가 적으면 반려하고 다시 구성하도록 하였다. 적절한 후보가 없는 경우에는 유자격 여성을 서로 추천해 주는 등 전반적으로 친여성적 분위기도 점차 확대되었다.

정부 조직과 법제, 인력과 예산을 가지고 여성 인재를 발굴하고 추천하며 여성 배제의 상황을 점검하고 문제를 해결하려는 참여정부의 균형인사제도는 '성 주류화'를 이루기 위한 대표적인 시도였다. 사실 민주주의의 발전 과정은 새로운 정치적 행위자가 정치적 과정에 참여할수 있도록 개방성과 유동성을 확대하는 과정이다. 그런 점에서 균형인사를 통한 여성들의 정치적·사회적 참여 확대는 우리 사회 민주화와 사회 발전의 중요한 수단이자 지표가 될 수 있다. 특히 여성주의 관점을 갖는 여성 공무원의 임용은 주요한 여성 이슈를 의제화하고 여성정책과 법의 집행력을 높일 수 있기 때문에 매우 중요한 역할을 하게 된다. 물론 새로 진입한 고위직 여성들이 모두 여성주의적이지도 않았고, 여성정책 추진에 긍정적 기여를 했다고 말하기도 어렵다. 그럼에도 이러한 공적 주체로서의 경험은 많은 여성들에게 '성 주류화'를 향한 새로운 경로 의존성이 시작되는 중요한 기회를 제공했다고 생각한다.

대통령이 주재한 최초의
균형인사실천보고회

'균형인사 지수'를 개발하고 대통령과 국무위원들이 참여하여 균형인사실천보고회를 개최한 것도 매우 의미 있는 일이었다. 균형인사 지수는 공직 내에서 상대적으로 소수집단인 여성, 장애인, 과학기술 인력의 채용·승진 및 보직 배치 등 인사관리 현황을 측정하여, 소수집단의 공직 임용을 확대하고 체계적으로 관리하기 위하여 개발되었다. 균형인사 지수를 개발하기 위해 수많은 토론 과정을 거쳤지만, 누구나 인정할 수 있는 기준과 목표를 정하는 것이 쉬운 일은 아니었다.

예를 들어, 여성의 균형인사와 관련된 지수는 여성 공무원 고용률, 직급별 구성, 승진, 보직, 교육훈련 등 5개 항목이었다. 그중 공무원 직급별 비율이나 여성 공무원의 평균 승진 소요 연수와 같이 남성의 해당 현황과 비교하는 경우는 상대적으로 논란이 적었지만, 여성 공무원 고용률 같은 지수는 무엇을 목표나 기준으로 잡아야 할지 쉽게 합의를 이루기 어려웠다. 그래서 여성 인구 비율, 외국의 여성 공무원 비율, 남녀 동수가 되는 50퍼센트, 흔히 임계치라고 하는 30퍼센트 등 다양한 의견이 있었는데, 결국 여성의 경제활동 참가율(2004년 기준 49.6퍼센트)을 기준으로 정하였다. 하지만 이 기준 역시 어느 정도는 인위적인 것이라 할 수 있다.

개발된 균형인사 지수에 따라 인사 현황을 평가하고 그 결과를 발표하여 각 부처의 균형인사 노력을 독려하기 위한 첫 번째 균형인사실천보고회를 2004년 12월 14일에 개최하였다. 대통령이 직접 주재한 보고회에서 좋지 못한 평가를 받은 부처의 장관은 지수의 불합리성이나 여성 인재 인프라 부족을 들어 강하게 이의를 제기하기도 했다. 하지만 당시 노무현 대통령은 "균형인사는 사회정의 차원에서 의미가 크고, 우리 사회의 중요한 직위에 여성, 장애인, 이공계 출신 등 다양한 인재들이 소외되지 않고 자리 잡아야 사회 전체의 다양성이 확보되고 사회의 창의성, 효율성, 통합성이 높아질 것"이라고 지지를 표하며, "보고회 후 지수에 대한 이해를 높이도록 학습 기회를 갖고, 지수가 단순한 평가 기준만이 아니라 목표를 향해 가는 과정에 있어서의 수단과 방법을 포함하도록" 지시하였다. 균형인사 지수 평가는 2006년 이후 광역자치단체와 공공기관으로 확대되고 정부업무평가기본법에 의한 평가 항목에도 포함되는 등 점차 제도화되었다.

남성 중심의 조직사회, 여성 인재가 없다?

균형인사 추진에서 가장 어려운 점은, 조직이 요구하는 조건을 갖춘 여성 인력이 부족하다는 점이었다. 이때의 조직 기준이나 조건의 남성 중심성에 대해서는 추가적 논의가 필요하겠지만, 어쨌든 현실적으로 기존 조직에서 수용할 수 있는 자격을 갖춘 여성이나 기존 조직의 성과 목표를 무난하게 달성할 수 있는 여성의 수가 절대적으로 부족했다. 따라서 자격 기준을 갖춘 여성을 찾고 육성하는 일 못지않게 자격 대상 분야를 확대한다든가, 다른 영역의 전문가도 포함될 수 있도록 기준 자체를 융통성 있게 운영하는 일도 매우 중요하였다.

적정한 후보를 찾은 경우에도 여성들이 절차에 대한 이해도가 낮아 종종 어려움이 초래되었다. 한번은 어떤 여성 후보가 자신의 동의를 받지 않고 추천 절차를 시작했다고 항의하여 난감한 상황에 빠진 경우도 있었다. 대부분 추천 과정에서 후보군이 어느 정도 압축되고 공식 절차가 시작되면 본인에게 알려주고, 그때 본인이 원치 않으면 후보군에서 제외시키는 것이 일반적이었는데, 이 여성은 아주 예민하게 반응하였다(반대로 대부분의 남성들은 후보군에 포함되었다는 사실 자체만으로도 자신의 경력 관리에 도움이 된다고 긍정적으로 생각하는 경향이 크다). 뿐만 아니라, 후보 추천이 끝나 인사 절차가 거의 마무리된 상황에서도 여전히 그 직을 맡는 게 좋을지 어떨지를 고민하다가 입장을 번복하는 경우도 가끔 발생했다. 이렇게 되면 처음부터 다시 인사 절차를 시작해야 하기 때문에 여러 면에서 차질이 생길 수밖에 없고, 인사에 관여한 사람들로부터 '여성'이 싸잡아 비난을 받게 되었다.

또한 젠더 관점이 뚜렷하거나 잘 타협하지 않는 여성보다는, 남성들과의 네트워크가 잘 형성되어 있고 사교적이며 부드러운 성품의 여성들이 남성들에게 더 좋은 평가를 받는 경향도 종종 발생하곤 하였다. 이런 경우 썩 내키지 않아도 그 의견을 존중할 수밖에 없었지만, 만일 여성계와의 협조가 좀 더 체계적으로 긴밀하게 이루어져 인사의 사전·사후 과정에서 후보 추천이나 검증, 모니터링 등에 도움을 받을 수 있는 환경이 마련되었다면 훨씬 더 내실 있는 결과를 얻을 수도 있었을 것이다.

일단 임용된 여성의 경우도 그중 다수가 과거의 경력이나 업무 경험에서 남성들과 상당히 다른 특성을 지니고 있는 경우도 많았다. 외부 개방형을 통해 들어온 여성들은 대부분 학자, 법조인, 시민단체 활동가 출신으로 도덕적이고 전문적 능력이 뛰어난 반면, 조직에 대한 이해가 부족하고 내외부의 네트워크가 약하며 조직원의 충성도도 기대하기 어려운 것이 사실이었다. 따라서 구체적인 업무 능력이 있어도 관리자로서의 역할을 제대로 하지 못하거나 조직 내에서 제대로 성과를 발휘하지 못해, 이후 여성 임용에 부정적 영향을 미치게 될까봐 정무직이나 기관장 평가가 이루어질 때마다 그 평가 결과에 마음을 졸이곤 하였다.

내부에서 승진한 경우라 하더라도 일반적 관리 능력이나 조정 능력, 또는 종합적 판단 능력을 키울 수 있는 보직의 경험이 상대적으로 부족하고, 네트워크 역시 남성보다 제한적이어서 업무에 대한 사전 조정이나 협의를 이루기 어려운 경우가 많았다. 이와 관련해서 비서관 업무를 마친 후 참석했던 한 공천심사회의가 기억이 난다. 그때 내부 심사위원 가운데 여성 국회의원이 두 명 있었다. 이들은 자신이 추천하는 인물의 장점을 회의 내내 열심히 피력하며 그 인물이 공천될 수 있도록 매우 적극적으로 노력하였다. 반면 남성 국회의원들은 조용히 다른 사람의 발언을 경청하고 있었다. 그러나 결과는, 남성 국회의원들이 추천한 인물로 결정되었다. 회의에 오기 전 이미 서로 합의가 되었거나, 아니면 강력한 공동의 (무언의) 이해관계가 존재하고 있었던 것 같다.

개인적 특성이나 한계뿐 아니라, 승진이나 임용의 중요한 근거가 되는 조직 내 인사평가도 여전히 남성들에게 유리하게 이루어지는 경우가 많았다. 한 예로 승진시 중요 자료로 활용되고 있는 다면평가 결과를 보면, 여성 공무원의 평가순위는 대부분 그다지 높지 않았다. 따라서 부처에서는 (연공서열이나 다른 기준이 부합되더라도) 평가 결과를 제시하며 승진이 무리하다고 주장하였다. 그러나 반대로 여성 후보자의 다면평가 결과가 좋다고 해서 승진 우선순위 후보가 되는 것은 아니었다.

이번에는 평가 결과는 좋지만 연공서열이 앞서는 남성을 승진시킬 수밖에 없다는 주장이었다. 이런 식으로 그때그때 다른 기준이 적용되곤 했다. 따라서 여성의 참여 확대를 위해서는 후보군을 육성하고 인력 풀을 확대하는 것 못지않게, 인사 과정에 대한 꼼꼼한 모니터링과 관리가 지속적으로 이루어져야 할 것이다.

여성 리더의
반反여성주의 딜레마

일반적으로 여성이 남성보다 덜 권력지향적이라고 알려져 있지만, 그 반대의 사례도 적지 않다. 자신의 경력이나 자격보다 한참 높은 자리에 자신을 임용해줄 것을 당당히 요구하는 여성도 있고, 자신의 인적 네트워크를 총동원해 집요하게 임용을 원하는 여성도 있었다. 또한 여성 관련 업무보다는 권한이 많은 다른 부서나 직위를 선호하는 경우도 많았다. 예를 들어, 지역의 정부 조직과 관련해서 일반적으로 여성계는 여성 업무만을 전담하는 부서 설치를 희망하지만, 막상 고위직 여성 공무원들은 이에 대해 양가적인 입장을 취하고 있다. 즉 여성 공무원으로서 여성 관련 부서의 비중이나 중요성이 커지는 것은 환영하면서도, 개인적으로는 신설된 여성 관련 부서에 가기보다는 권한이나 예산이 훨씬 큰 기존 부서(예를 들면 보건복지국이나 문화환경국)의 장이 되기를 바라기도 하는 것이다.

임용된 여성들에게 젠더 의식이나 여성주의 가치를 기대하는 것도 쉬운 일은 아닌 것 같다. 가시성이 높은 상위직에 임용된 소수 여성들의 일차적 관심은 조직에 대한 적응과 탁월한 업무 성과를 내는 것이다. 따라서 발탁된 여성의 상당수는 여성으로서의 정체성을 가능한 한 드러내지 않고, 기존 조직의 남성 위주 문화에 자신을 맞추며 리더로서 자리 잡는 일이 우선과제가 되었다. 이런 상황에서 여성들 간의 자매애나 여성 이슈에 대한 특별한 관심을 기대하는 것은 쉽지 않을 것이다.

한번은 균형인사비서관실의 협조 하에 기관장이 된 여성에게, 기관 내 여성 국장 승진 인사를 위해 협조를 요청하자 "나는 여성이라고 특별히 우대하지도, 차별하지도 않는다"고 단호하게 '정답'을 내놓았을 때는 솔직히 좀 서운하기도 했다. 많은 여성들이 남성 후보 이상의 자격을 갖추고 또 많은 어려움 속에서 그 자리에까지 올라온 것은 사실이지만, 오로지 자신의 능력만으로 그 자리에 발탁된 것이라고 스스로를 개별화하고, 여성들을 이끌어가는 선배로서의 의무감이나 공동체 의식을 가질 만한 여유를 갖지 못하는 데 대해서는 많이 아쉬웠다. 호주의 첫 여성 총리였던 줄리아 길라드도 총리 취임 후 여성이라는 점을 내세우지 않겠다는 결심이 시간이 흐르면서 일련의 '반(反)여성적(misogyny)' 태도를 취해야 한다는 부담으로까지 번졌다고 고백한 바 있으니, 유능한 여성 고위직 선배로서의 역할을 넘어 여성주의 공무원까지 되기를 기대한다는 것은 현재 상황에서는 무리한 일일 수도 있을 것이다.

리더가 주도하는
변화의 장단점

참여정부에서 친(親)여성적 분위기를 이끈 대표 주자는 대통령이었다. 엄밀히 말하면 당시 노무현 대통령은 여성주의자라기보다는 반(反)차별주의자, 인권주의자였다고 하는 것이 더 적절할 것이다. 여성 인재를 발탁하거나 차별을 금지하는 대통령의 여러 지시와 조치들은 이러한 입장에서 비롯된 것이라고 여겨진다. 퇴직하고 난 뒤 언젠가는 "정의와 원칙을 지키는 것이 여성에 대한 차별을 제거하는 데 기여하는 만큼, 젠더 관점을 가지는 것이야말로 정의롭고 서로 배려하는 사회를 만드는 핵심이다"라고 함께 허심탄회하게 논쟁해보고 싶었는데, 그럴 기회를 영영 잃어버리게 되어 몹시 아쉽고 가슴이 아프다.

아무튼 당시 대통령은 인수위원회에 여성 이슈를 다루는 인수위원을 임명하고, 국정과제에 양성평등을 포함시키고, 여성정책조정위원회의 필요성을 인정하고, 균형인사비서관실을 만드는 등 언제나 한 발 앞서서 생각하고 지시하였다. 자리의 성격에 따라 여성과 남성을 구분하지도 않았고, 어떤 관료보다도 여성 인사의 임용과 활용에 훨씬 우호적이었으며 또 적극적으로 지원해주었다. "불균형 시정을 위한 특혜(favor)는 위헌이 아니다"라며 균형인사를 적극 지원하고, "앞으로 지역, 성별, 학력, 전공별 차이를 감안한 할당제, 목표제에 대한 저항이 심해질 것이나 (…) 이러한 인사정책이 시장경제와 경제원칙에 더 부합될 수 있다는 사례를 찾고, 성장과 분배의 동반 발전을 위한 이론 구성의 노력을 해야 할 것"이라고 지시하기도 하였다(중앙인사위원회의 업무보고, 2004년 7월 1일).

또 육아휴직 기간을 승진 소요 최저연수 및 경력 평정 대상에 포함하는 공무원임용령 등의 개정과 관련된 국정과제보고회에서는, 발의 부서가 제안한 50퍼센트 호봉 인정 안에 대해 "이왕 인정하는 것 100퍼센트 다 인정합시다"라고 하여 원안보다 훨씬 더 진전된 결정이 이루어졌다(정부혁신위원회 국정과제보고회, 2004년 2월 5일). 사실 당시 회의 분위기는, 50퍼센트 인정도 다른 청원휴직과 형평성이 맞지 않고 남성 공무원을 역차별하는 것이라며 반대하는 의견이 만만치 않았었다. 아무튼 이런 과정들을 통해 출산과 육아 지원 제도를 지속적으로 개선하고, 가정 친화적인 근무 여건을 조성해나갈 수 있었다.

이처럼 균형인사에 대한 대통령의 강력한 지지는 매우 큰 힘이 되었지만, 반대로 리더의 힘이 중심이 되어 끌고 가는 과정은 그만큼의 한계를 지니는 것이다. 즉 성평등에 대한 조직 및 사회 전반의 인식이 갖추어져 지속적으로 여성 친화적인 정책이 추진될 수 있도록 독려하고 지지하는 자생적 동력을 형성하지 못한다면, 이러한 변화의 흐름은 정치·경제 상황의 변화나 보수적인 정치 지도자의 출현 등에 따라 언제든지 후퇴할 수 있기 때문이다.

돌이켜보면, 균형인사 추진의 성과가 전체 여성에게 어떤 의미를 지니며 또 이로 인해 우리 사회의 성 불평등 구조는 얼마나 변화될 수 있는지, 그리고 서로를 배려하고 함께 가는 지속 가능한 선진사회로 나아가는 데 어떠한 기여를 할 수 있을 것인지를 점검하며 가기에는 역부족이었던 것 같다. 여성 참여 확대를 위한 제도를 마련하고, 여성 공무원을 육성하고, 인재 풀을 넓혀가는 여성 '끼워 넣기'와 '양적 확대'

의 노력은 내용적 여성주의와 연계되지 못한다면 지속될 수 없는 것이다. 사실 균형인사 업무를 담당했던 당사자로서 업무 추진 과정에서는 여성의 임용 확대나 여성 비율 향상이라는 '수적' 변화가 사실상 주요한 관심의 대상이 된다. 솔직히 업무를 추진하는 사람으로서는 일단 방향과 목표가 정해지면, 결과를 둘러싼 평가에 대해 초연하기 어렵기 때문이다.

물론 여성의 낮은 대표성은 그 자체로 사회 전반의 성별 불평등 구조를 보여주는 것이므로, 균형인사를 통해 이를 변화시키려는 노력은 매우 유의미한 것이다. 여성 참여 확대를 통해 자연스럽게 여성 리더십을 장려하고, 새로운 역할모델을 만들어줄 수 있으며, 이러한 양적 전환을 바탕으로 '성 주류화'라는 질적 전환의 계기를 마련할 수도 있다. 하지만 궁극적으로 여성의 참여가 소수자로서의 관점과 입장을 주류 질서 속에 관철시킴으로써 차이를 이해하고 존중하는 평등한 사회로 나아가는 성과로 이어지지 못한다면, 여성의 참여 확대는 개별 여성의 성공이나 성취, 그리고 남성의 경험과 권력·자원을 나누는 데서 그치게 될 것이다. 그 결과 남성 중심의 기준과 관행은 그대로 유지될 뿐 아니라, 오히려 우리 사회에서 젠더 이슈는 모두 극복되었다는 허상을 심어주는 데 기여할 수도 있는 것이다.

나의 페미니즘 레시피

보수화되는 사회, 그리고 성평등은
이미 이루어졌다는 허상

성 주류화를 '이중전략(twin-track strategy)'으로 개념화한 캐롤린 모저 (Caroline Moser)의 주장처럼, 의사결정 과정에서의 여성 참여 확대를 의미하는 '젠더 세력화'와, 젠더 관심을 '행정기구 내에 제도화'하는 두 전략은 함께 추진될 필요가 있다. 이를 위해서는 임명된 여성 공무원들이 유능한 공무원으로서 능력을 발휘할 수 있도록 시스템을 마련하고 지원하는 데서 한 걸음 더 나아가, 젠더 의식과 공동체의식을 갖춘 '여성주의 공무원(페모크라트femocrat)'으로서 책임의식을 가지고 역할을 수행할 수 있도록 여성계의 다양한 지지와 연대를 이루어나가는 일이 매우 중요하다. 많은 사회에서 여성 공무원과 여성운동 집단 간의 긴밀한 관계는 정부 내에서 여성의 세력화와 '성 주류화'를 위해 매우 중요한 역할을 한다. 여성주의를 지속적으로 공급하고, 모니터링하고, 지지해주는 이러한 집단의 존재와 역량은 여성주의 공무원으로의 질적 전환과 긴밀하게 연동된다. 특히 진보적이고 개혁적인 정부와 강력하고 명확한 목표를 지닌 여성운동이 함께 조합을 이룰 때, 여성주의 공무원의 역할이 가장 활발한 것으로 나타난다.

그러나 최근 경제적 불안정과 사회적 양극화, 저출산·고령화 등의 사회 변화 과정에서 경쟁 중심의 개인주의는 점점 더 확산되고 여성들 사이의 차이 또한 확대되고 있다. 개인들 역시 자신이나 자신이 속한 집단의 이해관계로부터 벗어나는 일이 훨씬 더 어려워지고 있다. 많은 여성들에게 여성 간 연대보다는 남성에 대한 의존이 개인(또는 가족)의 성공을 위한 더 중요한 수단이나 전략이 되면서, 기존의 성별 분업이나 가부장제, 계급 불평등은 종종 여성들 스스로에 의해 더 공고해지기도 한다. 이러한 상황에서 성평등 이슈는 다른 사회적 문제들과 복잡하게 얽히면서 점점 비(非)가시화되고 주요 사회적 의제에서 사라져가고 있으며, 때로는 젠더 이슈에 대한 대중의 반감도 노골화되고 있다.

언젠가 존 레넌의 〈이매진(Imagine)〉이 배경음악으로 선택된 김연아 선수의 갈라쇼가 평화의 이미지와 연결되면서 많은 사람들로부터 환호를 받았다. 이 노래의 가사는 잘 알려져 있다시피 국가도 소유도 없는 세계를 상상하고 있다. 같은 시기 우리 사회는 NLL 논란과 이로부터 비롯된 사회적 갈등의 여파로 심각한 대립과 분열의 와중에 놓여 있었다. '북방한계선'을 둘러싼 경직된 태도와, '국경 없는 평화로운 사회'에 대한 지향이 공존하는 우리 사회의 실상은 무엇일까? 솔직히 몹시 혼란스럽다. 성평등 사회에 대한 우리의 지향 역시 이와 유사한 상황은 아닐까? 성평등한 미래 사회의 전제와 원칙에 대한 '합의'를 마련하기보다는, 나의 이해관계에 부합하는 것이 성평등한 미래 사회의 모습이라고, 또 그 사회로 가는 전략이라고 오해되는 것은 아닌지?

그러므로 여성의 참여 확대를 통한 '성 주류화' 전략이 많은 사람들에게 설득력을 가지기 위해서는, 그리고 지속 가능한 성평등 사회로 변화하는 데 기여하기 위해서는, 결국 여성운동이 추구하고자 했던 원래의 목표와 가치를 다시 돌아보는 노력이 함께 이루어져야 할 것이다. 단순히 '여성' 범주의 생물학적 추상성에 천착하기보다는, 여성 집단 내의 분화된 다양성을 드러내고 이러한 차이들을 전략적으로 연대시킬 수 있는 유의미한 사회적 이슈들을 발굴하고 의제화하는 일이 필요할 것이다. 사회적 가치와 유기적으로 연계된 젠더 이슈들이 여성뿐 아니라 젠더 의식을 지닌 모든 민주시민의 역량을 강화해나가고 또 사회 변화를 위한 지지기반을 확대시켜나갈 수 있을 때, 비로소 여성의 이슈가 사회적으로도 '함께 갈 수 있는' 이슈로 자리 잡을 수 있을 것이다. 또한 그것이 '성 주류화' 실현의 기반을 확대해나갈 수 있는 길일 것이다.

{ ㅆ }

서정순

제5, 6대 서대문구 구의원

여성주의와
생활정치의
행복한 만남

05

"왜 하필 진흙탕 속으로 들어갔니?" 내 삶의 문제가 된 보육

2006년 7월 서른아홉의 나이에 구의원이 된 후 가장 많이 듣는 질문 중 하나가 "젊은 여성이 왜 구의원을 할 생각을 하게 되었냐"는 것이었다. 서대문구의회 사상 최초의 선출직 여성 의원인 데다 최연소 의원이니 놀라움의 표시이기도 하고, 왜 욕먹는 일을 자청해서 그 힘든 일을 하는지 이해하기 힘들다는 것이었다. 처음 당선된 후 대학 동아리 모임에서 오랜만에 만난 친구는 대뜸 "왜 하필 그 더러운 진흙탕 속으로 들어갔니?"라며 걱정스러운 눈빛으로 물었다. 우리 사회의 정치에 대한 불신과 혐오를 확인할 수 있는 자리였다. 특히 기초의회는 우리 삶에 밀착된 문제를 다루는 풀뿌리 민주주의의 장(場)임에도 불구하고 무용론이 제기될 만큼 무능, 부패, 비리 등의 부정적 이미지로 얼룩져 있으니까.

나 역시 "모든 사적인 것은 정치적인 것이다"라는 말처럼 정치와 관런 없는 문제는 없다는 것을 인식하면서도, 내가 정치 영역에 들어가 뭘 바꿔보겠다는 생각은 하지 못했다. 정치는 대중을 휘어잡을 수 있는 카리스마 넘치는 리더십을 타고나거나, 모든 것을 버리고 불의에 맞서 싸울 용기가 있거나, 권력지향적 또는 출세와 명예를 위한 수단으로 활용하고자 하는 특별한 사람들의 영역이라고 생각했다. 나는 타고난 성향이 사람들 앞에 나서는 것을 좋아하지 않았고 초·중·고 시절에도 반장 선거 한번 나간 적이 없을 정도로 리더십과는 거리가 멀었다. 또한 대학 시절 사회 변혁을 갈망하면서 나름 학생운동에 열심히 참여하기도 했지만, 사회적 약자를 위해 기득권을 포기하거나 헌신할 용기는 갖지 못했다.

결혼 후 임신을 하기 전까지는 이웃이나 지역공동체는 내 관심 영역이 아니었다. 대학 입학과 함께 서울에 살기 시작한 이후로 집은 내게 단지 잠만 자는 곳이었을 뿐이었다. 그러다가 뒤늦게 여성학과 대학원에 다니던 중 임신을 하게 되자, 아이를 어디에서 어떻게 키울 것인지 고민하지 않을 수 없었다. 대학 시절 여성 문제 세미나에서는 '육아의 사회화'를 주장하였으면서도 우리 마을에 구립 어린이집이 몇 개나 있는지 그때까지 단 한 번도 생각해본 적이 없었다. 또 친한 친구 중 아이의 극심한 아토피로 인해 아이뿐 아니라 그 엄마 또한 엄청난 고통을 겪은 적이 있었는데, 그때서야 비로소 환경과 먹거리가 얼마나 중요한 문제인지 인식하게 되었다. 그래서 '한살림' 생활협동조합에 가입하여 아이에게만큼은 최대한 좋은 먹거리를 제공하려고 노력하였지만, 그 외의 바깥세상은 나의 통제 밖 영역이었다.

아이를 낳자마자 육아 문제를 해결하기 위해 현재 살고 있는 홍제동으로 이사를 왔는데, 아이를 키우면서 지역이 좀 더 선명하게 눈에 들어오기 시작했다. 구립 어린이집이 가까이 있는 곳으로 이사까지 왔건만 보육 환경은 너무나 열악하였다. 선진국에 비해 터무니없이 높은 교사 대 아동 비율조차 현장에서는 제대로 지켜지지 않았고, 실내 보육 면적이 협소한 데다 실외 놀이터를 갖추고 있는 경우도 거의 없었다. 5센티미터의 작은 턱도 유모차에게는 커다란 위협이 되었고, 인도 일부는 울퉁불퉁한 데다 계단으로 되어 있어 어쩔 수 없이 유모차를 밀고 차도로 내려서야 했다. 날마다 아이의 오전 간식을 싸가고, 규정에도 없는 온갖 잡부금을 내야 했으며, 어린이집 급·간식은 부실하기 짝이 없었다. 그런데도 구립 어린이집은 대기자가 넘쳐났다. 당시만 해도 서울시 국공립 보육시설 비율이 10퍼센트에 불과해 일찍 입소 대기를 하지 않으면 들어갈 수도 없는 상황이라, 구립 어린이집에 다니고 있다는 것 자체를 행운으로 여겨야 하는 분위기였다.

2002년 대통령 선거를 앞두고 "아이, 낳기만 하십시오. 노무현이 키워드리겠습니다"라는 대통령 후보자의 대표 공약은 우리 사회에서 보육 문제가 얼마나 심각한지를 역설적으로 보여주는 것이었다. 구청에서 직접 운영한다고 생각했던 구립 어린이집은 실제로는 민간 위탁 운영이었다. 실제 운영 책임을 맡고 있는 시설장은 구립 어린이집을 자신의 사유물로 인식하여 절대적인 권력을 행사하는 경향이 있었지만, 관리 감독을 해야 할 공무원은 그 수도 적은 데다 전문성도 부족하였다. 구립 어린이집의 잘못된 운영 행태를 어떻게 하면 바꿀 수 있을까 고민 끝에 구청 인터넷 홈페이지 '구청장에 바란다'라는 코너에 민원을 올렸다. 하지만 '국민의 공복'이라고 믿었던 공무원이나 '주민의 대표'

라고 하는 구의원도 지역사회에서 영향력 있는 시설장과 가까워 보였다. 보육교사회 외에는 보육 문제를 다루는 시민단체도 없었다. 내가 절실하다고 느끼는 문제는 내가 나서서 풀지 않으면 안 되었다.

여성 대표 없는
기초의회

2003년 초부터 나는 몇몇 엄마들과 힘을 모아, 아이가 다니던 구립 어린이집 개혁에 모든 열정을 다 쏟아부었다. 그러나 그러한 시도가 시설장에 의해 무참히 깨지고 나자, 지역사회의 보육 문제는 꼭 해결해야만 하는 내 삶의 문제가 되었다. 그래서 보육 문제에 관련된 모든 자료는 다 찾아보았고, 보육 관련 토론회와 공청회도 빠짐없이 찾아다녔다. 그리고 보육정보센터(현재는 육아종합지원센터) 등을 통해 부모 입장에서 보육 현장의 문제를 고발하고 보육정책의 개선을 요구하는 1인 NGO 활동을 하기 시작했다. 1년 후 온갖 비리로 점철된 어린이집 시설장과 위탁체가 교체되면서 또 다른 문제들이 불거지기 시작하자 어린이집 부모들이 내게 도움을 청해왔다.

모래알처럼 흩어져 있던 어린이집 부모들을 조직하고, 부모 대표성을 띤 운영위원회를 구성하고, 운영위원 네트워크를 결성하는 것은 '새판짜기'의 과정이었다. 부모를 대표하여 구청의 보육정책위원회에 참여해 부모 입장의 목소리를 낸 것도 처음이었다. 그렇게 해서 수년에 걸친 생활정치의 노력 끝에 적어도 서대문구 구립 어린이집 운영 분야만큼은 '새판짜기'가 성공했다고 할 수 있을 만큼 획기적으로 개선되었다.

여성주의 내부의 '끼어들기'냐 '새판짜기'냐의 논쟁에서 새판짜기를 해야 한다는 목소리가 많았지만, 사실 끼어들기와 새판짜기는 각기 다른 영역에서 동시에 이루어지지 않으면 안 된다. 풀뿌리 지역운동은 무에서 유를 창출하는 '새판짜기'가 가능한 무궁무진한 영역이 될 수 있지만, 동시에 여성의 정치세력화가 약한 상태에서 기존의 거대한 권력 구조에 들어가는 '끼어들기'는 불가피한 선택이다.

1992년 지방자치가 시작된 이래로 서대문구의회에 여성의 목소리를 대변할 수 있는 여성 구의원이 단 한 명도 없다는 것도 큰 충격이었다. 2005년 당시 서대문구의원은 21명 전원이 남성이었는데, 전국적으로도 2002년에 당선된 여성 기초의원의 비율이 2.2퍼센트에 불과했으니 그리 놀랄 상황도 아니었다. 풀뿌리 보육운동 과정에서 서대문구의회에도 젊고 개혁적인 지역 활동가 출신의 의원이 있다는 것을 알게 되어 많은 도움을 받긴 했지만, 그도 남성 의원이다 보니 엄마로서 느끼는 다양한 보육 문제를 세심하게 해결해주는 것에는 한계가 있다는 것을 느꼈다. 그러다가 '여성정치세력민주연대'라는 여성단체를 통해, 지역에서 다양한 풀뿌리 운동을 하다가 지방의회에 진출하여 생활정치의 모범이 되고 있는 여성 의원들의 사례를 많이 접할 수 있었다. 기초의원이 어떤 사람이냐에 따라 지역사회를 바꿀 수도 있다는 것을 새롭게 인식할 수 있었다.

하루는 한 선배 구의원의 권유로 구의회 본회의장 방청석에 앉아 구의원들의 구정 질문과 구청장 답변 과정을 끝까지 지켜보았는데, 남성 의원들의 발언 수준에 실망감을 느끼지 않을 수 없었다. '나도 저 정도보다는 잘할 수 있겠다'는 생각이 들었다. 때마침 2006년도 전국 동시 지방선거를 앞두고 여러 사람들로부터 기초의원 출마를 권유받았다. 공직선거법 개정으로 기초의원 선거에까지 정당공천제가 도입되고, 한 동(洞)에 한 명의 의원을 선출하던 소선거구제에서 2~3개 동을 한 선거구로 통합해 두 명 이상의 의원을 뽑는 중대선거구제로 전환된다는 것도 알게 되었다. 무보수 명예직으로 회의 수당과 여비 정도만 지급받았던 기초의원에게도 유급제가 적용되어 급여를 받게 된다는 소식도 들었다. 여성학과 대학원 수료 후 풀뿌리 보육운동에 전념하게 되면서 경제활동을 전혀 하지 않던 내게는 한번 도전해볼 만한 좋은 직업으로 생각되었다.

여성의 정치 참여 확대를 위해 2006년 기초의회에도 10퍼센트 비례대표제가 도입되었다. 덕분에 2002년 77명에 불과했던 여성 기초의원의 수는 2006년 437명으로 획기적으로 증가했고, 전체 기초의원 중 15.7퍼센트의 비율을 차지하게 되었다. 그중 선출직으로 당선된 여성 기초의원은 110명으로 전체 지역구 의원의 4.6퍼센트에 불과하다 보니, 처음 만난 사람들은 나를 비례대표로 생각하는 경우가 많았다.

하지만 나는 비례대표는 처음부터 꿈도 꾸지 않았다. 지방선거를 1년쯤 앞두고 당원으로 가입해 정당 기여도도 전혀 없는 데다, 같은 의원이라도 비례대표는 왠지 인정받지 못하는 듯한 분위기 때문에 내키지가 않았다. 출마하려는 지역구에 같은 당 소속의 강력한 현역 의원이 자리 잡고 있었다면 지역구 도전 자체가 쉽지 않았겠지만, 나는 운이 좋은 편이었다.

나의 페미니즘 레시피

2005년에 출마를 결심하고 가장 먼저 한 일은, 당내 후보를 결정하는 경선에서 나를 찍어줄 지지자를 모으는 것이었다. 경선 투표권은 내가 출마할 선거구에 주민등록이 되어 있는, 6개월 이상 매달 2천 원 이상의 당비를 납부한 기간당원에게만 주어진다고 했다. 풀뿌리 보육 운동의 과정에 함께 동참하거나 관심을 가지고 지켜본 어린이집 부모들이 많은 도움을 주었지만, 내가 본선에 출마하면 찍어주긴 하겠지만 정당 가입은 죽어도 하기 싫다며 거절하는 사람도 있었다. 나이가 많은 몇몇 분들은, 돈을 받고 입당해도 시원찮을 판에 6개월간 당비를 내야 한다는 것은 말도 안 된다고 했다.

　　아무튼 새로 정당공천제가 도입됨에 따라, 두 명의 기초의원을 뽑는 우리 지역구에서는 거대 정당의 공천만 받으면 당선이 확실하다는 전망이 우세했다. 의회에 입성하느냐 못하느냐는 우선 당내 후보로 선출되어야 하는 경선에 달려 있었다. 그러니 만약 지역위원장이 경선 참여나 공천의 대가로 후보자에게 돈을 바라거나 동원 가능한 조직 기반을 중시했다면 나는 경선에 참여할 기회조차 갖지 못했을지 모른다.

　　나는 약 2개월에 걸쳐 내가 알고 있는 모든 사람들을 찾아다닌 끝에 150명에게 입당 원서를 받을 수 있었다. 그러자 선배 구의원은 현역 의원도 하기 힘든 일을 정치 초보자가 해냈다고 칭찬을 아끼지 않았다. 그런데 나중에서야 알게 된 것이지만 종이 당원, 즉 당원으로 이름만 올리고 당비를 후보들이 대납하는 경우도 많다는 사실을 알게 되었다. 선거법은 후보자가 선거에 영향을 미칠 만한 사람에게 일체의 돈 쓰는 행위를 금지하고 있었지만, 현실은 그렇지 않았다. 선거철만 되면 크고작은 돈을 받는 데 익숙한 당원이 존재하는 현실 정당정치 내에서, 돈을 안 쓰는 정치를 하고도 과연 살아남을 수 있을까 하는 의구심이 들었다. 대의원 등 소수가 참여하는 당내 경선일수록 조직과 돈이 위력을 행사하는 사례를 어렵지 않게 볼 수 있었기 때문이다.

풀뿌리 민주주의라는 이름은 아름답지만, 기초 지역 단위가 더 보수적이고 불합리하고 비민주적인 경우가 많다. 정당마다 당헌 당규에 정치 신인인 여성에게 20퍼센트의 가산점을 주는 등 여성 우대 조항이 있지만, 여성들에게는 경선이 가장 넘기 힘든 장벽이라고 입을 모은다. 상부·하부 가릴 것 없이 정당 조직은 남성 중심으로 짜여 있어 여성 후보에게 결코 유리하지 않을뿐더러, 경선 선거인단 규모가 작을수록 돈과 조직의 싸움으로 변질된 가능성이 매우 높다. 흔히 선거에서 후보를 선출할 때 상부 조직에서 결정하지 않고 당원 및 국민의 참여에 의해 아래로부터 결정되는 상향식 공천제는 참여민주주의 실현을 위한 정치 개혁으로 거론되곤 하지만, 여성의 입장에서는 이렇듯 또 다른 함정이 도사리고 있는 것도 사실이다.

이렇게 진입 장벽은 높지만 기초의원으로서의 삶은 매우 즐겁고 행복한 측면이 많다. 자신이 원하는 것을 정책으로 만들어낼 수 있다는 것, 예·결산 등 집행부의 중요한 안건에 의사결정 권한을 갖고 있다는 것, 중요하다고 생각하는 가치에 대해 목소리를 낼 수 있다는 것은 매우 매력적인 일이다. 또한 기초의원은 주민들로부터 권력을 위임받아 잘못된 것을 바로잡을 수 있는 막강한 권한이 부여되어 있고, 공무원은 물론 관내의 각종 공공기관에게 도움을 줌으로써 공익을 실현할 수 있는 위치에 있다. 특히 여성 의원은 중요한 의사결정 과정에서 기존에는 들을 수 없었던 여성들의 목소리를 대변하는 성평등 실현의 주체가 될 수 있다. 전화 한 통화로 아주 쉽게 해결되는 일도 있고 몇 년에 걸쳐 고생한 끝에 어렵게 달성되는 일도 있지만, 어떤 문제를 개선함으로써 사회적 약자를 돕고 복리 증진을 도모한다는 것은 행복하고 보람 있는 일이다.

생활정치 1
안전하고 건강한 먹거리를 위하여

친환경급식 정책은 의원이 되기 전부터도 아이를 키우는 엄마로서 간절히 바라던 것이었던 만큼, 의정활동 기간 동안 가장 역점을 두어 추진한 사업이다. 풀뿌리 보육운동을 통해 어린이집 운영위원으로서, 그리고 서대문구 보육정책위원으로서 부실한 급식을 정상화시키는 데 어느 정도는 기여해왔지만, 예산 지원이 없는 상태에서 친환경급식을 도입하는 데는 한계가 있었다. 그러나 단체장의 권한과는 비할 바 못 되긴 해도, 기초의원이 강력한 의지만 있다면 의회에 주어진 권한을 총동원해 할 수 있는 일이 적지 않다.

물론 기초의원 혼자 힘으로 새로운 정책을 도입하는 것은 결코 쉽지 않기 때문에, 나는 친환경급식에 관심이 있는 동료 의원들을 중심으로 특별위원회를 구성했다. 그리고 어린이집과 학교의 급식 실태를 조사하고, 학부모 간담회를 통해 친환경급식에 대한 관심을 환기시켜나갔다. 또 친환경급식을 시행하고 있는 지자체를 벤치마킹하는 등 특별위원회 간사 역할을 맡아 9개월의 기간 동안 할 수 있는 일은 다 했다.

우여곡절 끝에, 여러 사람이 함께 꿈꾸었던 친환경급식은 서대문구에서 현실이 되었다. 2007년부터 어린이집을 시작으로 초등학교, 유치원까지 친환경급식 지원 정책이 확대되었다. 그리고 2010년 이후에는 중·고교가 직영 급식으로 전환됨에 따라 친환경급식비 지원은 물론 관내의 모든 경로당에도 무농약 쌀을 지원하고 있고, 구청 구내식당까지 친환경 쌀을 사용하고 있다. 또 2012년부터는 친환경급식지원센터를 설치해 학생과 학부모, 어린이집과 유치원 시설장 등을 대상으로 친환경급식 교육과 체험을 확대하고, 우수 식자재 공동구매, 텃밭 및 먹거리 관련 강사 양성, 먹거리 네트워크 구축 등 다양한 사업을 민-관 거버넌스 방식으로 운영하고 있다. 일본의 원전 사태 이후 사회적 이슈가 된 방사능 오염 문제에 대처하기 위해 토론회를 개최하기도 했고, 추가경정예산을 편성해 방사능 오염이 우려되는 생선 등의 샘플을 채취, 기초과학연구원에 의뢰하여 식품의 안전성을 검사하고 있다.

이렇듯 생활정치는 나와 주변 사람들이 함께 겪고 있는 삶의 문제를 정치의 영역으로 끌고 와서 해결하는 것이기 때문에 나와 내 가족이 직접적인 수혜자가 되는 경우가 많다. 10년 전 큰아이를 어린이집에 보낼 때만 해도 먹거리에 대한 불안과 불만이 만연해 있었다. 그러던 큰아이가 이제 중학생이 되고 작은아이는 어린이집에 다니고 있는 현 상황에서, 이제 더 이상 급식에 대한 걱정은 하지 않게 되었다. 오히려 친환경 쌀로 지은 밥을 먹고 친환경 식자재 비율이 50퍼센트가 넘는 단체급식이 집에서 먹는 밥보다 더 좋다고 느낄 때가 많다. 친환경급식 지원 정책이 가장 먼저 도입된 어린이집에서는 지속적인 생태 교육을 통해 보육 종사자들의 의식도 변화하고 있다. 시중에서 판매되는 주스 대신 각종 효소, 감잎차 등 아이들의 건강에 좋은 음료를 제공하고, 전통 장을 직접 담가 먹는 기관이 늘고 있다. 또 친환경 도시농업을 직접 배워 아이들과 함께 텃밭을 가꾸고, 물리적인 보육 환경과 놀잇감도 생태적으로 바꿔나가고 있다.

친환경급식 지원 예산을 확보하기 위해 공무원, 단체장, 의원들을 설득하고, 급식비가 현장에서 제대로 집행되는지 영수증을 확인하고, 다시 시설장들을 교육하고 설득하는 과정들은 지난했다. 비록 민간 어린이집과 사립 유치원 모두가 친환경급식을 하기까지는 시간이 더 필요하겠지만 많은 변화가 일어나고 있다는 것은 틀림없는 사실이다. 8년의 의정활동 기간 동안 친환경급식에 주력함으로써 주민들로부터 많은 호응을 얻었을 뿐만 아니라 매니페스토 약속 대상, 우수 의정 사례로 선정되는 등 영광을 누리기도 했다. 또 친환경급식은 황폐화된 농촌에 희망을 주고 죽어가는 생태 환경을 되살린다는 점에서도 큰 의미가 있다. 특히 인구가 밀집해 있는 대도시에서 친환경급식을 한다는 것은 대량의 친환경 식자재 소비를 가능하게 함으로써 농촌과 생태 환경을 획기적으로 개선할 수 있다는 점에서 더욱 중요하다.

생활정치 2
행복한 보육을 위하여

풀뿌리 보육운동을 계기로 마을 엄마들의 강력한 지지를 받고 구의원에 출마한 것이라, 의원이 된 후 보육 문제 해결에 집중한 것은 당연한 일이었다. 오랫동안 보육운동을 하면서 보육 현장의 전반적인 문제들을 잘 알고 있었고, 많은 공부와 고민 끝에 해결 방안도 갖고 있었기 때문이다. 이제 정책을 통해 실행만 하면 되는 일이었다.

하지만 어린이집 개혁 시도에 대한 보육시설장들의 조직적인 반감과 저항은 매우 컸다. 보육 담당 공무원들도 내 문제제기와 해결 방향에는 100퍼센트 동의하지만, 현실적인 문제를 앞세우며 시간이 필요하다고 나를 설득하려고 했다. 그러잖아도 보육 업무는 공무원들에게 기피 부서인데, 새로 들어온 의원의 요구사항이 많으니 공무원들은 더욱 힘들어했다. 그럼에도 보육 문제의 실질적인 업무를 담당하고 있는 7급 공무원들과 수없이 많은 소통을 했다. 그러면서 의원 못지않게 개별 공무원 한 명 한 명의 의식과 의지, 역할과 역량이 매우 중요하다는 것을 느끼게 되었다.

몇몇 깨어 있는 보육 담당 공무원들이 없었더라면 어린이집 운영에 대한 철저한 관리, 중요한 의사결정 기구인 보육정책위원회의 구성원 교체, 문제가 많았던 기존 어린이집의 위탁체 교체 등과 같은 보육정책의 변화는 결코 이루어지지 않았을 것이다. 어린이집 부모들의 민원과 보육교사라고 추정되는 익명의 제보도 어린이집 내부의 구체적인 문제를 파악하고 해결하는 데 결정적인 도움이 되었다. 보육정책위원회의 기능을 강화해 구립 어린이집 재위탁 및 신규 위탁 심사를 엄격하고 공정하게 진행하면서 역량이 부족한 위탁체와 시설장을 하나하나 교체해나갔다. 역량을 갖춘 시설장이 어린이집을 민주적이고 투명하게 운영하게 되니 보육의 질이 획기적으로 높아지는 것을 확인할 수 있었다.

"보육의 질은 보육교사의 질을 넘지 않는다"는 말을 많이 하지만, 현실적으로 어린이집에서 가장 중요한 역할을 하는 사람은 그 조직의 리더인 시설장이다. 하지만 심각한 문제를 지닌 위탁체와 시설장이라 하더라도 구청장과 그 소속 정당이 그 세력을 조직적으로 비호하려는 의지가 강하면, 하급직 공무원은 상부의 뜻이 관철되도록 보육정책위원들에게 영향력을 행사하기도 했다. 운영 비리에 대한 수차례의 민원과 제보가 반복돼온 모 어린이집의 재위탁 탈락은 내부적으로도 이미 기정사실화되어 있었다. 그런데 특정 정당 세력이 개입해 그 어린이집 시설장을 비호하였고, 그 정당 소속으로 구청장 출마를 준비하던 부구청장이 위원장으로서 캐스팅보트를 행사함으로써 다시 재위탁이 결정된 사례가 있었다. 상부의 지시를 따르지 않을 수 없었던 담당 공무원은 "이것이 우리 조직의 한계"라며 자괴감을 토로했다. 이런 경우 의원은 구정 질문을 통해 사안을 이슈화하고, 행정사무감사를 통해 문제를 더 깊이 파헤치고, 의회 결의안을 채택해 감사를 청구할 수도 있다. 끝까지 포기하지 않고 노력한다면 비록 오랜 시간이 걸린다고 해도 잘못된 것을 바로잡을 수 있는 권한이 있다는 것도 의정활동의 매력이다.

아이를 믿고 맡길 수 있는 어린이집을 만들기 위해서는 보육교사의 역할 또한 매우 중요하다. 그런데 사회적으로 보육교사의 돌봄노동은 평가절하되어 있고 보육교사 자격증은 넘쳐나는 상황이니 이직률이 높은 것은 당연한 결과다. 보육교사의 낮은 임금을 보전하기 위해 지방정부에서는 처우개선비 등을 지원하기도 하지만, 노동 시간이나 강도에 비하면 턱없이 부족한 상황이다. 게다가 어린이집은 시설장 외에 행정 업무 등을 담당할 인력이 없고 대체교사 지원 시스템도 미진하여, 보육교사의 업무는 가중되고 보육의 질은 떨어질 수밖에 없는 구조였다. 그래서 우선 보육계의 숙원 사업이었던 '비담임 주임교사' 제도를 2007년부터 전국 최초로 도입하였다. 그리고 처우개선비 증액 외에도 보육교사의 시간외근무수당과 장기근속수당도 신설하였다. 부족한 보육 인력을 보완하기 위해 보육시설에 노인 일자리를 투입하고, 보육 종사자 역량 강화를 위한 워크숍도 마련하였다.

초선 시절에는 국공립 보육시설 확충, 특별활동비 등 보육료의 과다한 수납 등의 문제로 민간 어린이집 시설장 연합회와 심각한 갈등을 겪기도 했다. 하지만 시설장들과 끊임없이 소통하면서 보육 문제에 대한 부모와 시민사회의 입장을 전달하고 시설장들의 애로사항을 청취하면서, 일방적인 규제보다는 점진적인 개혁과 지원 방안을 모색하게 되었다. 시설장들의 막강한 조직적 압력에 굴복하는 것은 아닌지 스스로 경계하면서도 타협점을 찾지 않으면 안 된다고 생각했다.

그러던 중 어린이집 특별활동비 리베이트 사실이 경찰 수사로 광범위하게 드러나게 된 사건이 있었다. 그러자 민간 어린이집 시설장들은, 강성(?) 의원의 초기 예방주사 덕분에 서대문구는 더 큰 곤욕을 피할 수 있게 되었다며 고마워했다. 원칙을 지키면서도 이해 당사자들과 타협하고 소통하는 생활정치는 과거의 상처도 치유하게 하는 힘이 내재되어 있다.

생활정치 3
성평등 실현을 위하여

나는 경제적으로 형편이 넉넉지 않은 농촌 가정의 셋째 딸로 태어나 진학과 취업의 과정에서, 그리고 사회생활과 결혼생활에서 많은 성차별을 경험했다. 대학 시절 여성 문제를 공부하기 시작하면서 성평등 실현에 기여하는 일을 하고 싶다는 욕구를 갖게 되었는데, 결혼 후 서른세 살의 뒤늦은 나이에 대학원에 진학하여 여성학을 공부하게 된 것도 그런 갈증이 계속 남아 있었기 때문이다. 여성주의에 대한 배움은 남성 중심적 기존 질서에 대한 비판의식과 성찰, 성평등 실현을 위한 실천적 과제를 내게 안겨주었다.

의원이 되자마자 나는 서대문구의 여성정책을 획기적으로 발전시키고자 하는 야심으로 여성특별위원회를 발의하였으나, 남성 의원들의 반발에 부딪혀 포기하지 않을 수 없었다. 몇몇 남성 의원들은 가정복지과 업무 보고에서 성평등이나 여성정책 얘기만 나와도 여성상위시대니 역차별이니 하면서 반(反)여성적 발언들을 서슴지 않았다. 진보적 성향을 가진 남성 의원도 성평등 실현을 위한 발언권을 행사하는 경우는 없었다.

여성정책의 주무부서로는 가정복지과 내에 여성복지팀이 있었는데, 성평등 정책과는 거리가 멀어 보였다. 새마을부녀회 등 지역의 봉사단체 활동을 지원하면서 구청 행사에 동원하는 경우가 많았다. 여성발전기본조례가 있었으나 여성발전기금 조항은 빠져 있었고, 여성정책위원회는 지역 자원봉사단체의 장 중심으로 구성되어 제 기능을 하지 못했다. 성평등의식 확산을 위해 법으로 제정돼 있는 여성주간행사 또한 그 행사의 취지를 전혀 살리지 못하고 있었다. 또 여성의 권익 향상에 기여한 여성들에게 주어야 할 유공자 표창은 성별 분업에 충실한 효부나 자원봉사자들에게 돌아갔다. 그나마 오랜 봉사활동 경력과 조직 기반을 인정받아 비례대표로 입성한 여성 의원들이 그나마 내가 주장하는 여성정책 관련 제안이나 예산 증액에 힘을 실어주었다.

다행히 서울시 여성가족재단에서는 2003년부터 매년 25개 자치구를 대상으로 여성정책 평가를, 서울여성의전화에서는 여성주간행사를 모니터링해서 자료집을 발간하고 있었는데, 25개 구 가운데 서대문구가 하위권의 평가를 받은 내용들을 중심으로 구정 질문, 업무 보고, 행정사무감사 등을 최대한 활용해 집행부를 압박하였다. 여성 의원들이 여성정책에 대한 목소리를 지속적으로 내니 집행부도 여성정책 업무에 신경 쓰지 않을 수 없었다. 여성복지팀이 여성정책팀으로, 가정복지과가 보육가족과를 거쳐 여성가족과로 그 명칭이 변경되고, 여성정책 꼴찌 수준이었던 서대문구가 2~3년 만에 모범구를 거쳐 우수구로 도약하는 성과도 거두었다.

대외적으로는 2008년 정당을 초월한 여성 지방의원들의 연대체인 전국여성지방의원네트워크(전여네)를 조직해, 여성 의원들의 의정활동 역량을 강화하기 위한 정책 세미나를 정기적으로 개최하고 여성의 정치 참여 확대를 위한 제도 개선 활동을 전개했다. 2010년에는 당내 여성 지방의원 조직인 민주여성지방의원협의회(민여협)를 결성해 당의 중요한 의사결정 기구에 그 대표들이 참여할 수 있게 되었고, 중앙당의 여성노인청소년국에서 여성국을 독립시켜 유독 서울시당에서만 없었던 상근 여성국장을 두는 데도 기여하였다.

전여네와 민여협의 정책 세미나를 통해 '성 인지' 관점의 의정활동을 하는 한편, 제도화된 성별영향분석평가나 성인지예산이 제대로 기초자치단체에 정착될 수 있도록 함께 공부하고 토론하며 우수 지역 사례를 공유하였다. 여성발전기본조례 개정 활동에서 더 나아가 전여네 공동으로 성평등기본조례를 제정하기 위한 공부와 토론회, 우수 사례 벤치마킹 활동도 전개하였다.

무엇보다 의미 있었던 것은, 재선 의원이 된 후 우리 지역의 기관, 단체, 커뮤니티 등의 여성 리더들이 함께 참여하는 서대문삼삼오오여성리더(삼삼오오) 모임을 만들었다는 것이다. 매월 정기적인 모임을 통해 각 기관 및 단체 소개와 상호 방문으로 서로에 대한 이해의 폭을 넓히면서 네트워크 사업이 활발해지기 시작했다. 여성주의 리더십과 성 인지 관점 강화 교육을 함께 받고, 여성정책 토론회, 성별영향분석평가사업 모니터링, 여성발전기금공모사업을 통한 여성정책 기초수요조사, 성평등기본조례 제정을 위한 공청회도 개최하였다.

지속적인 삼삼오오 모임을 통해 회원들은 여성정책에 대한 관심이 높아졌고, 서대문구는 민-관 거버넌스를 구축해 여성친화도시로 지정되었다. 또한 성평등기본조례 제정을 계기로 성평등 위원을 공개 모집하고, 여성주간행사에서 실질적인 성평등상을 수여하고, 여성정책 중장기계획 수립을 위한 용역을 시행하는 등 성평등 실현을 위한 지역사회의 변화가 시작되고 있다.

정치 영역에 진입한 이후 여성을 대표하는 의원으로서 사명감과 책임감을 더 강하게 인식하게 되면서, 여성주의자라는 정체성이 더욱 강화되고 있다는 것을 느낀다. 무엇보다 행복한 것은, 생활정치를 통해 지역사회 여성들과 함께 나 또한 엄마로서, 딸로서, 아내로서, 그리고 여전히 소수자인 여성 의원으로서 사적·공적 고민을 함께 나누고 성평등의 가치를 공유할 수 있게 되었다는 것이다.

기초의원으로 산다는 것

권력에 대한 끊임없는 성찰과 주민에 대한 섬김, 통념과 관행을 깨는 혁신이 더 이상 내키지 않는다면 과감하게 정치를 그만두어야 한다고 생각한다. 새로운 정책을 도입하거나, 잘못된 것을 잘못되었다고 말하고 바로잡는다는 것이 결코 쉬운 일은 아니다. 강력한 의지뿐 아니라 정치적 역량이 필요하다. 한 지역만의 문제가 아니라 여러 지역 공통의 문제로서 여러 이해관계가 얽혀 고질적인 문제라면 혼자 힘으로 해결하기는 더욱 힘들다. 그러므로 뜻을 함께하는 의원들과 모임을 만들어 공부하고 토론하고 연대하여 공동 대응하는 것은 필수적이다. 2011년 정당을 초월해 수도권 기초의원들을 중심으로 발족한 '기초의회 발전을 위한 한걸음' 모임은 그런 의미에서 큰 의미가 있다. 행복한 지역사회를 만들기 위해 좋은 영향력을 행사하려고 노력하는 의원들과 함께하니 서로 좋은 에너지를 공유하게 되고 쉽게 지치지 않았다.

지방자치의 발전을 위해서는 한 의원의 열 걸음보다 열 사람의 한 걸음이 더 중요하다는 것도 깨달았다. 풀뿌리 민주주의 실현을 위한 주민들의 참여와 자치 공간을 넓히는 것도 기초의원들의 중요한 역할이다. 평생학습, 주민참여예산제, 마을공동체지원사업, 사회단체보조금 등 각종 공모 사업, 지역 의제 발굴을 위한 포럼, 분야별 네트워크 등이 지역사회에서 활발히 이루어질 수 있도록 의원들의 관심과 지원이 필요하다. 무엇보다 중요한 것은, 지방자치에서 가장 강력한 권한을 가지고 있는 단체장을 잘 선출해야 한다는 것이다. 나쁜 단체장과 함께 지방자치를 꾸려가야 한다면 의원들은 단체장에 대한 비판과 견제 활동에 더 많은 시간과 에너지를 소모하지 않으면 안 된다. 정당 안에서 강력한 영향력을 행사하는 지역위원장도 잘 만나야 한다. 그렇지 않으면 정당 조직 내에서 배제되거나 비민주적이고 불합리한 정당 운영 방식을 견디지 못하고 정치를 포기하는 사례들이 종종 있다.

기초의원은 약 300만 원 정도의 급여(의정활동비와 월정수당)를 받는 좋은 직업이기도 하다. 지역사회를 반경으로 움직이는 것이 특징인 만큼, 가족 돌봄의 역할이 많고 가정의 생계유지 부담이 덜한 여성에게 더욱 적합하다. 때로는 새벽부터 밤늦게까지 일하고 주말을 반납해야 하는 경우도 많지만, 공식 회기일수가 120일 정도밖에 되지 않아 비교적 시간 운용이 자유롭다. 물론 정당 소속의 기초의원은 당 행사와 회의, 각종 선거에 당연직 운동원으로 참여해야 할 의무가 있고, 지역 주민의 민원 청취, 구청 및 관내 각종 단체·기관에서 주관하는 행사와 각종 위원회에 참여해야 할 일도 많다. 하지만 나머지 시간에는 자신이 원하는 일을 찾아서 할 수 있다.

또한 기초의원은 의정활동과 관련된 다양한 교육을 받을 수 있고 지역의 훌륭한 풀뿌리 리더들도 만날 수 있어 배움을 통한 성장의 기회도 많다. 시간을 낼 수만 있다면 국내 지자체의 우수 정책을 직접 배우러 갈 수도 있고, 매년 해외연수의 기회도 주어진다. 기초의원에서 국회의원에 이르기까지 외유성 해외연수로 비난이 끊이지 않는 상황이지만, 새로운 정치를 추구하는 전국여성지방의원네트워크는 해외 정책연수의 모범 사례를 만들어나가고 있다. 연수의 기획부터 사전 세미나와 실무 준비, 연수보고서 작성 등의 모든 과정이 매우 힘들지만 얻는 것도 그만큼 많다. 또한 해외의 우수 정책 사례를 배우면 국가 및 각 지자체의 정책에 대한 관심이 고조되면서 함께 간 여성 의원들과의 정책 교류가 더욱 활발해진다.

초선 의원 시절의 시행착오와 다양한 경험, 네트워크를 바탕으로 재선 의원 때는 더 많은 역량을 발휘할 수 있었다. 여성주의 가치를 정책과 실생활에서 실현할 수 있는 노하우도 터득할 수 있었다. 삼선 의원이 되었다면 의장이 될 가능성도 있고, 더 큰 역량을 발휘해 의회를 개혁하고 생활정치의 달인으로 등극했을지도 모르겠다. 2014년 '지방의원 30퍼센트 여성 공천 할당' 규정이 명문화된 당헌에 기대를 걸고 고민 끝에 서울시의회에 도전했지만 결국 공천을 받지 못했다. 여러 가지 아쉬움은 있지만 나 아니면 안 된다는 생각은 갖고 있지 않고, 지난 8년 동안 내가 할 수 있는 최선의 의정활동을 했기에 후회는 없다.

마지막으로, 기초선거 정당공천제와 비례대표제에 대한 내 의견을 조금 덧붙여보고자 한다. 지난 2012년 대통령 선거를 앞두고 박근혜, 문재인, 안철수 세 후보 모두 기초선거 정당공천제 폐지를 공약으로 내걸었다. 8년 동안 의정활동을 하면서 내가 직간접적으로 경험한 바로도, 정당공천제의 폐해는 다양하게 나타났다. 정당이나 지역정치의 풍토, 지역위원장의 성향에 따라 차이가 있긴 하지만, 누군가는 정당

내 지역위원회의 위계질서를 하늘과 땅으로 비유하기도 하고, 기초의원은 국회의원(또는 지역위원장)의 '몸종'이니 '머슴'이니 자처하기도 한다. 설사 민주적이고 수평적인 관계를 지향하는 지역위원회라 하더라도, 공천권에 가장 큰 영향력을 행사하는 지역위원장의 눈치를 보지않을 수 없다.

이런 현실에서 과반수가 넘는 국민들은, 기초선거 정당공천제를 폐지하면 정치 개혁이 이루어지고 지방자치가 획기적으로 발전하리라는 기대를 갖고 있다. 기초의회 의장단협의회와 행정 분야의 전문가들, 일부 시민단체도 기초선거 정당공천제 폐지를 강력하게 주장하고 있다.

반면 정당을 초월한 전국 여성 지방의원들의 모임인 전국여성지방의원네트워크와 각 당의 여성 조직들은 수차례의 토론을 거쳐 정당공천제 유지 입장을 취하였다. 기초선거 정당공천제가 폐지되면 여성 의원 비율이 10퍼센트 이하로 떨어질 것이라는 전망이 우세했기 때문이다. 나 또한 개인적으로는 상대적으로 인지도가 높은 재선 의원으로서 정당공천제 폐지가 유리한 입장이었지만, 여성의 정치 참여 확대라는 대의명분을 위해 정당공천제 유지를 강하게 주장했다. 공천제의 폐해가 심각하긴 하지만, 그렇다고 그것의 폐지가 근본적인 정치 개혁이될 수는 없기 때문이다. 그래서 제도의 폐지가 아니라, 공천 과정에서지역위원장의 권한을 축소하는 등 정당 공천 과정을 개혁해야 한다고목소리를 높였다. 정당공천제 폐지를 주장한 세력들은 여성의 정치 참여 확대에 대한 대안으로 여성명부제 도입을 담은 법안을 발의하기도했으나, 안건으로 상정조차 되지 못했다.

아무튼 2014년 지방선거를 앞두고 여야 거대 정당들이 공히 공천 혁신을 표방했기 때문에 일말의 기대를 갖고 있었다. 하지만 역시 공천 개혁은 이루어지지 않았다. 새누리당의 경우 여성의 정치 참여 확대를 명분으로 정당공천제 유지로 기존 입장을 번복했음에도 불구하고 경선에서 여성에게 20퍼센트 주던 가산점을 10퍼센트로 축소했다. 또 새정치민주연합은 지역구 여성 공천 30퍼센트 할당 의무 조항을 당헌 당규에 명시해놓고도 지키지 않았다. 게다가 이미 기초의원 비례대표의 여성 비율이 93퍼센트 이상인 상황에서 비례대표 전원을 여성으로 공천하겠다는 생색내기용 발표를 했고, 언론은 마치 그것이 새로운 것인 양 뉴스로 만들었다. 2006년 이후 여성 지방의원 당선자 비율은 대폭 상승해왔으나 2014년 선거에서는 2010년에 비해 기초는 21.7퍼센트에서 25.2퍼센트로 소폭 상승했고, 광역은 14.3퍼센트로 오히려 지난 지방선거보다 여성 의원의 비율이 0.5퍼센트 감소했다.

한편 최근에는 기초의원 공천제를 폐지하는 대신 전체 의원 대비 비례대표 비율을 20퍼센트, 50퍼센트까지 확대해야 한다는 주장도 제기되고 있다. 유럽 등 정치 선진국에서는 풀뿌리 조직까지 정당정치가 잘 발달되어 있는 데다 비례대표제가 다양한 분야의 전문가 및 여성의 정치 참여 기회를 확대하는 데 큰 역할을 해온 것도 사실이다. 하지만 2006년과 2010년 두 차례의 기초의원 비례대표 공천 과정을 지켜본 바로는 걱정이 앞선다. 비례대표제로 인해 여성 의원 비율이 획기적으로 증가한 것은 긍정적이지만, 질적으로 여성 의원들이 여성 대표성을 가지고 얼마나 의정활동을 잘 해왔느냐에 대해서는 여성단체들로부터 회의적인 평가를 받는 경우가 많다. 국회의원 당선이 최우선 목표인 지역위원장이나 중앙당 입장에서도, 주민들의 요구보다는 선거에 도

움을 준 인물을 정당 기여도가 높다는 명분으로 공천하는 것이 당연시
되고 있다.

특히 비례대표 여성 기초의원들을 보면, 지역의 정당 여성위원장이
나 새마을부녀회 등의 활동 경력을 갖고 있는 사람들이 많다. 그런데
정당 혹은 지역 내에서 수년 혹은 수십 년 동안 성별 역할 분업에 충실
하게 봉사활동이나 조직 관리에 주력해왔지 기초의원으로서의 역할
을 잘할 수 있는 역량을 쌓지 못했다는 것이 문제다. 지방자치를 경험
하지 않고 처음부터 국회의원직에 도전한 대부분의 남성 지역위원장
들은 중앙정치에 함몰되어 있다. 따라서 지방자치에서 기초의원의 중
요성을 제대로 인식하고 있지 못할 뿐 아니라, 여성의 정치 참여 확대
에 대한 기본적인 인식도 없는 경우가 많다. 지역 여성위원장과 여성
지방의원이 당연직으로 참여하는 서울시당 여성위원회에 가면, 여전
히 많은 여성들이 어느 지역 아무개 국회의원 혹은 아무개 지역위원장
을 모시고 있는 누구라고 자신의 정체성을 규정하는 경우가 많다. 이
런 현실에서 여성 정치 참여 확대를 위해 기초의원도 비례대표를 확대
하라는 주장이 과연 바람직한지 고민이 필요하다.

그럼에도 불구하고 어떤 제도적 장치를 통해서든 전체 인구의 절반
이상을 차지하고 있는 여성의 정치 대표성은 강화되어야 한다. 여성의
정치 참여 확대는 시대적 요구이자 진보의 아이콘으로 거스를 수 없는
흐름이다. 준비된 여성들에게 기회는 반드시 온다.

경계에서,
새 장을 열다

삶, 몸, 사람, 생태
그리고 연대

{ 〰 }

문경란

서울시 인권위원회 위원장
전 〈중앙일보〉 여성전문기자 겸 논설위원

"여성면(面)이
여성해방하는
면입니까?"

06

종횡무진 여성전문기자, 여성의 역사herstory를 쓰다

1990년 6월, 나는 다시 기자가 되었다. 직전까지는 여성학과 대학원을 졸업하고 1년 반 남짓 서울과 지방을 오가면서 여성학 강의를 하고 있었다. 당시 여성학 강의는 대학생들에게 여성주의를 전파하는 일종의 의식화운동이었고, 딱히 평생직장을 찾지 못하고 있던 터라 나도 그 행렬에 동참하고 있었다. 그러던 차에 우연히 〈중앙일보〉에서 경력기자 채용 공고를 보자 도전 욕구가 한순간 불끈 솟았다.

그때 나이 서른하나, 생후 6개월 된 아이도 하나 있었다. 출산 이후 아이 키우는 즐거움과는 별개로 '내 인생이 이렇게 어영부영 끝나는 게 아닌가?' 하는 불안감과 허전함이 마음 한쪽에서 안개처럼 피어오르던 때였다. 채용 공고는 마치 '이번이 마지막이야!'라고 소리치는 것 같았다.

대학 졸업 후 지방 일간지에서 2년 반 남짓 기자 생활을 한 적이 있었는데 즐겁지가 않았다. 어떻게 살 것인지 인생의 좌표 설정을 제대로 못하고 있던 때라 뭘 해도 의미를 찾기가 어려웠다. 게다가 유난한 상사를 만나 혹독한 성차별을 겪었다. 인생의 미로에서 길을 잃을 때는 공부를 해야 한다는 생각으로 대학원 여성학과에 입학했는데, 마치 신천지를 발견한 것 같았다. 나는 미련 없이 신문사를 그만두었다.

그런 경험에도 불구하고 나는 왜 또다시 기자가 되려 했을까? 기자 초년병 시절, "기사 한 줄이 세상을 바꿀 수 있다"는 포부가 환상임을 깨달았음에도 여전히 미련이 남아 있었던 것 같다. 인터넷 매체가 없던 때라 기자 지망생들이 방송보다 신문사를 선호하던 시절이니, 실제로 그때까지 주요 일간지의 위력은 상당했다. 실천 학문인 여성학 전공자로서 신문사는 '돈을 벌면서 내 뜻도 펼 수 있는' 몇 안 되는 좋은 직장이라고 생각했다. 특히 비슷한 생각을 가진 사람들끼리 운동권 진영에만 모여 있지 말고 흩어져서 널리 전파해야 한다는 평소의 생각이 나를 부추겼다.

간절히 원하면 이뤄진다고 했던가? 최종 면접에서 "남편이나 시어머니가 취업에 반대하지 않나?"라는 질문을 무사히 받아넘긴 뒤 나는 합격했다. 무엇보다 해방감을 느낄 수 있어 좋았다. 내 삶이 잦아들던 가족의 울타리로부터, 자유롭고 확장된 삶을 누릴 수 있는 사회로 탈출한 것 같았다. 드디어 내가 힘차게 걸어갈 길을 찾았다고 생각했지만 그때가 '필마단기로 적진에 뛰어든 것'임을 안 것은 시간이 조금 지나고 난 뒤였다.

세상만사가 그렇듯 나의 기자 생활 또한 기쁨과 보람, 고단함과 괴로움이 교차하는 삶의 현장이었다. 중앙일보사에는 1990년부터 2008년

초까지 근무했는데, 때는 한국의 여성운동이 나날이 영역을 확장하고 막강한 영향력을 키워가던 운동의 급성장 시대였다. 여성해방운동의 새로운 의제로 섹슈얼리티(sexuality)와 관련된 성폭력·성희롱 반대 운동이 활발하게 펼쳐졌다. 다른 한편 무크지《또 하나의 문화》발간, 안티미스코리아 페스티벌, 명절문화 바꾸기 운동과 같은 상큼발랄한 대안문화운동이 페미니즘의 대중적 확산에 불을 당겼다. 수십 년간 명맥을 이어오던 가족법 개정 운동은 1990년대 후반부터 단체들이 강하게 결집하면서 2000년대 중반 '호주제 폐지'라는 혁혁한 성과를 이끌어냈다. 운동은 반(反)성매매운동, 여성환경운동, 여성평화운동 등 분야별 운동으로 분화·확산되면서 꽃을 활짝 피우고 있었다.

이 모든 현장을 취재·보도하고 이를 통해 대중의 생각을 바꿔낼 수 있는 제도적 장(場)에 있었다는 것은 한마디로 행운이다. 많은 경우 운동의 현장은 취재기자인 내 가슴을 뛰게 했다. 기존의 관점에서 보면 어설프고 거칠고 미숙한 면도 많았지만, 나는 여성운동의 넘치는 활력과 기존의 판을 뒤집는 반전의 미학, 새로운 세상을 꿈꾸는 발칙한 상상력이 좋았다. 어둡고 슬프고 답답할 때도 많았지만, 그 또한 새로운 세상으로 나아가는 과정에서 통과해야 할 터널 같은 것이어서 헐떡이더라도 함께 달려야 한다고 생각했다.

나는 내가 쓰는 기사가 여성의 역사(herstory)를 써내려가는 것이라고 스스로 의미를 부여했다. 이제까지의 역사는 여성이 배제돼 있었다는 점에서 남성의 이야기(history)에 불과하다. 신문은 매일의 삶을 기록하는 살아 있는 역사이므로, 여성이 무엇을 생각하며 어떤 일을 하고 어떤 문제의식을 갖고 살았는가를 기록하는 일은 여성주의 기자에게 맡겨진 사명이라 여겼다. 이런 일을 하지 않으면 기자를 할 이유가 없지 않겠냐고, 나는 끊임없이 자문하곤 했다.

　종횡무진이라고나 할까. 나는 패션과 요리와 인테리어와 스위트홈 등의 기사로 채워지던 여성면(面)의 구성을 바꾸고 싶었다. 기존의 가부장적이고 남성우월주의적인 편견과 선입견을 성평등의식으로 바꿔내는 일은 지난하고 요원하지만 감당해야 할 시대적 과제였다. 내가 취재기자 겸 데스크 역할을 하던 약 2년간 파격적으로 여성면을 바꾼 적이 있었는데, 그때 몇몇 기사들이 문제가 되어 데스크권을 박탈당하는 수모를 겪기도 했다.

　아동 성폭력 사건, 강간한 의붓아버지를 살해한 사건 등과 같은 성폭력 사건이나 서울대 신 교수 성희롱 사건 등을 보도할 때는 고정관념과 전쟁을 벌여야 했다. 화간(和姦)이 아니라 강간이며, 성폭력은 정조에 관한 범죄가 아니라 여성의 성적 자기결정권을 위배한 범죄이며, 성희롱은 사소한 희롱이 아니라 폭력이자 범죄라는 인식으로 바꾸는 데는 지난한 과정이 필요했다. 기자들부터가 편견을 갖고 있었으니 아예 보도 자체가 되지 않거나, 아니면 편집국에서 수도 없이 토론을 벌이고 데스크와 편집자와 고위 간부를 설득해야 했다.

'호주제 폐지'
특종에 얽힌 이야기

　그 와중에 대형 특종을 낚아채기도 했다. "호주제, 이르면 2006년 폐지, 남성우위시대 법적으론 끝". 이 같은 제목의 2003년 8월 22일자 기사는 지금 생각해도 참으로 뿌듯하다. 그날 〈중앙일보〉1면과 4면 톱 기사를 장식한 이 뉴스는 다음날 모든 신문·방송에서 팩트(fact) 하나 고치지 않고 일제히 그대로 옮겨 보도됐다. 특종의 힘은 앞선 보도라는 점 외에도 보도의 프레임을 결정한다는 점에서 막강한 힘을 발휘한다. 미국의 언어학자 조지 레이코프가 《코끼리는 생각하지 마》라는 책에서 설파했듯이, '프레임'이라는 생각의 틀에 갇히면 사람들은 그 프레임에서 벗어난 생각을 하기 어렵다.

나는 특종 보도를 하면서 호주제 폐지에 대한 기존 언론의 양비양시(兩非兩是)적 태도를 과감히 버리고, 호주제 폐지는 시대의 대세이며 세상은 바뀌기 시작했다는 관점을 확실히 표명했다. 그 전까지만 해도 언론은 여성계와 유림을 대칭에 놓고, 호주제도 문제지만 호주제가 폐지되면 가정이 붕괴될 것이라는 주장도 나란히 전달하고 있었다. 하지만 다른 언론들이 호주제 폐지를 당연시한 나의 보도를 줄줄이 따라오자, 여론의 눈치를 살피던 정부와 국회 또한 입장을 정리하기 시작했다. 호주제 폐지는 급물살을 탔다.

호주제는 남성우월적인 부계혈통 중심의 대표적인 가부장적 제도다. 몇 차례 민법 개정을 통해 호주권이 약화되긴 했지만 그 상징성이 갖는 위력 때문에 남녀 간의 힘겨루기가 대단했다. 정확히 말하면 가부장적 제도와 성평등 세력 간의 싸움이지 남녀 간의 대립이라 할 수 없지만 외형은 대체로 그러했다. 멀리 보면 1950년대부터 시작된 민법 개정운동은 2000년 총 114개의 여성단체가 '호주제 폐지를 위한 시민연대'를 결성하면서 총력전이 됐다.

여성들은 추운 길바닥에서 목이 터져라 구호를 외치고, 토론회 등 공개석상에서 반대쪽 사람들로부터 입에 담기 어려운 욕설을 듣거나 손가락질을 당하기도 했다. 결코 달걀로는 깨뜨릴 수 없어 보이던 그 강고한 바위조차도 수많은 여성들의 보이는 또는 보이지 않는 노력으로 인해 서서히 균열이 생기기 시작했다. 나 또한 와르르 무너지기 직전의 바위에 작심하고 몇 개의 돌멩이를 던졌는데 그게 '딱' 하고 정통으로 맞힌 행운을 누린 셈이다. 여성계는 호주제 폐지를 기점으로 크게 고무되고 영향력도 커져갔다.

내가 이런 기사를 쓸 수 있었던 근원에는 여성학이 있었다. 나는 여성학을 내 눈의 '안경'으로 곧잘 비유하는데, 여성학을 공부하기 전까지는 세상에 납득이 안 되고 부당한 일들이 너무 많았다. 하지만 여성학이라는 안경을 끼고 세상을 바라보니 왜 세상이 이렇게 돌아가는지, 문제는 어디에서 비롯됐는지, 이를 어떻게 풀어내야 하는지 등이 명확하게 인식됐다. 여성학이 없었으면 세상은 참 답답했을 것이고 나를 지탱해줄 내공도 기르지 못했을 것이다. 더구나 여성학을 공부하면서 만난 선후배와 동료들은 언제나 든든한 나의 원군이었다.

호주제 폐지 이후로 언론들은 '여성시대'를 외쳐댔다. '1호 여성', '여풍(女風)' 하는 식의 기사들이 줄을 이었다. 언론계 종사자라면 다 아는 말 가운데, "개가 사람을 물면 뉴스가 되지 않지만, 사람이 개를 물면 뉴스가 된다"는 말이 있다. 좀 거칠게 말하자면 '1호 여성' 뉴스는 사람이 개를 문 격인 것이다. 사실 나는 '여풍'이란 말이 싫었고 타당하지도 않다고 생각했다. 한두 명의 고위직이나 '1호 여성'이 탄생했다고 해서 금방 세상이 바뀌지는 않는다. 그런데 그런 기사를 자주 접하다

보면 사람들은 제비 한 마리(1호 여성 또는 여풍)가 봄(성평등)을 다 가져온 것 같은 착각에 빠지기 쉽다. 그래서 "한국에서 여풍은 아직 불지 않았다"는 제목의 칼럼을 썼는데, 편집국 간부가 동의할 수 없다고 해서 빠질 뻔하다 겨우 실리는 우여곡절을 겪었다. 하지만 이 기사는 이후 영어로 번역된 뒤 한국을 해외에 알리는 잡지에 실리는 영광을 얻기도 했다.

여성학 교과서 같은 기사도 많이 썼다. 2003년 10월에 "정부 예산 짤 때도 성(性) 따진다"라는 기사를 썼다. 요즘 말로 하면 '성인지예산'이다. 그리고 정책에 대한 '성별영향(분석)평가'도 소개했다. 아마도 '성인지'나 '성별영향평가'라는 말이 대중적으로 소개된 것은 내 기사가 처음이 아닌가 싶다. 도대체 어떤 독자가 읽으라고 이런 기사를 썼냐고 물으면 지금도 답은 궁하지만, 이보다 더 어려운 경제 용어들도 신문 제목으로 줄줄이 뽑고 이를 모르면 무안해 하지 않는가. 그런데 여성정책 용어는 몰라도 부끄러워하거나 알려고 하지 않으니, 이건 지식과 앎에 대한 성정치적인 문제다. 나는 주위 선후배나 동료 기자들에게 "공부 좀 하라"고 핀잔을 주곤 했지만 그 말이 별 효과 없었음은 물론이다. 성인지예산에 대해서는 후에 논설위원 시절 "예산에 남녀가 있다고?"라는 제목으로 또다시 칼럼을 썼다. 당시엔 별 반응이 없었는데 퇴직 때 논설위원실에서 기념패를 만들어주면서 이 칼럼을 동판에 새겨주었다.

여성면은
말랑말랑하게?

영광은 찬란하나 잠깐일 뿐이고 그늘은 길다고 했던가. 보도의 짜릿함은 한순간이고, 감내해야 할 어려움은 크고도 지난했다. 마감 시간에 쫓기고 동료 기자와 매번 경쟁해야 하는 기자의 하루란 긴장과 고달픔 그리고 자기 자신과의 싸움의 연속이다. 그중에서도 가장 힘들었던 것은 편집국의 남성 중심적 문화와 성차별적 인식이었다. 각오하고 시작한 일이지만, 현실은 항상 예상보다 어렵기 마련이다.

1990년대 초반까지만 해도 여기자는 1~3명 정도를 뽑는 게 관행이었다(2000년대 후반부터 기자 선발의 양상은, 최종 면접까지 올라온 남자는 무조건 다 선발하고 나머지 정원을 여성으로 채운다는 말이 나돌 정도니 참으로 격세지감을 느끼게 한다). 여기자 수가 적다 보니 편집국은 남자 기자 중심으로 돌아갔다. 업무 배치에서부터 사회의 차별적인 성별 분업의 굴레를 벗어나지 못하고 있었다. '여'기자는 여성부나 생활부, 아니면 잘해야 문화부에 배치됐다. 이들 부서는 언론사에서도 주변부에 속하고 기사의 사회적 영향력도 작다(요즘은 문화부가 최고의 선호 부서 중 하나지만 당시에는 그랬다). 기사 아이템으로는 말랑말랑하고 재미있고 가벼운 것들이 요구됐다. 정치·경제·사회면 기사가 힘 있고 비판적이고 사회적 파장이 큰 아이템을 선호하는 것과는 매우 대조적이다. 사회가 연성화되는 추세에 비해 신문 전체가 너무 어둡고 무거우니 균형을 맞춰야 한다는 논리도 여성 관련 기사를 더욱 가볍게 만들었다.

여기자들이 정치·경제·사회부로 배치되기 시작한 것은 1990년대 중반쯤부터였는데, 사회의 민주화와 여성의 사회 진출 분위기를 언론사도 외면할 수 없었던 것 같다. 물론 다른 한편으로는 정치부·사회부 등이 이른바 3D 부서로 점차 인기를 잃어가는 것과 무관하지 않다. 비인기 부서에 여성이 배치되고, 여성이 배치되니 가치평가가 더욱 낮아지는, 일종의 '여성의 주변화' 또는 '주변부의 여성화' 현상과 무관치 않은 점도 있다. 여하튼 후배 여기자들은 다양한 부서에서 유감없이 능력을 발휘했다. 다만 그때도 여성면의 내용과 관점이 달라지지 않은 것을 빼고 나면 편집국은 크게 달라졌다.

여성면에 보도되는 여성 이슈는 여성주의 관점의 기사라기보다는 '여성에 관한' 기사가 대부분이다. 일부 선배 여기자들의 문제의식과 각고의 노력으로 여성단체에서 제기하던 이슈가 기사화되긴 했어도 여성면의 주류가 되기는 어려웠다. 가장 큰 문제는 사안을 바라보는 관점이었다. 대표적인 것이 성(sexuality) 관련 기사였는데, 뿌리 깊은 편견이 그대로 반영돼 왜곡되기 십상이었다.

서울대 신 교수 사건이 사법부에 의해 처음으로 성희롱으로 판결났을 때, 다수의 언론은 "어깨만 툭 쳐도 3천만 원"이라며 희화화했다. 그리고 주류적 시각과 다른 관점으로 써내려간 내 기사는 데스크의 손을 거치면서 이상하게 고쳐지기 일쑤였다. 마감 시간을 지켜야 하는 초치기 근무 상황에서 논쟁을 하는 것은 거의 불가능하다. 더구나 일간지 기사는 길어야 원고지 5~7매 분량이니, 짧은 지면을 통해 독자를 설득하기는 더더욱 어려웠다. 매 순간 난감하고 답답하고 분통이 터졌다. 집에 돌아와 남편을 붙들고 목청을 높이는 시간이 갈수록 늘어났다.

가장 황당했던 일은, "은행 여직원 직무 구분, 또 다른 성차별"이란 제목의 기사와 관련해서다. 때는 1994년이다. 은행 업무를 종합직과 사무직으로 구분해 승진과 봉급에 차이를 두겠다는 것인데, 각 업무의 주요 담당자 성별이 너무나도 분명해서 실질적으로 여성 은행원을 차별하는 제도라는 비판 기사였다. 기사는 원래 내가 쓰려다가 편집국 분위기를 고려해 후배 남자 기자를 설득해 쓰게 했다. 기사를 출고한 날 오후, 취재를 다녀오니 편집국에 난리가 나 있었다. 편집국의 아주 높으신 분이 뒤늦게 기사를 보고 크게 호통을 쳤다는 것이었다.

"〈중앙일보〉여성면이 여성해방하는 면입니까?"

그리고 다른 기사로 대체하라는 명령이 떨어졌지만, 그때는 이미 시간적으로 불가능해져서 기사는 결국 보도되었다.

비단 이 기사 하나만이 아니다. 한국여성단체연합이나 한국여성민우회 등 이른바 진보적인 여성단체들이 1980년대 후반 발족된 뒤, 고용 불평등이나 가정폭력, 가사노동의 가치 등 여성주의적 의제들이 쏟아져 나왔고 나는 열심히 이들을 보도했다. 이 같은 기사들 때문에 여성면이 딱딱하고 무겁고 재미가 없다는 사내 여론이 강해졌다.

'여성'은 과연 어떤 존재일까? 여성면은 누구를 독자로 삼아, 무엇을 보도하는 지면일까? 이 점에서 기존의 편집 방향과 내 생각은 달라도 너무 많이 달랐다. 여성면에 대한 언론사의 편집 방향은 시대에 따라 변화해왔지만, 늘 가장 밑바닥에는 '여성-가정, 남성-사회'라는 성별 고정관념이 깔려 있다. 전업주부를 주요 독자층으로 삼아 살림과 가정을 꾸려나가는 데 필요한 정보를 제공하는 것이 2000년대 중반까지 유지됐던 여성면의 주요 역할이자 편집 방향이었던 것 같다. '여풍'이나

'알파걸' 같은 기사가 유행처럼 앞 다투어 보도될 때도 그 근저에는 언제나 '여성이 있어야 할 곳은 가정'이라는 고정관념이 뿌리 깊게 도사리고 있었다고 해도 과언이 아니다.

'여성해방면' 사건이 터지고 나서 몇 달 뒤 당시 유일한 여자 부장이었던 여성부장이 경질되었는데, 여성면의 편집 방향에 대한 편집국 전체의 혹평이 주요 원인 중 하나였다고 생각한다. 이후 〈중앙일보〉 여성부는 "독자에게 더욱 밀착된 뉴스를 전하기 위해서"라는 대대적인 홍보와 함께 '주부통신원'을 뽑아 10년 이상 운영했다. 모두 전업주부로 구성되었고 당시 유행하던 '미시족'들도 있었는데, 기사의 아이디어를 내거나 여성과 관련된 세태의 변화를 전하는 역할을 했다. 이들은 참으로 유능했고, 집 안에만 있기에는 아깝다는 생각이 절로 들었다. 하지만 이들 또한 알뜰살뜰 살림 정보나 가족관계를 잘 이끌어가는 데 도움이 될 만한 뉴스, 예를 들면 '이혼을 예방하는 부부관계' 같은 기사나, 치열한 입시 경쟁 속에서 자녀의 교육 컨설턴트로서 부모가 알아야 할 정보 등을 주로 원했다. 주부들의 사회적 존재가 그러했고 사회가 부과한 역할이 그랬으니 이를 벗어나기란 참 어려웠을 것이다.

주부통신원으로 대표되는 주부 독자층은 여성학이나 여성운동이 주로 다루던 의제들을 좋아하지 않았다. 이후 내가 주부통신원을 맡아 운영할 때《또 하나의 문화》가 제시한 '사회주부'라는 개념을 적용해보려 했으나 이 또한 먹히지 않았다. 나는 "개인적인 것이 정치적인 것이다"라는 여성주의의 주요한 명제에 힘입어 일상 속에 깃들어 있는 여성 문제를 끄집어내어 기사화하려 했지만 이 또한 쉽지 않았다. 예컨대 여성 운전자에 대한 무시와 비하에 대한 비판 기사를 썼다가 고위 간부가 트집을 잡는 바람에 진땀을 흘린 것은 한 예에 불과할 뿐이었다.

나는 경질된 선배 부장에게 정말 미안했다. 문제의 기사 대부분을 내가 쓰자고 기획했고, 그중 다수를 내가 썼기 때문이다. 그리고 이후 나의 수난사는 본격화됐다. 새로운 부장은 첫 회의에서 여성 문제나 여성단체 기사는 싣지 않겠다고 공언을 했고, 실제로 내가 담당했던 한국여성단체연합 등에 관한 기사는 일절 보도되지 않았다. 속사정을 모르는 단체에서는 특별히 부탁을 해오기도 했지만 오로지 내가 쓰는 요리 기사만이 보도됐다. 마음속에는 분노가 켜켜이 쌓이기 시작했고, 결국 편집국이 떠나갈 정도의 큰 소리로 부장과 싸운 뒤 다른 부서로 옮겼다.

정도는 좀 덜했지만 여성 이슈에 대한 관점의 차이는 내 기자 생활 마지막 2년인 논설위원실에서도 비슷했다. 2006~2008년 당시 내게는 기존의 여성전문기자에다 논설위원이란 직함이 하나 더 얹혔다. 당시만 해도 여성에 대한 사회적 인식은 매우 달라져 있었는데, 이에 비해 일부 논설위원들의 생각은 상대적으로 좀 지체되었다고나 할까. 중진급 남자 기자들이 논설위원으로 있다 보니 세대차가 작용했던 것 같다. 내가 논설위원이 되면서부터 젠더 주제를 놓고 시끌벅적 논쟁하는 일이 잦아졌고, 간혹 서로 얼굴이 벌게진 채 회의실을 나설 때도 있었다. 나는 토론에서 밀리지 않기 위해 열심히 자료를 찾고 반박 논리를 생각하느라 새벽잠을 설치기 일쑤였고, 머릿속은 언제나 바쁘고 복잡했다. 그래도 결과는 대체로 참담했다. 일부 남자 위원들이 거들어주긴 해도 나는 언제나 소수자였고, 사설 주제와 논조를 정하는 데 아무

결정권이 없었으니 그럴 수밖에. '필마단기'로 뛰어든 설움을 톡톡히 맛봤다고나 할까?

역차별 역풍에서
된장녀까지

한국 사회에서 여성운동과 여성부에 대한 역풍이 불기 시작한 것은 2000년대 중반 무렵인 것 같다. 개인적으로는 2004년 4월, 17대 국회 의원 선거가 있던 날 밤을 잊을 수 없다.

기자들은 밤을 새우며 개표 현황 기사를 쓰고 있었고, 나는 여성 의원의 수가 이전의 5퍼센트대에서 13퍼센트대로 급상승(?)했다는 기사를 작성하고 있었다. 그때 나는 여성전문기자로서 사회부 소속이었는데, 사회부장이 나를 불렀다.

"여자 국회의원도 많아졌으니 이제 여성부를 폐지하자는 칼럼을 쓰면 어떻겠나?"

한쪽으로 심하게 기울어진 저울을 이제 겨우 조금 바로잡았을 뿐 균형을 이루기에는 턱없이 부족하다고 생각하던 나로서는 황당하기 짝이 없었다. 순간 뭐라고 제대로 답을 못한 채 자리로 돌아왔던 나는 다시 부장에게 가서 이렇게 말했다.

"직접 쓰시죠. 부장 이름으로 나가면 무게감도 더 있을 텐데요."

평소 여성부를 여성편향부 또는 역차별부쯤으로 여기던 그는 비판이 두려웠는지, 아니면 생각이 달라졌는지 결국 칼럼을 쓰지는 않았다. 하지만 이후에도 몇 차례나 내게 여성부 폐지 칼럼을 권유했고, 나는 "교육부 폐지하라는 칼럼을 먼저 쓰면(당시 교육부가 논란의 중심에 있었다) 나도 이어서 여성부 폐지 칼럼을 쓰겠다"고 받아넘겼다. 속이 부글부글했지만 표정으로 보아서는 그도 나만큼 부글거렸던 것 같다.

여성에 대한 남성의 반감을 고조시키는 데 일조한 것 중 하나로 성매매방지법을 들 수 있을 것 같다. 2004년 9월 법이 시행되자 첫날부터 보도는 춤을 췄다. 경찰의 집창촌 단속 때문에 한국 경제가 기우뚱거린다는 보도부터 그 경제적 손실을 추론한 기사에다, 단속해본들 다른 유형의 성매매로 옮겨가는 풍선효과만 있을 뿐이라는 기사까지, 법 시행에 대한 온갖 비판과 시비뿐이었다. 여성단체들은 언론의 보도 태도를 비판했지만 다수의 시민들에게는 제대로 전달되지 않은 듯했다. 그 바탕에는 '성매매는 필요악'이라는 시각이 뿌리 깊게 자리 잡고 있었다.

나는 성매매 여성들의 재활 대책이 필요하다는 쪽으로 방향을 잡아가는 한편 외국의 경우 성매매를 심각한 범죄로 간주한다는 것, 특히 성매매 알선업자와 성매매 수요자를 중하게 처벌한다는 쪽으로 보도의 방향을 틀었다. 이를 위해 편집국에서 장시간 토론을 해서 다행히 내 말이 어느 정도 먹혀들긴 했지만, 전체 언론의 기조를 잡기에는 역부족이었다.

성매매와의 전쟁은 10년 세월이 흐른 지금까지도 큰 변화를 이끌어내지 못하고 있다. 문제의 뿌리가 깊은 데다 이를 근원적으로 해결하기가 워낙 어려워서다. 호주제 폐지가 조선시대 500년 역사의 한국 가부장제와의 싸움이었다면, 성매매와의 전쟁은 인류 역사만큼이나 오래된 여성폭력에 대한 저항이자 도전이었으니.

다른 한편 성매매 폐지 운동에 대해서는 되짚어볼 점 또한 있다. 당시 여성계는 호주제 폐지의 여세를 몰아, 진보 정권 하에서 진보적인 장관이 있을 때 성매매방지법을 만들어내야 한다는 조바심이 있었던 듯싶다. 호주제가 폐지되는 데는 약 50년이라는 길고도 긴 운동 기간이 있었지만 성매매와의 전쟁은 그 기간이 짧았다. 입법이 가능한 시기에 입법화하겠다고 방향을 잡은 것은 일리 있는 전략이었지만, 시민들의 공감대를 폭넓게 얻는 데는 일정한 한계가 있었다. 성매매의 폭력성을 드러내면서 성(sexuality)의 의미에 대한 시민교육도 하고, 여성계 내부의 여러 갈래의 입장도 정리하는 등 밀고 당기기의 과정은 그때도 필요했고, 지금도 여전한 과제라는 생각이 든다.

호주제 폐지와 성매매방지법 시행, 알파걸과 여풍, 여성의 정치세력화 및 할당제, 세계여성포럼 및 세계여성학대회 개최 등 사회 분위기가 고조되면서 세상은 바뀌어가는 듯했다. 하지만 다른 한편으로 사이버 세계에서는 '페미×', '꼴페미' 등의 용어가 난무하고, 역차별임을 주장하는 반(反)여성연대가 활기를 띠기 시작했다. '된장녀'라는 말이 유행하면서 이는 '개똥녀', '김치녀'와 같은 'ㅇㅇ녀' 시리즈를 낳은 뒤 결국은 여성을 혐오하는 욕설로 이어졌다. 여성을 경쟁자로 여기고 여성이 남자들의 권력과 자리를 약탈해간다는 근거 없는 피해의식이 낳은 결과라 할 수 있다.

편집국에서도 '성차별'이라는 말보다 '역차별'이란 말이 더 많이 거론되기 시작했다. 여성단체 대표들이 보수·진보를 막론하고 정계로 진출하는 것도 표적이 되었다. 당시 함께 일했던 남자 부장들 중 몇 명은 역차별과 여성혐오 등에 깊이 동조하고 있었던 것 같다. 아니, 실은 여기자들 중에서도 일부는 "이제 성차별은 없다, 제발 할당제 같은 얘기는 안 했으면 좋겠다, 차별을 거론하는 것은 열등감 때문이다"라는 말까지 가끔 나오곤 했다.

그렇게 2005~2006년 즈음엔 기사 작성까지 끝냈지만 보도되지 않는 내 기사가 늘어만 갔고, 일부는 아예 기획 단계에서 무시되는 수모를 겪는 일도 다반사로 생겨났다. 저출산이나 경력 단절 여성들을 주제로 한 시리즈 기획기사 등은 지금 생각해도 참으로 아까운 주제들이다. 몇몇 남자 부장들의 개인적 편견과 성차별 의식도 심했지만, '역풍'이라는 반동적 사회 분위기도 이들의 생각을 부추겼다. 후배 여기자들 중 몇몇은 "선배도 이제 생각을 바꾸든지, 아예 여성전문기자를 포기하라"는 애정 어린 충고를 하기도 했다. 나는 왜 내가 기자를 하려 했던가, 무엇을 하려 했던가를 돌이켜 생각하지 않을 수 없었다. 기자를 그만둬야겠다는 생각이 갈수록 커졌고, 마음의 병도 깊어만 가던 때였다.

고슴도치 사랑, 기자와 여성운동

어려운 시절에는 동지가 되기 쉽다. 나를 포함한 여성 담당 '여'기자들은 젠더 문제와 관련해 사회운동을 하듯 기사를 썼다고 해도 과언이 아니다. 2000년 이전까지만 해도 그랬던 것 같다. 비교적 엘리트로서 성차별을 덜 받고 자랐다 하더라도 남성 중심적 사회에서 어느 정도는 구박과 차별을 받고 자랐으니, 누가 꼭 가르쳐주지 않아도 몸이 그걸 알아차렸고 머리가 저절로 이해했을 것이다. 성차별이나 성희롱 등의 문제가 남의 문제가 아니라 나 자신의 문제라고 생각하고 열렬히 취재하고 보도했던 것 같다. 여성단체에 취재를 가면 비판보다는 걱정을 먼저 해주고 주머니를 털어 후원금을 내기도 했다.

여성계 인사들이 나 같은 여기자들을, 함께 손잡고 세상을 바꿔갈 파트너로 생각했는지는 잘 모르겠다. 물론 일부 취재원들은 나의 고투와 젠더 문제에 대한 열정과 전문성을 칭찬하면서 취재에 잘 응해주기도 하고, 토론회가 있을 때면 발제자나 토론자로 초대하기도 했다. 호주제 폐지 특종 보도를 할 수 있었던 것도 평소의 신뢰관계가 없었더라면 불가능한 일이었을 것이다.

하지만 대체로 여성단체나 여성 관련 인사들은 언론을 홍보 수단으로만 여기는 경향이 적지 않았다. 다른 출입처보다 보도자료가 덜 다듬어져 있고 기자 응대하는 법도 세련되지 못하다 보니, 기자들이 취재원으로서의 여성단체를 싫어하고 기피하는 경향이 없지 않았다. 소수자나 약자의 논리는 사람들에게 불편하기도 하고 무엇보다 낯설다. 그 점을 감안한다 해도 나 역시 답답할 때가 더러 있었다. 논설위원실에서 아침마다 논쟁을 할 때면 상대방을 어떻게 설득하고 공감대를 넓혀가야 할지가 참 고민이었는데, 여성계는 주장에 비해 반대편을 설득하려는 논리 면에서 아쉬울 때가 적지 않았다.

언론계에서 취재원과 기자 사이를 일컬을 때 흔히 쓰는 말로 '불가근불가원(不可近不可遠)'이란 말이 있다. 너무 가깝지도 말고, 너무 멀지도 말라는 뜻이다. 너무 멀면 취재가 안 되고, 너무 가까우면 언론 본연의 역할인 비판을 못하게 되기 때문이다. 기자도 사람인지라 끊임없이 애쓰고 의식하지 않으면, 취재원과 기자 사이가 얼마나 '불편한 관계'여야 하는지를 잊고 한순간 '홍보요원'으로 전락하기 십상이다.

그렇다면 여성운동과 기자와의 관계는 어떠해야 할까? 나는 '고슴도치 사랑' 정도가 딱 맞다고 생각한다. 사랑하되 너무 가까우면 바늘이 서로를 찔러 오히려 상처를 남기게 되는 사랑 말이다. 나는 기본적으로 여성운동에 공감하고 그들의 활약상을 열심히 보도했다. 하지만 너무 사랑한 나머지 문제조차 눈감아주면 기자 본연의 자세를 잃게 되며, 비판 없는 운동은 그 자체로 건강성을 상실할 수도 있다. 그래서 비판할 일이 있으면 언제라도 따끔하게 비판하자고 나는 속으로 다짐했다.

내가 여러 차례에 걸쳐 여성 단체장들의 정계 진출과 관련해 비판적인 기사와 칼럼을 쓴 것도 그러한 문제의식의 일환이었다. 여성의 정계 진출이 워낙 미진해 세력화해야 한다는 주장에는 공감했지만, 임기가 끝나면 정계로 진출하는 것이 수순인 것처럼 관행화되는 것은 보기 좋지 않았다. 여성계도 고심했을 터이고, 정계로 진출해야 할 사유가 분명 있었겠지만, 무조건 이해만 하기에는 여성운동을 정계 진출의 발판으로 이용한다는 비난 여론이 컸다. 덩달아 여성운동을 바라보는 눈초리도 좋지 않아 여성단체의 다른 기사를 쓰는 데도 걸림돌이 되곤 했다.

2006년 6월, 한국여성단체연합의 빌딩 건립 계획에 대한 내 비판 기사는 여성계를 떠들썩하게 했다. 대표적인 진보적 여성단체인 한국여성단체연합이 60억 원을 모금해 건물을 짓는데, 여기에 이곳 출신의 장관, 국회의원, 청와대 인사가 모금을 권유하는 '이끎이'로 참여했다는 내용이었다. 나는 여야를 불문하고 평소 정·관계 인사들이 사회단체를 위해 후원금을 내라고 권유하는 '이끎이'로 활동하는 것은 문제라고 생각해왔다. 그들이 현실 권력의 한가운데 있다는 그 자체만으로 기업 등에 영향을 주거나 간접적 압력이 될 수 있기 때문이다. 더구나 한국여성단체연합은 한국 여성운동의 구심점이자 그 영향력도 컸기에, 스스로 엄격한 잣대를 적용하고 이를 통해 국민들로부터 더 큰 신뢰를 얻어야 한다고 생각했다. 비공개 발족식이라 나는 모르고 있다가, 이날 행사에 참석했던 어느 지인이 문제가 있다며 귀띔해준 덕에 기사를 쓰게 됐다. 여성운동에 대한 역풍도 만만치 않던 시절이라 악용될 소지도 있고 기사의 파장이 어떻게 번져나갈지도 몰라, 여성계 인사 몇 분에게 의견을 구했다. 문제가 있으면 지적하는 게 기자의 소임이 아닌가라는 의견을 듣고서야, 약간의 망설임 끝에 결국 보도를 했다.

파장은 그야말로 대단했다. 한국여성단체연합은 내 기사가 악의에 찬 왜곡이며, 보도 윤리를 저버린 허무맹랑한 기사라고 맹비난을 퍼부었다. 이 한 꼭지의 기사로 이후 나는 한국여성단체연합 쪽으로부터 완전히 '왕따'를 당하고 두고두고 비난을 샀으며, 그 여파는 최근까지도 지속됐다. 그 다음해 한국여성단체연합 20주년 기념행사에서 그간의 나의 기자 활동을 평가해 상을 주기로 했다가, 이 기사를 문제 삼아 취소하는 해프닝도 있었다고 들었다.

이 기사 이후 한국여성단체연합은 후원금 모금에 상당한 애를 먹었고, 불가피하게 규모도 줄이고 완공도 늦어지는 고생을 했으니 나를 크게 원망할 만하다. 내가 나중에 퇴직 후 시민사회단체를 돕는 과정에서, 단체들이 사무실 때문에 얼마나 고생하는지를 절감하게 되면서 내 미안함은 더욱 커졌다. 그렇다고 해서 기사를 쓰지 않는 게 옳았을까? 내 기사는 정론 보도 윤리에 충실했을 뿐 어떤 악의도 없었거니와, 사실 관계에서 틀린 점도 없었다. 많은 여성계 인사가 그런 기사를 왜 썼냐고 물어왔는데, 그중 다수는 여성단체와 사이가 나빠서 좋을 게 뭐 있냐는 염려 아닌 염려를 해주었다. 안에서는 여성주의적 기사를 쓴다고 구박을 받고, 밖에서는 비판 기사를 썼다고 왕따를 당하고, 내 기자 생활 18년은 그렇게 끝나가고 있었다.

경계 사이에서
새로 난 길 하나

2008년 2월, 나는 국가인권위원회 상임위원으로 옮겨가면서 기자 생활을 접었다. 고은 시인의 시 중에 〈그 꽃〉이라는 시가 있는데, 단 3행으로 아주 짧은 시다.

내려갈 때 보았네
올라갈 때 못 본
그 꽃

나 또한 올라갈 때 몰랐으나 내려와서 본 나의 기자 생활 18년을 이렇게 정리해보니 여러 생각이 교차한다. 내가 기자로서 일하던 때와 지금의 언론 상황은 너무도 달라져서, 이 글을 쓰면서도 그 의미를 되묻곤 한다. 이 글 자체가 언론이라는 녹록지 않은 환경에서 여성주의를 전파해보겠다고 나선 한 페미니스트 기자의 활동을 기록한 또 하나의 여성사(herstory)로 읽어주면 좋겠다고 생각했다. 신문 기사를 통해 여성들의 살아 있는 여성사를 써보겠다던 기자 초년병 시절의 꿈은 얼마나 이뤄졌을까? 기자는 취재를 통해 재료를 모으고 기사를 통해 한 상 차려내는 요리사에 비유할 수 있는데, 여성주의 관점의 기사는 재료도 낯설거니와 요리도 못 보던 것이라 독자의 젓가락이 선뜻 가지 않았던 것 같다. 게다가 짧은 시간에 새로운 요리를 하려니 레시피도 불완전하고, 요리법도 완전히 달라 애를 먹게 된다. 그러니 주방장(편집국 고위 간부) 또한 이를 싫어할 수밖에 없는 것 같다. 이쪽 저쪽에서 다 환영받지 못했으니 내 입맛은 씁쓸하다.

독자의 입맛에 맞출 것인가, 아니면 여성운동이라는 레시피를 갖고 새로운 요리에 도전할 것인가? 국민의 입맛을 서서히 변화시킬 것인가, 아니면 상큼발랄한 봄나물처럼 단번에 입맛을 사로잡을 것인가? 어떤 기사를 써야 할 것인가를 고민하는 기자라면 놓치지 않아야 할 화두이지만, 여성운동가와 연구자도 고민해봐야 할 숙제라고 생각한다. 한 발자국? 아니면 반 발자국? 독자의 눈높이나 역사의 눈높이보다 얼마나 앞서가는 것이 적절할까? 언론은 독자보다 반 발자국 정도 앞서가고, 여성운동보다는 반 발자국 뒤에 있으면 적당하지 않을까 생각하면서 기자 생활을 했다. 하지만 여성운동은 그 자체로 다양하기 때문에 그게 그렇게 말처럼 잘 되지는 않는 것 같다. 글은 독자와의 대화다. 훌륭한 기자라면, 그리고 훌륭한 여성운동가라면 상대의 언어를 사용해야 할 것이다. 그런데 우리는 여전히 적절한 언어도, 소통적인 언어도 잘 발굴하지 못한 것 같다.

여기자의 수는 이전과 비교할 수 없을 정도로 늘어났다. 이 같은 상황이 언론을 어떻게 변화시키고 여성 의제의 보도에 어떤 영향을 끼쳤을까? 최근에는 여성면을 별도로 두고 있는 언론사는 드물다. 패션이나 요리, 인테리어 등에 대한 보도도 문화적으로 해석하거나 문화산업으로 다루는 추세다. 언론사에 여성면을 별도로 두는 것이 바람직한가, 아니면 모든 기자가 젠더적 관점을 갖고 보도하는 게 좋을까? 이론적으로는 후자가 더 맞겠지만, 문제는 기자들의 젠더 감수성이 그렇게 썩 높아 보이지 않는다는 거다. 내 눈에는 여전히 성차별은 교묘하게 작동하고 있고, 젠더 문제는 비정규직이나 노인, 청소년, 빈곤 등의 양태와 결합돼 더욱 복잡하게 나타나고 있다. 하지만 많은 국민들이 이제 성차별은 웬만큼 해결되었다고 믿고 있는 듯하다. 그렇다면 여성학이나 여성운동은, 남녀 모두가 함께 즐겁고 행복한 세상을 만들어가기 위해 언론과 어떤 파트너십을 만들어가야 할까? 남겨진 숙제가 많다.

짧지 않은 기간 동안 기자로 일하면서 나는 신문사 편집국과 여성운동, 여성 독자와 여성주의자라는 양 진영의 경계에 살짝 걸쳐 있었던 것 같다. 어느 쪽에도 속하고 싶지 않아 그런 것은 아니었다. 오히려 나는 기자와 여성주의자라는 정체성을 동시에 갖고, 양쪽을 잘 엮고 잘 녹여보려고 무던히도 애를 썼다. 하지만 어느 쪽으로부터도 기댈 만한 언덕을 찾지 못한 채 주변부만 맴돌다 만 것 같은 느낌을 지우기 어렵다. 열정은 있었지만 능력이 부족했고, 간절함은 컸지만 공감을 불러일으키기엔 넉넉하지 못했던 것 같다. 굳이 자위하자면, 그 경계 사이에서 흐릿한 길 하나를 찾아내 돌멩이도 골라내고 가시도 뽑는 일을 했다고나 할까? 그래서 우리 모두가 행복한 새로운 세상으로 나아가는 작은 길 하나를 닦는 데 조금 힘을 보탰다고나 할까? 이제 소망은 하나다. 많은 사람들이 그 길을 따라 걸어가면 좋겠다.

원미혜

서울시 늘푸른여성지원센터 소장

당신의 성(性)은 안녕하십니까? :

성 거래와 구별짓기에 대한 도전

07

시민감시단이
열성적인 이유

인터넷과 스마트폰을 열면, 성(性) 거래*의 세계로 초대하는 광고가 북적인다. 전철역이나 주차장 주변에는 성적 서비스를 홍보하는 전단지가 융단처럼 깔려 있다.

지난 2013년 서울시에서는 시민감시단 천 명을 모집하는 공고를 냈다. 공권력의 접근만으로는 한계가 있기 때문에 시민들이 직접 음란물이나 성매매 알선·광고 등을 모니터링해서 신고하는 감시활동이 필요했다. 모집이 잘 안 될 것에 대비해 신청서를 들고 발품을 팔 준비를 했으나, 우려와는 달리 일주일 만에 조기 마감됐다(1253명). 각종 게시판에는 감시단의 활동을 응원하고 지지하는 댓글이 쏟아졌고, 신청 마감

●   이 글에서 본격적으로 다루는 주제는 성매매(prostitution)다. 그러나 성매매라는 용어는 성교(intercourse)를 중심으로 한 개념이기 때문에, 성과 관련된 다양한 거래를 다루는 데는 한계가 있다. 따라서 이 글에서는 '성(교) 매매' 행위를 포함하는 좀 더 포괄적인 용어로 '성 거래(sex trade)'를 함께 쓰고자 한다.

이후에도 가입을 요청하는 전화가 여진처럼 이어졌다. 모집에 국한된 호응만은 아니었다. 이들은 온·오프라인에서 자체 모임을 갖고 새로운 형식의 게릴라 캠페인을 벌이기도 하고, 나아가 음란 사이트 운영자를 직접 고발하는 등 상당히 주도면밀하게 움직였다.

'그런데, 왜들 이렇게 열심히 하지?'

직장인들이 휴가를 내고 대학생이 공휴일까지 헌납하는 모습을 보니 나도 모르게 이런 질문이 나왔다. 여러 가지 이유가 있겠지만, 참여자의 90퍼센트 이상이 여성이고 특히 20대, 전체적으로는 여대생들이 가장 많다는 사실이 눈에 띈다. 여성들은 인터넷이나 전단지 등에서 알몸 사진이나 여성 비하적인 선정적 문구가 담긴 광고들을 볼 때 수치심을 느끼기 마련이다. 나아가 '공개적으로 성희롱을 당하는 느낌', '너도 그런 존재라는 것을 말해주는 듯'한 모멸감을 받기도 한다. 이렇듯 성산업과 관련된 문제는 행위 당사자의 성별뿐 아니라 시민들의 태도에서도 선명한 차이를 보인다. 그만큼 여성들의 공감과 호응이 높을 수밖에 없다. 그러나 아무리 불쾌하고 불편해도, 이제까지 여성들은 성산업의 적나라한 현실과 상황을 최대한 피하는 전략을 취해왔다. 성적인 것 자체가 수치심을 느끼게 하고, 그 주변을 서성이다간 자칫 자신도 오염된 존재로 오인받을 수 있기 때문이다.

그러나 이 감시단 여성들은 '빨간 그네', '전립선 마사지' 등 인터넷상의 기상천외한, 그동안 여성의 접근이 금지되어온 성산업 시장을 종횡무진한다. 성산업 사이트를 구석구석 검색하고, 심지어는 회원으로 가입해 증거 자료를 수집하고 신고하는 등 번거로운 일도 마다하지 않는다. 적나라한 성행위, 여성이 등급 매겨지고 흥정되는 현장을 목격하는 일은 결코 쉬운 일이 아니다. 그럼에도 10개월 동안 신고 건수가 5만 건이 넘었고, 실제 삭제 건수도 3만 건을 웃돌았다. 시민공동체의 힘과 활기를 실감한다.

이들의 활약은 얼마 전 여학교 앞 '바바리맨'을 잡은 태권소녀들과 겹친다. 그 맨(?)은 시대를 넘어 전국 어디에서나 출몰했기에, 나 역시 초중고 학창시절 그 맨의 '공연음란행위'를 수없이 접해왔다. 그러나 '꺅~' 소리를 지르며 도망치거나 기껏해야 냉소적인 코웃음을 날리는 정도였지, 단 한 번도 그 맨을 잡아볼 생각은 하지 못했다. 그러나 이 시대의 10대, 20대들은 이제 '꺅~ 하고 놀라주는' 전형적인 여성 역할을 집어치우고, 모욕감을 준 주범을 쫓아가 그를 응징하려 한다.

내가 이들의 활약을 특이하게 생각하는 이유가 여기에 있다. 다른 연령대도 아니고 성적 수치심에 대한 민감성이 가장 높은 젊은 여성들이 성적인 현장을 '정면으로' 주시하고 있다는 점이다. 여기에는 성적인 상황에 노출되는 것을 자신의 수치심으로 동일시하던 심리와는 상당히 다른 방식의 심리가 작용한다. 성 자체가 수치스러운 것은 아니며 나아가 나 자신이 수치스러워지는 것도 아니라는, '성─수치심─여성 자아' 사이에 거리감이 생긴 것이다. 성적 모욕과 추행, 여성 알몸 등의 성적 표현물, 성적 거래 등이 단지 성적이기 때문에 비도덕적이어서 문제인 것이 아니라, 현재의 문화적 상황에서 여성에게 모욕과 수치심을 느끼게 하도록 코드화되었기 때문이라는 사실을 자각하기 시작한 것이다.

나는 이러한 간극이 성에 기반한 남성 지배를 변화시킬 상당한 잠재성을 갖는다고 생각한다. 사실 수치심 유발은 지배와 배제의 가장 손

쉬운 전략이고, 회피와 냉소적 반응이야말로 가장 흔한 복종의 표현이다. 수치심으로 도피하지 않는다는 것은 그 공간으로부터 배제되지 않음을 의미한다. 모욕감과 수치심을 유발하는 '그 행위'를 똑바로 주시하고 이를 제거하려는 노력이야말로 공간을 획득하기 위해 선취해야할 기본적인 태도다. 이러한 심리적 탄탄함과 더불어, 태권도 4단인 소녀의 몸과 인터넷에 능숙한 기술 역시 변화하는 세대의 여성 파워의 근간이 아닐 수 없다.

그러나 여성이 넘어야 할 산은 아직 높고도 험하다. 여성의 성이 거래되는 행위는 사회적 통념과 관행, 제도와 구조를 고스란히 배태하고 있기 때문이다. 오랜 시간 동안 여성주의는 성매매 문제에 스며 있는 우리의 습관화된 인식과 사회체계에 근본적인 문제를 제기하고 대안을 만들어왔다. 이 글에서는 그동안 성이 거래되는 문제를 해결함으로써 이 사회를 변화시키고자 했던 여성주의의 노력과, 지금까지 내가 만난 물음과 체험들을 나누고자 한다.

일상적이고 광범위한 성 거래, 수치와 모욕을 정면으로 응시하다

성매매에 대한 여러 가지 논쟁에도 불구하고, 우리 사회 대부분의 사람들은 성매매라는 주제에 대해 거부감과 불편함을 갖고 있고 사회적으로도 문제라고 생각한다. 예컨대 서울 시민들은 주변의 성산업으로 인해 "안전에 위협을 느끼고"(55%) 있으며, "다른 지역으로 이사를 고민"(46%)하는 것으로 조사됐다("서울 시민 절반 성매매 광고에 매일 노출", 〈한겨레〉, 2013년 11월 12일). 그런데 그 불편함의 이유는 "우리 자녀들이 보게 될까봐", "내 남자친구가 그런 걸 하면 안 되니까" 등 성윤리나 내 가족(특히 자녀)의 안녕의 문제가 다수를 차지한다. 이러한 반응은 '성매매는 필요악'이라는 인식에서 한 발짝 나아간 것이긴 하지만 상당히 제한적이다. 성매매 문제를 개인의 '일탈'이나 '성도덕'의 관점으로만 보게 되면 성매매를 가능하게 하는 핵심적인 문제들을 놓치게 될 뿐만 아니라, 그 해결책에 접근해가기도 힘이 들기 때문이다.

사실 성매매를 둘러싼 여성주의의 물음들은 성윤리적 측면을 넘어 좀 더 근원적인 문제들을 향하고 있다. 우리가 성에 대한 어떤 패러다임 속에서 인식하고 행동하며 살고 있는지를 되묻고 있기 때문이다. 특히 여성주의는 '정상적인' 성도덕의 차원을 넘어 성매매라는 주제를 통해, 누대에 걸쳐 쌓여온 거대한 차별의 역사에 대항해왔다. 성매매 문제를 젠더 관점으로 접근하는 데 가장 기본적인 작업은 질문의 방향을 바꾸는 일, 즉 문제가 생기면 여성이 비난받고 통제되는 관행과 통념을 전환시키는 것이다. 성매매 문제를 사유할 때 전통적인 방식은 '누가, 왜, 성을 파는가?'에 초점을 맞추는 것이었다. 그러나 이러한 질문에 집중하다 보면, '누가, 왜, 성을 사길 원하고 그러한 문화를 필요로 하는가?'의 문제들은 생략되기 마련이다. 사실 성별과 구매자/판매자의 위치를 바꿔보면 무엇이 문제인지가 좀 더 선명히 드러난다. 만약 성을 파는 대다수가 남성이고 여성들의 과반수가 1년에 한 번 이상 성을 구매하는 현상이 일어난다면 어떨까? 현재 한국 사회에서 남성들이 그렇게 하고 있듯이 말이다.

공식적으로 성매매는 '나쁜 성(bad sex)'에 해당하지만, 비공식적으로는 성별에 따라 성규범이 다르게 적용되어왔다. '남성의 성은 곧 본능이자 능력'이라는 남성 지배적 성의 각본은 남성의 성 구매 행위를 용인하는 성의 이중규범을 가능하게 한다. 성매매 문제는 군대문화, 접대문화, 그리고 성적 욕망을 부추기는 성산업이나 성의 상품화 등 성의 상업적 매매를 필요로 하고 이를 가능하게 하는 사회·문화 전반의 문제로 확장된다. 여성주의에서 성매매 문제는 단지 성을 사고파는 '그들'만의 문제가 아니라, '나'의 성과 관계들, 나아가 섹슈얼리티 전반에 대한 근본적인 성찰을 요구한다. 성매매는 가부장제 사회에서 여성의 섹슈얼리티가 대상화되고 거래되기를 강요받는 광범위한 구조와 일상적 문화와 무관하지 않기 때문이다.

우리 사회는 남성의 경제적 자본과 여성의 몸을 교환하는 문화에 익숙하다. 여성들은 어떤 남성에게 선택받느냐가 중요하고, 남성들의 경제적 배려에 대해 여성들은 몸의 대여로 보답하곤 한다. 여성들의 사회화는 곧 성애화되는 과정이라고 주장될 만큼, 어려서부터 '여성 존재의 가치는 남성의 성적 욕망의 대상이 되는 것에 있음'을 습득하며 성장한다(프리가 하우그 외, 《마돈나의 이중적 의미 : 슬레이브걸과 일상적 성사회화》, 박영옥 역, 인간사랑, 1997). 여성들은 "젠더화된 성적 재현의 일상 속에서 자신을 상품화하는 것을 통해 자기 가치와 생존 방법을 터득"하고(김은실, 〈성산업 유입 경험을 통해서 본 십대 여성의 성과 정체성〉, 《여성의 몸, 몸의 문화정치학》, 또하나의문화, 2001), 좀 더 쉽게 성산업에서 일하는 것을 선택하기도 한다. '섹슈얼리티의 매춘화', '여성노동의 성애화', '성의 상품화' 등의 개념은, 노동이나 문화 등 공적 영역은 물론 개인적 관계에서까지 성이 거래되는 보편적인 현상을 드러낸다. 즉 성매매는 우리의 일상과 유리된 특정한 현상이 아니라, 광범위하고도 일상적인 문화의 연속성 속에 존재한다. 남성의 성적 대상이 되는 것을 자연스럽게 습득하는 성애화 과정과 이를 부추기는 상품화가 성매매 문화와 연결되어 있는 것이다.

혹자는 섹시함이 강조되는 사회에서 여성이 성적 존재로 취급받는 것이 무슨 문제냐고 반문할지 모른다. 그러나 여성이 성적 존재로 취급받는 것은 특별한 의미를 구성한다. 우리 사회에서 여성의 성(sexuality)은 '낚는다', '차지한다', '따먹는다' 등 남성에 의해 취하고 획득되는 것으로 존재한다. 그리고 여성은 남성의 부, 권력, 폭력 등에 의해 '낚이는' 수동적 존재로 취급된다. 남성 지배적 문화 각본 하에서 성적 존재로 취급된다는 것은, 여성이 인격적인 존재가 아닌 남성을 위한 성적 대상, 곧 성기로 환원됨을 의미한다. 여성이 어떤 생각과 능력을 가진 존재이든 그녀는 '여자'일 뿐이고, 몸으로 환원된다. 여기서 몸은 곧 성기, 남성의 쾌락의 도구임을 의미한다.

이런 점에서 성매매라는 주제는 '여성'을 더 많이 불편하게 한다. 성을 사는 대다수가 남성이고 성을 파는 대다수는 여성이지만, 성별의 문제는 단지 사고파는 당사자만의 문제가 아니다. 앞서 서울시 시민감시단 활동에서도 볼 수 있듯이, 이 문제를 바라보는 시민들의 태도에서도 성별에 따라 선명한 차이를 보인다(gendered). 즉 성매매 문제는 남성들에게는 그저 사회적 문제일지 모르지만, 여성에게는 '여성'이라는 공동의 꼬리표를 상기시키는 기표이기도 하다. 성매매라는 무대에 등장하는 '여성'은 '남성의 성욕의 대상, 물건처럼 팔릴 수 있는 존재',

'너도 그런 존재'라는 것을 각인시켜주는 역할을 한다.

여성주의의 목표가 여성의 가능성을 확장하는 것에 있는 것이라면, 성매매에서 표현되는 여성상은 남성 중심적 판타지에 기대고 있다. 성폭력, 성희롱, 성매매, 나아가 결혼이나 연애에서의 성 안에 깃든 권력의 문제, 이것들은 각각 차이가 있지만 성적 대상화, 거래와 지배문화라는 큰 틀에서는 연속선상에 놓여 있다. 남성의 성적 대상이 되는 것은 남성이 원하는 방식대로 여성을 타자화하는 것이고, 여성은 "모든 것을 받아주고 남성 권력을 맘껏 펼칠 수 있는 존재"로 그려진다(우에노 치즈코,《여성혐오를 혐오한다》, 나일등 역, 은행나무, 2012). 물론 이는 남성들의 판타지다.

성산업 광고들은 이러한 남성의 판타지와 정복욕을 부추긴다. 남성 지배 사회에서 성매매의 역할은 사회의 밑바닥을 확립하는 것이다. 성매매를 통해 여성들은 물건처럼 취급될 수 있는 존재라는 것을 확인해준다. 이 사회에서 모든 남성들은 그 남성이 실제로 성을 구매하든 안 하든, 여성들이 성을 판다는 사실 그 자체로 이익을 본다. 직접적인 돈으로 매개되는 성의 매매에서 그 권력관계는 좀 더 명확하다. 성매매는 이러한 남성 지배의 성 각본을 담아낼 수 있는 원형, 남성의 판타지를 가장 잘 실현시킬 수 있는 가능성의 그릇이다. 물론 남성 판타지가 현실에서 언제나 실현되고 그 힘을 발휘하는 것은 아니다. 성매매는 다른 성적 실천들과 전혀 다른 세계를 보여주는 것이 아니라, 남성의 욕망이 현실화될 수 있는 가능성의 적나라한 조건을 보여줄 뿐이다.

한국 사회에서 성을 파는 일을 하고 있는 여성은 33만 명에서 120만 명으로 추정되고 있고, 성매매 산업의 규모는 약 24조 원으로 농림어

업과 맞먹는 규모라는 조사도 있다(한국형사정책연구원, 〈성매매 실태 및 경제 규모에 관한 전국 조사〉 보고서, 2002). 그동안 한국의 여성주의자들은 여성이 빈곤에 취약할 수밖에 없는 구조, 성별화된 노동 시장과 성의 상품화 현상, 성산업의 착취 구조 등을 비판하면서 '대안' 마련에 고심해왔다. 특히 성매매방지법 시행을 전후로 성 판매 여성의 법적 문제 해결, 경제적 대안 마련, 주거 공간 제공, 정서적 지원 등을 포함해 충분하진 않지만 여러 가지 대안들을 모색하고 확충해왔다. 그러나 반(反)성매매 운동이나 정책은 '클린', '건전한' 등의 용어 사용에서도 드러나듯 성도덕이라는 기존 질서에 기대고 있고, 자칫 순결주의나 여성 규율의 강화로 이어질 수 있다. 이는 이러한 운동의 목표가 단지 성매매 근절이라는 단일 목표에 머물러서는 충분하지 않음을 보여준다. 여성주의는 '정상적인 성도덕'을 옹호하는 것이 아니라, 오히려 그 '정상성'에 깃든 허구를 드러내왔다. 남성 지배 사회에서 '건전한 가정 내의 성 vs 불온한 성'이라는 이분법적 구분에 의한 안전지대는 실재하지 않는다. 성매매 문화는 일상적인 성 거래에 뿌리를 두고 있다. 이상적인 성도덕에 대해서는 개인적 편차가 있을 수 있지만, 성매매에 대한 여성주의의 비판의 핵심은 남성 지배적인 성, 그동안 묵인되고 유지돼온 성적 관행에 있다는 사실을 기억해야 한다.

뒤집기의 힘,
누가 통제되고 있는가?

성폭력·성매매 등 사회적 이슈들이 불거질수록 오히려 여성들의 행동반경이 제한되고 위축되는 현상을 어떻게 이해해야 할까? 사회적 문제들, 특히 성과 관련된 대책들은 '통제'와 민감하게 연동된다. 어떤 문제를 해결하기 위해 과연 누구를, 어떤 방식으로 통제하고 제한할 것인가는 현실적이고도 정치적인 사안일 수밖에 없다. 여기에는 성별이나 계급 등이 민감하게 작동하기 마련이다. 성폭력이 이슈화되면 여성들은 옷차림, 밤길이나 술자리 피하기 등 행동거지를 더욱 조심하도록 강요받는다.

이러한 관습화된 통념과 질문의 방향을 바꾸는 유명한 일화가 있다. 여성으로 이스라엘의 총리가 된 골다 메이어는, 성폭력을 예방하기 위해 여자들의 야간 통행을 금지시키자는 제안을 듣고 "성폭력을 예방하려면 여자가 아니라 남자들을 야간에 집 밖으로 나오지 못하게 해야 한다"고 말했다고 한다("두 딸 둔 엄마 여성학자 오한숙희, 당당한 여자로 딸 키우기",《여성동아》, 2007년 11월호). 이렇듯 성별과 행위자의 위치를 바꿔보면 부당한 전제들이 선명하게 드러난다.

최근 이슈가 되고 있는 여성들의 해외 원정 성매매를 다루는 지배적인 시각에 대해서도 마찬가지다. 이와 관련하여 기사들은 일제히 "나라 망신, 외교부 강제 송환 검토" 등의 타이틀을 달고 다른 한편으로 인신매매의 문제, 한국 성매매 실태와 정책의 문제들을 언급하고 있다. 물론 국가적 창피, 인신매매 피해 등은 중요하고도 심각한 사안이다. 그러나 그것만일까? 예컨대 원정 성매매 이슈를 다룬 한 뉴스에서는 500달러만 가지고 호주에 입국하려던 한 한국 여성이 공항에서 추궁을 당하고 있는 모습이 카메라에 포착되었다("한국, 미국·호주·일본까지 원정 성매매… 성매매 수출국 오명", MBC뉴스, 2012년 6월 26일). 그 여성은 성을 파는 여성일 수도 있고 아닐 수도 있다. 어쩌면 적은 돈으로 여행을 온 가난한 여행자일 수도 있을 것이다. 그러나 한국 사회는 여성의 입국을 거부한 호주 정부에 대해 자국민이 당하는 인권 유린은 언급조차 하지 않고 있다.

여성을 통제하는 이런 상황을 뒤집어서 생각해보자. 한국 남성의 해외 원정 성 구매 행위 또한 국제적 망신이긴 마찬가지 아닌가. 이에 국내외적으로 남성의 출입국을 엄격히 제한하는 강도 높은 정책을 추진한다면 어떨 것인가? '해외 원정 성 구매자 강제 소환 예정'이라는 정책을 내건다면? 국내외 공항에서는 수많은 남성들이 출입국을 하네 못하네 하며 대혼란이 일어날 것이다. 성을 파는 여성을 잡을 때와 똑같은 방식으로 성을 구매할 확률이 높은 남성 위험군이 지목될 수 있다. 첫째, 많은 돈을 가지고 나가는 남성. 둘째, 골프를 치러 가는 남성. 셋째, 세 명 이상 남성들끼리만 떼거지로 나가는 경우 등등. 이들은 성 구매를 할 확률이 높은 '타깃 집단'이기에 공항에서 특별 조사를 받을 수도 있고, 입국 거절이나 강제 소환이 될 수도 있다.

공항의 상황을 좀 더 구체적으로 상상해보면, 입출국시 남성들은 줄줄이 서서 자신이 절대로 성을 구매하지 않을 존재라는 사실을 입증해야만 한다. 입증 전까지 공항에 있는 모든 남성은 잠재적 성 구매자로 의심받는 존재가 되는 것은 물론이다. 의심을 받는 '일반' 남성들은 자신을 불편하게 만드는 실제 '성 구매자'를 원망하면서도, 혹시나 남들이 자신을 그런 사람으로 보지 않을까 하여 옷차림, 행동거지를 점검하며 전전긍긍할 것이다. 낙인의 효과다. 어쩌면 일부 '일반' 남성들은 이러한 사태에 정면 반발하며, 이동권을 제한하는 대(對)남성 통제, 남성 전반을 성 구매자로 취급하는 인권 탄압이라고 분연히 떨쳐 일어날지도 모른다. 그리고 한국의 언론들은, 성 구매자 통제로 인해 국가경쟁력에 심각한 타격을 주는 지표들을 쏟아내거나, 남성들이 공항에 억류된 채 추궁을 당하는 장면들, 입국을 제한하는 호주 정부가 한국 남성 전반에 굴욕감을 주는 실태, 억울한 남성들의 사연에 대한 특종 보도로 국민들의 울분을 토하게 만들 수도 있다. 그리고 마침내 유엔 차원의 진상조사가 수행될지도 모르겠다.

물론 상상이다. 우리 사회에서 남성들을 직접적으로 통제하는 이런 정책이 과연 용납될 수 있을까?(현재 성매매 관련자에 대한 여권 발급 제한 조치를 펼치고 있지만 아직 큰 성과나 실적은 없는 것으로 나타나고 있다. 〈성매매방지대책 추진점검단 제36차 회의안건〉 자료, 2014년 6월 25일) 그러나 여성에게 이것은 현실이다. 호주 공항에서 단지 500달러밖에 없다는 이유로 입국이 거절되는 상황에 항의하는 젊은 여성의 모습은, 여성의 행동반경이 제한되고 인권 유린이 발생하는 현장을 여실히 보여준다.

몇 년 전 한 미술관에서 진행된 '창녀 찾기' 프로젝트('여기 창녀가 한 명 있습니다. 그 창녀를 찾으면 120만 원을 드립니다')가 논란이 된 적이 있었다("120만 원에 창녀 찾기, 예술인가 사기인가", 《머니투데이》, 2008년 5월 21일). '창녀가 여기에 있다'는 호명과 더불어 그 공간 안에 있는 모든 여성들은 의심받고 통제된다. 해외 원정 성매매에 대한 정부의 대응과 보도는 '창녀 찾기'의 공항판인 셈이다. 이렇듯 '원정 성매매', '나라 망신'이라는 이슈 아래 가장 만만하고 가장 열악한 여성 인권이 통제되고 기만당하는 현실은 외면되고 있다.

왜 성이나 폭력과 관련된 문제가 일어나면 피해자인 여성이 비난받고 여성 전반이 통제되어야 하는지 생각을 바꿔볼 필요가 있다. 사회적 문제들은 당사자에게만 국한된 문제는 아니다. 성폭력을 없애기 위해 여성의 야간 통금시간을 정해야 한다는 발상만큼이나, 원정 성매매를 막기 위해 여성의 출입국을 제한하는 것은 명백한 차별이며 통제이다. 그 자체로 여성의 자기결정권을 침해하는 것이다.

사회적 문제들을 해결해나가는 과정은 결코 가치중립적이지 않다. 어떠한 언어로 규정하고, 누구를 타깃으로, 어떤 방식으로 해결할 것인가는 정치적인 사안이다. 정치적인 힘을 기르기 위해 우리는 먼저 젠더 민감성과 상상력을 키워야 한다. 성 문제를 둘러싼 오래된 통념과 문화적 전제들은 너무나 만연되어 있어서 무엇이 문제인지 감각조차 무뎌져 있기 때문이다. 그래서 여성을 통제하는 통념과 전제들을 전환하기 위한 가장 기본적인 작업은 성별에 따라 질문의 방향을 바꿔보는 것이다. 가장 단순한 방법이지만 이렇게 질문의 방향을 바꿔보는 것만으로도 많은 문제가 더욱 분명하게 드러난다. 우리 사회 곳곳에 녹아 있는 차별의 뿌리를 들여다보는 이러한 작업은 모든 사안에 필수적이다.

'그런 여자'는 없다!
구별짓기에 도전하기

얼마 전의 일이다. 성희롱을 당할 수 있는 상황, 접근하는 직장 상사를 향해 "저는 그런 여자 아니거든요!"라고 쏘아붙이는 여직원의 울분을 들었다. 직장 내 성희롱 예방교육을 위한 상황극에서였다.

'왜 하필 저런 대사를 썼을까?'

나는 너무나 당황해서 대본 수정을 요청했는데, 강사는 수많은 곳에서 강의를 했어도 그 장면이 문제가 된 적은 한 번도 없었다고 토로했다. 사실 우리 사회에서 "그런 여자가 아니다"라는 표현은 너무나 익숙한 것이다. '그런 여자'가 정확히 누구인지, 본 적은 없어도 말이다. 아마도 정숙하지 않은 여자, 성적으로 헤픈 여자, 술집 여자, 접대부, '창녀' 따위를 떠올리며 그 말을 사용했을 것이다. 문맥으로 보자면 한마디로 '성희롱을 당해도 좋아라 할 수 있는 여자'이다. 그런데 세상에 '그런' 여자가 있을까?

여성들에게는 신드롬에 가까운 이러한 저항 방식은 사실 인간으로서의 존중과 공간성을 확보하려는 여성들의 노력과 전략을 보여준다. 직장 내 성희롱처럼 여성들은 늘 남성의 성적 대상이 되길 강요받아왔다. 이에 여성들은 '그런 여자'에 대한 부정을 통해, 성적 대상으로 취급받는 것에 저항해온 것이다.

게다가 우리 사회에는 '그런 여자(창녀)'에 대한 뿌리 깊은 혐오와 거부감이 내재한다. 남성 중심 사회에서 여성을 성적인 정숙함으로 구별 짓고 '마리아/창녀', '모성(아내)/성적 노리개'로 그 역할을 구분하는

'여성 이분화'는 여성을 분리하여 통제하는 전형적인 방법이다. 여성들은 섹시해야 하지만 동시에 '창녀' 같으면 안 된다. '그런 여자'는 넘지 말아야 할 오염의 경계를 표시해준다. 옷을 입거나 말을 할 때도 여성들은 암암리에 그 존재를 떠올리고, 콘돔을 제안할 때도 '헤픈 여자'로 보이지 않을까 주춤하게 된다. 여성들은 남성들에게 성적으로 매력적인 존재가 되어야 한다는 가치뿐 아니라 정숙함을 지켜야 할 존재로 사회화되어왔다. '나'와 '그런 여자'를 구별 짓고 멀리하는 것은 여성 정체성을 구성하는 데 중요한 요소이다. 우리 안에도 혐오(phobia)가 있다!

전형적인 '여성'의 입장에서 자신이 '그런 여자'가 아님을 증명해야 할 이유는 충분하다. 가부장제 사회에서 낙인찍히는 것은 여성 주체가 부정당하는 것이자 사회로부터 배제되고 추방됨을 의미하며, 남성의 강간신화에 노출되는 것을 의미하기 때문이다. '그런 여자'라는 낙인은 정숙함의 책임 위반자에 대한 처벌로 기능한다. 가부장제 사회에서 '더럽혀진 존재'로 의미화되는 '그런 여자'라는 상징에는, 성을 파는 여성뿐 아니라 성폭력, 간통, 프리섹스 등 가부장제 사회에서 '정숙함'으로 간주되지 않는 거의 모든 여성의 성을 포함한다. 여성은 스스로를 지키지 못한 책임과 더불어 낙인을 갖게 되고, 그 내용의 핵심에는 '여성은 스스로 파괴되길 원하는 존재'라는 강간신화(원인유발론)가 자리한다.

'나는 그런 여자가 아니다' 신드롬의 가장 심각한 문제 중 하나는, 여성에 대한 강간이나 폭력, 착취 등을 무화시킨다는 사실이다. 성산업 종사자의 강간 사건에 대해 "한 번 당하나 여러 번 당하나 마찬가지일 텐데 왜 신고까지 하냐?"는 경찰의 발언은, 성을 파는 여성은 사회가 보호할 가치가 없는 존재라는 평가뿐 아니라 그 바탕에는 '스스로 원한 것'이라는 강간신화가 자리하고 있음을 드러낸다. 성희롱을 당해도 좋다면 그건 더 이상 성희롱도 아니다. '그런 여자'에게 행해지는 순간 성희롱은 더 이상 존재하지 않는 범죄가 된다. '그런 여자'에 대한 판타지가 존재하는 한 성희롱, 성폭력, 강제 성병 검진, 위안부 동원 등은 면죄부를 얻는다. 이렇듯 강간신화에 기반하고 있는 '그런 여자'에 대한 낙인은 여성에 대한 남성의 성적 접근과 폭력을 정당화시키는 허구적 기제이다.

더욱이 특정 집단은 낙인에 대해 더 민감하게 반응할 수밖에 없다. 연예인과 같은 성적 이미지가 밀착된 영역에서는 의당 섹시함을 요구받음과 동시에 '그런 여자'가 아님을 증명해야 하는 상황에 빈번히 노출된다. 또한 성폭력의 희생자들은 피해자임에도 자신들이 '그런 여자'와 다른 존재임을 증명해야 하는 부담감을 갖는다. 일제강점기 군위안부를 지낸 할머니들의, 성 판매 여성에 대한 민감하고도 부정적인 반응이나, 미군과 결혼한 한국인 아내들이 자신이 기지촌 여성 출신이 아니라는 사실을 증명하기 위해 '사투'를 벌이는 상황은, 그것을 부정하지 않으면 사회적 존재로 인정받을 수 없는 낙인의 끔찍함을 보여준다. 여성은 '그런 여자'가 아님을 증명해야만 '공공의 성적 존재'라는 누명과 강간신화로부터 벗어날 수 있었던 것이다.

이렇듯 '나는 그런 여자가 아니다' 신드롬은 남성의 성적 접근에 대항하며 살아온 여성들의 생존 전략이자 징후이다. 문제의 핵심은 여성들의 투쟁이, '그런 여자'처럼 취급받는 것에 대한 대항이었다는 점이다. 즉 '접대부에게도 그렇게 하면 안 된다'라든가 '그런 여자'의 존재

자체에 대한 부정이 아니라, '나/우리는 접대부가 아니다'라는 매우 소극적인 전략을 취해왔다는 것이다. 이는 여성들이 성적 위계에서 비교적 안전한 위치에 존재하고자 했을 뿐 남성의 성적 취급 자체에 대한 도전이나 저항으로 나아가지 못했음을 의미한다. 이로써 정숙함에 의한 여성의 '구별짓기' 혹은 '창녀'신화는 그대로 남겨져왔던 것이다.

사실 '그런 여자'는 특정한 여성이기보다는 '여성' 전반을 보는 남성 지배의 눈이다. 나만 '그런 여자'가 아니라고 한들, 모든 여성을 성적 대상물로 취급하는 전제가 소멸되지는 않을 것이다. '그런 여자'이든 아니든, 그것은 가부장제가 주조한 동전의 앞뒷면에 불과하다. 중요한 것은 여성들이 더 이상 그런 앞뒷면을 가진 이상한 '동전'으로 취급되길 원치 않는다는 점이다.

이렇듯 '그런 여자'라는 말에는 (여성은) 스스로 파괴되길 원하고 강간당하길 바라는 존재라는 남성들의 강간신화와 여성혐오, 남성 판타지가 고스란히 담겨 있다. 남성 판타지는 아마도 '그런 여자'의 존재를 바라고 바랄 것이다. 남성의 성적인 대상물로 취급당해도 문제가 되지 않는 '여성' 말이다. 하지만 단연코 세상에 '그런 여자'는 없다. 성적으로 개방적이고 설사 성을 파는 일을 한다고 해도 말이다. 세상의 그 어떤 여성에게라도 '그렇게 하면'(성희롱, 성폭력, 강제 성병 검진, 성노예, 위안부 동원) 안 된다.

알파걸과 거리의 소녀들,
열악한 여성들의 먹고사는 민생 문제

세상은 가파르게 변화하고 여성이 대통령도 되는 시대다. 내가 일하고 있는 늘푸른여성지원센터를 활기차게 드나드는 주인공인 가출 청소년(女)들 역시 이러한 시대에 살고 있다. 지난 2000년에 설립된 이 센터는 멋진 카페들이 즐비한 홍대 골목에 자리 잡고 있는, 정원 딸린 아담한 2층집이다. 이곳에는 학력을 취득하고 일을 배울 수 있는 자립학교와 훈련매장도 있으며, 의료진이 상주하는 건강센터와 성교육장도 갖추고 있다.

그런데 이곳에 부임한 지 며칠 되지 않아 실무자의 업무 보고를 듣던 중 나는 상당히 못마땅한 표정을 지어 보였다(나중에 생각해보니 '알파걸 출신의 페미니스트 사감' 같은 표정이었으리라). 가출 청소년 지원 프로그램에 포함된 '피부 관리'라는 문구 때문이었다. 거리에 나가면 온통 성형수술과 몸매 관리를 강요당하는 마당에, 페미니즘을 표방하는 우리 센터에서까지 '피부 관리'를 한다니!

"다른 관리도 안 되는 형편에 피부 관리라니요?"

나의 날카로운 질문에 실무자는 이렇게 답했다.

"소장님, 그런 피부미용 아니고요. 물리적인 의미의 피부요. 애들이 피부가 터지고 갈라지기도 하고 피부병이 심해요! 그런 걸 배워본 적이 없어서…."

씻기, 청결, 옴벌레, 냄새, 가위질, 계산… 줄줄이 이어지는 단어들이 낯설기만 했다. 이런 일상의 사소한 것들은 살면서 '저절로' 익히는 것인 줄만 알았지, 학습하지 않으면 못하는 일이 될 수 있음을 새삼 알게 되었다. 이렇듯 열악한 형편의 여성들과 만나는 일은, 익숙한 문화와 계급성이 타인을 이해하는 데 얼마나 제한적이고 일방적일 수 있는지를 깨우쳐주곤 한다. 또한 같은 시대를 살면서도 동일한 시대가 아닌 듯한, '동시대의 비동시성'과도 만나게 된다.

최근 청소년들의 가출은 꾸준히 증가하고 있고, 그중 60~70퍼센트가 여성이다. 특히 '가출(家出)'이라는 단어가 무색할 정도로 '가정'의 기능과 역할이 붕괴된, 돌아갈 가정이 없는 청소년들의 수가 늘고 있다. 내가 청소년 성매매 연구를 처음 시작한 2000년대 초반만 해도, '원조교제'는 가족의 계급, 학업 성적 등의 차이를 넘어 나타나는 광범위한 사회적 현상으로 이슈화되곤 했다. 반면 최근에는 하룻밤 잠잘 곳과 먹을 것을 마련하기 위한 '생계형 성매매'가 더욱 두드러지고 있다. 물론 예전에 비해 훨씬 쉽게 성을 사고팔 수 있는 환경이 조성된 것은 분명하다. 글로벌 경기침체와 가족의 해체 등 사회적 안전망의 위기, 인터넷의 발달, 그리고 후기산업사회에서 친밀성과 섹슈얼리티의 구조적 변동 등은 청소년 성매매와 위기 청소년들의 구체적인 삶을 형성하는 주된 요인으로 작용한다.

이들의 체험에서 성폭력, 성매매, 연애에서의 성(sexuality)은 그 구별이 선명하지 않다. "그들에게 나는 그저 몸뚱이일 뿐이다"라는 표현처럼, '나'의 인격과 분리된 성, 대상화된 성, 돈이나 관계 유지 등을 위한 도구로서의 성이다. 그럼에도 그들은 각각의 성적 실천을 구분하고 있으며, 그들에게 성 거래는 최후의 선택이다. 내가 만나온 그 어떤 청소년도 단지 유흥비를 벌기 위해서나 돈을 축적하기 위해 성매매를 지속하는 경우는 없었다. 그만큼 성매매는 두렵고도 힘든 일이기 때문이다. 잠잘 곳, 먹을 것을 치열하게 찾다가 그러한 모색이 실패로 끝날 때, 자신의 성을 돈벌이로 내놓는다.

여성이 성을 파는 일을 시작하는 원인은 다양할 수 있다. 그러나 누가 그 일을 지속하는가의 답은 너무도 명확하다. 다른 대안이 있다면 여성들은 기꺼이 다른 일을 선택한다. 불특정 다수의 남성과 만나 성을 교환하는 일이란 결코 쉬운 작업이 아니다. 성적 호기심이나 반항심, 명품 백의 유혹 등은 일시적인 것이다. 만약 학력이나 가족 등 다른 지지기반이 있는 여성이라면 성산업에서 좀 더 쉽게 빠져나올 수 있을 것이다. 결국 그 일을 지속적으로 하는 이들은 가장 열악한 위치에 있는 존재들이다.

그래서 성을 파는 문제는 가장 우선적으로 민생과 관련된 일, 먹고사는 문제와 직결되어 있다. 가출 청소년의 경우, 투표권 없는 '미성년자'의 위치에서 가난을 견디고 있다. 더군다나 상당수가 낮은 계급의 가정 출신이거나 가정폭력, 동성애 등 다양한 사회적 열악성을 공유한다. 성폭력이나 가정폭력으로 집을 나온 십대들, 집을 나온 가난한 동성애 여성이 이성애 성 판매를 하는 현상이 존재한다. 이렇듯 성별, 세대별 섹슈얼리티의 문제는 가난, 계급의 문제와 맞물려 있다.

한편 인터넷과 성산업의 유통구조로 인해 '이동'이 빈번해지면서 청소년들은 더욱 고립화·원자화되고, 주변 관계와 사회적 안전망으로부터 더욱 단절되고 있는 상황이다. 이들은 '가출 팸(패밀리)'을 형성하기도 하고, 다양한 폭력과 범죄에 노출되기도 하며, 때론 폭력을 재생산하는 주체가 되기도 한다. 시간이 지날수록 학업 능력, 경쟁적 사회에서의 대응 능력, 신체 발달과 건강 등의 격차는 점점 더 벌어지기 마련이다.

이들을 보는 활동가들은 안타깝기만 하다. 가출이 늘고 있지만 상당수가 기존의 쉼터에는 들어가길 원하지 않기 때문이다. 이에 최근 몇 년간 우리는 이들의 변화에 발 빠르게 대응하기 위해 '가출 청소녀 특별전담실'을 신설하고 다양한 지원 사업을 시도하고 있다. 공적 지원 시스템을 갖추는 것만큼이나 이들의 욕구와 문화를 이해하고 접근성을 다각화하는 것이 중요하기 때문이다. 쉼터를 차려놓고 아이들을 기다리기보다는 쪽방촌이나 고시원, 여관, 거리, 인터넷 등 청소녀들이 있는 곳이라면 어디든 찾아 나선다. 이들의 안전과 건강을 위해 전문 의료진이 상주하는 청소녀건강센터가 문을 열었고, 의사·변호사 등 법률·의료 지원단(169명)도 구축되었다. 또 지역 주민들과 함께 카페를 만들어 언제든 드나들 수 있는 드롭인센터도 문을 열었고, 신림역 주변 등 가출 청소녀들이 많이 모이는 마을에는 '소녀돌봄약국' 103곳이 지정되어 도움이 필요한 아이들을 기다리고 있다. 이밖에도 장기·단기 일자리를 제공하는 인턴십센터, 자립학교, 훈련매장, 찾아가는 자립교실 등 가출 청소녀들이 가장 관심 있고 시급하게 생각하는 돈, 일자리, 자립 문제를 해소할 사업들도 꾸리고 있다. 이러한 사업들은 모두 가출 청소녀들의 접근이 쉽고 실질적인 필요에 부응하기 위한 새로운 지원책들이다(늘푸른지원센터의 가출 청소녀 성매매 방지 프로젝트는 유엔 공공행정상2010과 국제도시혁신상2012을 수상하기도 했다).

그러나 갈 길은 여전히 멀다. 경제적 양극화로 인해 벌어지는 빈부의 차이는 더욱 극심해지고, 사회적 안전망은 여전히 부족하다. '정상' 가

족의 지극한 보호와 치열한 경쟁 문화 속에서 양육되고 훈련되는 '일
반' 아이들의 한편에서는, 성을 팔며 하루하루를 사는 거리의 아이들
이 있다. 알파걸이 증가하고 있는 현실과 대비되는 거리의 소녀들, 이
들은 정말 같은 시대를 사는 동일한 세대라고 할 수 있을까? 이들의 10
년 후는 어떤 모습일까? 이들은 과연 서로가 '여성'임을 공유할 수 있
을까? 여성의 가능성이 확장되고 여성이 대통령도 되는 이 시대에, 가
장 열악한 존재의 가장 치열한 문제인 민생고 문제를 생각하지 않을
수 없다.

다시 생각하는 여성 '인권', 지그재그로 통과하며 나아가기

내가 처음 현장에 선 것은 '연구자'로서였다. 1993년 미군기지 주변
의 기지촌 클럽에서 시작해, 가출 청소년들이 자주 드나드는 거리와
공원, 나이든 '언니들'(성을 파는 여성들을 지칭할 때 흔히 '언니들'이라고 불렀다)
이 모여 사는 성매매 집결지의 뒷골목들…. 처음 현장 연구를 시작했
을 때는 긴 가발에 짙은 화장을 하고 송탄 기지촌 클럽이나 미아리 텍
사스를 누비며 그 지역의 지도를 그려 넣기도 했다. 그러던 중 1995년
경기도여자기술학원 화재 사건으로 40여 명의 원생들이 쇠창살에 갇
힌 채 사망한 참사가 발생했다. 이들은 '가출, 성매매'라는 죄목에 기술
교육을 시킨다는 명목으로 강제 수용된, 가난하고 어린 여성이었다.
당시 나는 대학원에서 여성학을 공부하면서 '매매춘 문제 해결을 위

한 연구회'를 창설하여 활동했었는데, 성매매와 여성의 인권 문제를 이슈화하고 법 개정을 촉구하는 과정에 참여하면서 성매매 분야에 본격적으로 발을 들여놓기 시작했다. 기지촌, 미아리·청량리 성매매 집결지, 티켓다방 등을 누비며 왕성한 활동을 했지만, 정작 내 머릿속에서 성매매는 사회적 이슈와 구조로서만 존재했다. 큰 구조를 보면서 마음은 늘 조급했다.

'언니들'과의 끊임없는 만남을 통해 그 골목의 어느 집에 들러 밥을 얻어먹을 수 있기 전까지, 화툿방에 모여 앉은 '언니들' 사이에 끼어 수다를 떨 수 있기 전까지는, 성매매 집결지라 불리는 그곳에서 '언니들'과 함께 김장을 하고 고추장을 담그는 골목의 이벤트는 상상도 할 수 없었다. 그곳을 지날 때마다 눈을 어디에 두어야 할지 모른 채 긴장된 발걸음으로 후다닥 빠져나오기에 바빴다. 그렇게 그곳을 드나든 지 수년이 지난 후에야 비로소 나는 '언니들'이 화분마다 심어놓은 고추며 새로 핀 꽃들, 장독대 사이로 지나가는 고양이들에게도 눈길을 줄 수 있게 되었다.

이렇게 현장을 오가는 동안 여성들의 무수한 이야기가 나를 통과해 지나갔다. 그 이야기들의 진동과 파장이 나의 가슴을 뛰게 하고 행동하게 한다. 그러나 매번 무너지고 다시 생성되는 이야기, 그 흔들리는 이야기 속에서 실천의 과제를 포착하고 매진하는 습성은 어쩌면 여성주의자의 운명이 아닐까? 흔들리는 것에 더 이상 불안해하지 않기로 했다. '언니들'과 만나면서 실천은 이념의 문제가 아니라 체험의 문제가 아닌가 생각하게 되었다. 체험이 다른 만큼 실천도 다를 수밖에. 내 몸에는 서로 다른 체험들이 교차하고, 서로가 서로에게 공명한다. 페미니스트, 성매매 연구자, 활동가, 공무원인 나의 복수적 정체성과 입장들 사이에서 통과해 나아가며, 성매매에 관한 새로운 실천과 만남을 모색해야 했다.

내가 '언니들'과의 만남을 통해 가장 극명하게 체감하는 것은 우리 사회의 사회적 벽과 경계이다. 정책을 수행하면서도 가장 어려운 과제 중 하나는 성 판매 여성들의 인권 문제에 대해 시민들로부터 공감을 얻어내기가 여간 어렵지 않다는 것이었다.

남성들이 공공연히 이용할 수 있는 성적 대상인 성 판매 여성은 사회의 가장 밑바닥에 존재한다. 그들이 설사 더 많은 돈을 벌 수 있을지라도, 그 어떤 여성도 평생 동안 계속 그 일만 하며 살지는 않는다. 그만큼 성을 파는 일은 힘들고 어려운 일이며 모욕을 감수해야 하는, 피하고 싶은 일이다. 가부장제 사회에서 모든 여성들이 자신의 성을 거래하도록 요구받지만, 그렇다고 모든 여성들이 성을 파는 '일'을 하지는 않는다. 빈부의 격차가 현저히 벌어지는 현실에서 성을 파는 일은 결국 가장 열악한 여성들의 몫으로 남겨질 수밖에 없다. 여성의 전반적인 지위가 향상될수록 여성혐오는 더 열악한 곳을 향한다.

그런데 이러한 열악한 여성, 성을 파는 여성에 대한 비난의 이미지들은 고스란히 전체 '여성'의 몫으로 남게 된다. 성을 파는 여성에 대한 혐오는 곧 '여성' 전체에 대한 증오와 연동된다. 온전한 개체로 인정

● 성매매 행위에는 성과 여성에 대한 혐오가 깃들어 있다. 성을 구매하는 남성들은 "어린 것들까지 노골적으로 욕하고" "무시하고 깔보는" 태도를 보이며, 이는 성 판매 여성에게 상당한 스트레스로 존재한다. 이러한 혐오감과 무시는 성을 파는 여성의 위치가 단지 사고파는 권력관계의 위치를 넘어선다는 것을 보여준다. 혐오하고 무시하는 대상과 섹스를 하는 남성, 그렇게 자신을 혐오하는 자를 혐오하는 여성, 상호 혐오의 관계 속에서 성의 거래는 이루어진다.

나의 페미니즘 레시피

되지 않는 개별 여성들의 지위가 혐오의 대상으로서의 '여성'으로 환원되기 때문이다. 우리가 성매매 반대의 정치학을 넘어서 최하위에 있는 여성 인권에 대해 깊이 숙고해야 할 이유다.

그러나 현실은 이들의 열악한 '인권'에 대해 말하는 것이 점점 더 어려워지는 시대다. 언론은 죽음, 인신매매, 가난, 타락, 성병, 범죄 등 자극적이고 선정적인 사건에만 주목할 뿐이고, 일반인들이 성 판매 여성에 대해 느끼는 심리적 거리감은 전과자보다도 더 먼 것으로 나타나고 있다. 서울 시민 1500명을 대상으로 약물중독자, 동성애자, 전과자 등 낙인보유집단(stigmatized group)에 대한 일반인들의 인식과 거리감을 조사한 결과를 보면, '성 판매 여성'은 11개의 집단 중 세 번째로 멀게 나타났다(서울시 늘푸른여성지원센터, 〈일상공간에서의 성산업/성매매 인식조사〉, 2013).

여성의 사회 진출이 확대되고 낭만적인 사랑이 중요한 가치가 되면서, 성을 파는 여성에 대한 낙인과 비난이 더욱 증가했다는 연구 결과도 있다. 생계를 위해 '다른 대안'을 선택할 수 있는 가능성이 커졌음에도 불구하고 성 판매를 선택했기 때문에, 도덕적 비난이 가중되었다는 것이다(Falk·Gerhard, *Stigma: How We Treat Outsiders*, Prometheus Books, 2001). 이는 성매매 문제가 남성 중심의 성문화, 성의 이중규범, 성의 상품화, 여성의 사회 진출 제한 등의 문제들과 직결되지만 이런 것들이 개선된다고 해서 성 판매 여성들이 겪는 문제가 모두 해결되는 것은 아님을 말해준다. 순결 이데올로기나 이중 성규범, 여성의 이분화 현상 등이 이전에 비해 완화되는 변화를 보이고는 있으나 성 판매 여성에 대한 통념은 여전한 것이다.

많은 경우, 성을 파는 여성들은 '남성에게 기생하는 존재'로 이해된다. 일부 여성주의자들조차도 이들을 남성의 욕구와 필요에 부응한다는 점에서 '가부장제에 편승하는 존재'로 바라보기도 한다. 그러나 성매매가 남성의 판타지를 실현시켜주는 역할을 한다고 해도, 실제 성판매 여성이 남성 지배적 가치를 더 많이 내면화하고 실천하는 존재라고 단정 지을 수는 없다. 이런 방식의 통념은 그(녀)가 하는 행위(action)를 그 존재(being)로 환원해버리는 격이다.

그렇다고 이들을 무기력한 피해자로 보는 시각도 문제다. 성 판매 여성들의 열악한 조건에 대한 지원와 배려는 필요하지만, 성 판매 행위가 여성에게 '씻을 수 없는 트라우마'를 남긴다는 식의 규정 또한 '타락한' 여성 또는 '사치스러운' 여성이라는 이미지만큼이나 위험하다. 특정한 규정이나 이미지화는 낙인만 키울 뿐 여성 인권 향상이나 구별짓기 해소에 크게 도움이 되지 않는다.

성 판매 여성에 대한 혐오 이미지나 '피해자' 또는 '성 노동자' 등의 이분법적 대립 구도에서 생산되는 성 판매 여성의 이미지들의 해체가 필요하다. 이런 점에서 성매매와 관련된 여성주의 운동은 성매매 반대나 근절 또는 합법화와 같은 특정한 입장이나 정책만으로는 충분하지 않다. 그러한 입장이 성매매의 뿌리를 해결해줄 수는 없기 때문이다. 이는 성매매에 대한 특정한 입장(합법화/근절론) 모두가 틀리다거나(양비론) 모두가 옳다는(상대주의) 의미가 아니다. 성매매 근절론과 합법론 사이에는 더 섬세하고도 실질적인 정책이 존재할 수 있으며, 특정한 원칙이나 이분법으로는 포획될 수 없는 n개의 가능성, n개의 정책과 대안들이 모색되어야 한다는 것이다.

성매매 문제에서 여성의 인권을 고려한다면 물음도 변화되어야 한다. "성매매는 무엇인가? 성매매는 여성에게 위해한가?"라는 식의 문제보다는 "성매매에서 무엇이 여성에게 위해한가?"를 물을 수 있을 때, 우리는 더 많은 합의와 대안들을 도출해낼 수 있을 것이다.

다시 '시민감시단' 이야기를 해야겠다. 얼마 전 성매매 알선 사이트 신고를 열심히 해온 여성 A씨의 인터뷰가 방송된 적이 있다. 그러나 방송 이후 A씨는 크게 상심하고 위축되었다. 지지와 비난의 글뿐 아니라 "감시한다면서 너도 즐기는 거 아니냐?", "너도 그런 여자 아니냐?"는 다수의 댓글 때문이다. 이러한 반응이야말로 성매매에 접근하는 여성의 위치를 보여주는 현주소인 것 같다. 악성 댓글을 다는 이들에게 '여성'이란, '남성의 성적 대상물' 아니면 기껏해야 '내숭 떠는 잠재자'로 표기된다. 용감한 여성들의 등장과 활약에도 불구하고 아직까지 우리 사회에서 여성들이 성을, 그것도 가장 적나라한 상업적 성에 대해 언급한다는 것은 상당한 위험과 줄타기를 감수해야 하는 일이다.

이렇듯 성매매를 둘러싼 왜곡된 통념과 관행은 여전하다. 남성의 성욕은 어쩔 수 없다든가, 일상적이며 광범위한 성 거래, 여성 이분화, 여성혐오 등의 문제들은 해소되지 못했고, 성매매 공간 안과 밖에서 벌어지는 인권 침해 또한 여전하다. 한편 성매매의 영역이 타락한 여성이나 인신매매 등과 같은 특정한 이미지로 타자화될수록 사람들의 관심은 점점 더 멀어지고, 여성의 인권이 고립되는 악순환이 계속된다.

성매매 문제의 한쪽에는 여성의 성 거래를 부추기는 남성 지배의 구조가, 다른 한편에는 도덕주의(순결주의)가 함정처럼 존재한다. 여기에는 여성과 성에 대한 혐오가 전제되어 있다. 그러므로 성매매를 향한 여성주의의 도전은 상당한 위험을 감수해야 한다. 그런 점에서 우리의 최종 목표는 성매매 자체가 아니라 가장 열악한 여성의 삶의 가능성을 확장하는 것이며, 우리가 궁극적으로 싸우는 것은 여성혐오이다. 모순되고 복잡한 권력망 속에서 성매매에 대한 특정한 입장이나 단일 이슈에 도달하기 위해 원칙을 고집하기보다는, 우리 스스로가 갖게 되는 다양한 위치를 '통과'해나가는 것이 중요하다. 남성의 성적 대상이라는 전형적인 여성상이나 여성 역할의 틀을 넘어서, 다양한 삶의 권리들을 넘나들고 통과하면서 여성 주체의 새로운 가능성을 여는 대안 모색이 필요하다. 즉 고착화되는 것이 아니라 그것을 통과하여 새로운 것이 되는 것, 다르게 상상하고 다른 지향으로 새로운 여성 '되기'를 탐색하며 나아가는 것이다. 여성주의의 목표는 여성의 삶의 가능성을 확장시키는 데 있기 때문이다.

이미경

한국성폭력상담소 소장
전 이화여자대학교 리더십개발원 특임교수

성폭력과 맞서기 :
내가 경험한 여성학,
반(反)성폭력 운동과 정책

몇 가지 풍경,
세상은 달라졌는가?

장면 하나. 얼마 전 아주 특별한 책 한 권을 만났다. 성직자였던 아버지에게 초등학생 때부터 9년간 성폭력 피해를 입다가 가까스로 집을 벗어나 한국성폭력상담소의 쉼터에 왔던 은수연(필명) 씨가 지난 20여 년의 분투했던 시간들을 돌아보며 《눈물도 빛을 만나면 반짝인다》를 펴낸 것이다. 그녀는 지금 관련 상담소 등에서 강의뿐만 아니라 방송에도 출연하고, 성폭력 전담 판사와 검사들 교육에도 참여해 피해자의 목소리를 전하고 있다.

장면 둘. 등굣길에 납치되어 끔찍한 피해를 입었던 여덟 살 나영이 이야기가 〈소원〉이라는 영화로도 만들어졌다. 여느 영화처럼 피해 장면을 자세히 묘사하거나 피해자가 분노의 화신이 되어 복수를 하는 장면을 넘어, 가족과 주변 사람들이 어떻게 이 사건을 받아들이고 치유해가는지를 그려 잔잔한 감동을 주고 있다.

장면 셋. 지금까지 학교나 직장에만 국한되었던 성폭력 예방교육이 최근 법 개정으로 전 국민을 대상으로 확대되어, 관련 부처 및 기관에서는 다양한 교육 프로그램을 마련하느라 분주하다고 한다. 그동안 성폭력 가해자 가중처벌 및 전자발찌나 화학적 거세 제도 등 사후 대처 중심의 법·제도가 이제는 예방에도 관심을 갖기 시작했다는 점에서 참 반가운 일이다.

언뜻 떠올려본 이 세 가지 풍경은 내가 처음 반(反)성폭력 운동을 시작했던 1990년에 비하면 매우 큰 변화임에 틀림없다. 그렇다면 성폭력을 '정조에 관한 죄'로 규정했던 우리 사회, 그래서 피해자들은 자신의 인권 침해보다는 가문의 명예를 더럽힌 사람으로 비난받고 '혹시 (성폭력을) 유발하지 않았나' 하는 의심을 받아야 했던 세상은 바뀌었는가? 좀 더 구체적으로 우리 사회의 변화 유무를 살펴보기 위해 다음의 두 가지 질문을 해볼 수 있겠다. 먼저, 관련 법·제도의 마련으로 성폭력 피해자들은 권리를 존중받고 있는가? 나아가 여성들은 성폭력에 대한 두려움 없이 자유롭고 안전한 일상을 누리고 있는가?

안타깝게도 아직 우리 사회의 성폭력 신고율은 10퍼센트 미만이고, 용기를 내어 고소를 한 성폭력 피해자들이 형사사법절차에서 2차 피해를 호소하는 사례는 전체 고소 사건의 25퍼센트에 달한다(한국성폭력상담소, 2012). 또한 최근 행정자치부가 2100명의 성인과 중·고등학생을 대상으로 실시한 '4대 악 국민안전체감도 조사 결과'에 의하면, 여성들의 약 70퍼센트가 성폭력 피해에 대한 불안감을 갖는다고 한다. 또 서울·경기 지역의 917명 대학생을 대상으로 한 조사연구에서도 여대생의 65퍼센트가 밤길이 불안하다고 응답하고 있다(권인숙·이건정, 〈여성의 성폭력 두려움에 대한 연구 : 여대생을 대상으로),《한국여성학》제29권 30호, 2013).

이처럼 우리 사회가 성폭력 문제에 대해 외형적으로는 상당 수준의 제도 개선이 이루어졌다지만 실제 피해자의 권리 및 여성들의 일상에는 큰 변화를 가져오지 못하고 있다.

이 글에서는 여성학을 공부하고 반(反)성폭력 활동을 해오면서 정부 정책에 모니터링과 제언을 해온 경험을 바탕으로, 우리 사회에서 성폭력 문제가 어떤 의미를 갖고 어떤 변화 과정을 겪고 있는지를 살펴보고자 한다. 더불어 여성주의의 렌즈로 우리 사회 반(反)성폭력 운동의 내일을 상상하는 즐거운 여정을 시작해보자.

가슴 뛰는 반(反)성폭력
운동의 시작

내가 처음 성폭력 문제를 학문적으로 접근한 것은 1985년 대학원 여성학과에 입학하면서부터다. 그 이전까지 내가 받은 교육은 "여자는 몸을 잘 간수해야 한다, 어떤 상황에서도 정신만 똑바로 차리면 강간은 절대 안 당한다"는 식이었다. 특히 고등학교 때 가정선생님께서는, 조선시대 부녀자들은 왜군이 쳐들어와 손을 잡히면 스스로 그 손목을 끊었다는 무시무시한 이야기로 우리에게 정조관념을 강조하셨다. 당시 단발머리 교복 속의 우리는 선생님의 말씀에 이의를 제기하는 대신 '여자는 그래야 하는구나' 정도로 자연스럽게 이를 내면화했던 것 같다.

그런데 여성학에서는 성폭력이 한 개인의 불운한 사건이 아니라, 사회구조적으로 여성의 성을 통제하고 지배하는 가부장 제도의 산물이라는 시각에서 이 문제를 접근했다. 또한 성폭력이 심각한 사회문제임에도 거의 은폐된 채 성차별적 일반 통념이 현실을 지배하는 것을 비판하는 학자들의 논의는 내게 새로운 시각을 열어주었다. 성폭력은 피해자의 잘못이 아니라는 너무나 당연한 사실을, 나는 대학원에 와서야 알게 된 셈이었다.

특히 여성학 석사 논문을 같이 준비하던 동료 세 명 모두가 '강간'을 주제로 연구했기에 자연스럽게 이 주제에 더 관심을 가질 수 있었다. 당시 석사 논문으로 우리나라 가족계획 정책이 여성의 몸과 성을 어떻게 통제하는가를 연구하던 나로서는 이들 동료들과 함께 연구 주제와 방법, 문제의식 등을 나누는 것이 매우 실제적인 도움이 되었다. 사실 1980년대까지만 해도 여성학의 주류 연구 분야가 노동이었고 성(sexuality)은 부차적인 주제로 여겨졌던 터라, 여성학과에서도 성 연구자가 거의 없다가 그때 막 봇물이 터지는 시점이었다. 이어서 1989년에는 여성학회에서 '여성학의 특수성과 보편성' 시리즈의 하나로 성을 주제로 학술대회를 개최했다. 성 문제를 공식적인 학술대회 주제로 접근한다는 것은 당시로서는 매우 혁신적인 시도였다. 이렇듯 한국여성학의 발전 과정에서 성 연구가 시작되고, 이를 바탕으로 성폭력에 대한 인식과 여성주의적 접근 방법도 싹을 틔우기 시작했다.

석사 논문을 마치고 대학에서 여성학을 강의하던 나는 1990년 8월경 최영애 선배로부터 성폭력상담소를 함께 만들어보지 않겠느냐는 제안을 받았다. 이미 서구에서는 1970년대부터 여성단체들이 강간위기센터를 만들어 피해자를 상담·지원하고, 성폭력에 대한 잘못된 인식을 바꾸는 캠페인과 연구활동 등을 하고 있었다. 이에 대구 효성여대(현 대구가톨릭대)의 손덕수 선생께서 이화여대 여성학과의 장필화 선생께 상담소의 필요성을 피력했고, 장필화 선생은 석사 논문을 막 마친 우리에게 이 제안을 한 것이다.

물론 우리나라도 1980년대에 문을 연 한국여성의전화나 한국여성민우회, 한국여성단체연합 등에서 다양한 여성 문제 중 하나로 성폭력 문제에 관심을 갖고 피해자 지원을 해왔다. 그러나 성폭력 문제만을 전담하는 단체는 아직 없었다. 나는 여성학에서 출발하는 사회운동에 망설임 없이 합류했다. 솔직히 말하면, 당시에는 이 일이 무엇을 의미하는지, 어떻게 단체를 운영할 것인지, 내가 얼마 동안 이 일을 할지 등에 깊은 고민과 다각적인 준비 과정은 없었다. 단지 학교에서 배운 여성학 이론을 현장에서 직접 실천한다는 것 자체에 설렘과 기대가 컸던 것 같다.

이후 우리는 뜻을 함께하는 사람들을 모으고, 이미 20년 전에 이 운동을 시작한 미국과 영국 등 외국의 반(反)성폭력 운동 자료와 각종 연구물을 수집했다. 한편 주변에서는 왜 이대 여성학과 졸업생들이 하필이면 성 문제에 천착해 성폭력상담소부터 만드느냐, 지금 당장은 노동이나 기타 차별 문제가 더 시급하지 않느냐는 반응도 있었다. 그러나 여성의 전반적인 삶에서 성은 가족, 노동, 문화와 함께 매우 중요한 부분이며, 여성운동도 이제는 부문운동이 필요하므로 더 이상 지체할 수 없다는 데 중지가 모였다.

상담소 개소 준비팀에 여성학과 졸업생과 교수, 재학생 등을 중심으로 사람들이 모이면서 우리는 힘을 얻었고, 의지 또한 확고해졌다. 우리의 취지에 공감한 여성 사업가인 김길자 님이 빌려준 청운동의 한 주택에서 조형, 장필화, 이상화, 추애주, 최영애, 박형옥, 정경자, 김정희, 이명선, 박선미, 김선영, 임순영 등 준비팀은 주말마다 모여 회의를 거듭했다. 총 58명의 창립 멤버 대부분이 이렇게 상담원 교육을 받으면서 개소를 준비했고, 각자 10만 원 이상씩 쌈짓돈을 모아 개소 기금을 마련했다. 8개월의 준비 작업 끝에 1991년 4월 '한국성폭력상담소'가 문을 열었고, 나의 반(反)성폭력 운동가로서의 삶도 시작되었다.

성폭력 피해 생존자*들의 '말하기'

성폭력상담소가 문을 열자마자 우리의 예상을 뛰어넘을 정도로 상담 전화가 쏟아졌다. 30년 전의 피해를 처음으로 말씀하신다던 어느 할머니는 이 사실을 입 밖으로 말한 것 자체만으로도 묵은 체증이 내려가는 것 같다며 펑펑 우셨다. 또한 어젯밤 아이가 피해를 입었는데 어떻게 해야 하느냐는 다급한 목소리들도 터져나왔다.

● 　이 글에서는 '성폭력 피해자(victim)'라는 용어와 '성폭력 피해 생존자(survivor)'라는 용어를 함께 사용한다. 왜냐하면 성폭력 상담 현장에서 만나는 수많은 생존자들은 피해로 인해 고통과 절망, 분노 등을 겪지만 그 내면에는 이를 극복할 수 있는 강한 힘과 용기, 지혜를 갖고 있기 때문이다. 그리고 이들이 피해 사실을 말조차 하지 못하는 나약하고 수동적인 존재가 아니라, 성폭력 범죄의 피해자로서 수사, 재판, 진료, 보도, 일상생활에서의 권리를 존중받아야 하는 적극적이고 긍정적인 존재임을 강조하기 위해서다. 우리나라에서는 2003년 한국성폭력상담소에서 '성폭력 피해 생존자 말하기 대회'를 개최하면서 공식적으로 채택한 용어다.

처음에는 '과연 성폭력 상담 전화들이 올까?'라고 우려했던 우리는 눈코 뜰 새 없이 바빴다. 전화와 면접 상담을 통해 피해자 지원과 함께 상담 자료의 통계를 내고 주제별로 세미나를 하면서 피해자들의 목소리를 자료화하여 사회적 여론을 환기시켜갔다. 당시에는 이 분야 통계나 연구 자료가 거의 없던 터라 정부와 언론에서도 우리 상담소의 발표 자료를 주되게 인용하거나 기사화했다. 대학원 여성학과에서의 학문적 배움과 훈련의 성과가 구체적인 정책으로 반영되는 것을 체감하는 것은 참 고무적인 일이었다. 우리는 특히 성폭력 피해가 왜 누구에게도 말하지 못하는 일이 되었는가에 주목하면서, 오히려 피해자가 비난받고 의심받는 잘못된 관행에 균열을 내기 위해 《성폭력 통념 바로 알기》 등의 소책자를 내고 교육과 홍보에 심혈을 기울였다.

우리 상담소가 개소하던 해에 21년 전 자신을 강간한 이웃집 아저씨를 살해한 사건이 발생해 사회적으로 충격을 주었다. 성폭력 피해자였던 김 씨는 아홉 살 때 이웃집 아저씨로부터 당한 피해를 누구에게도 말하지 못한 채 사춘기를 맞아 혼자 먼 산을 보고 중얼거리는 등의 후유증을 겪었다. 그리고 결혼은 했지만 남편과의 성관계도 거부해 이혼을 당했고, 재혼을 해서 아이도 낳았지만 후유증은 갈수록 심해졌다. 결국 김 씨는 자신을 이런 상태로 만든 원인이 된 가해자를 찾아가 살해한 것이다.

이 사건에 대응하기 위해 4개 단체가 모여 공동대책위원회를 꾸렸고, 나도 그 일원으로서 사건 지원을 하였다. 징역 5년을 구형한 구형공판에서 김 씨는 최후진술로 "나는 사람을 죽인 것이 아니라 짐승을 죽였다"고 절규해 우리의 눈시울을 뜨겁게 했다. 지금도 반(反)성폭력 운동사에 유명한 이 말은 어느 문학가가 상상력을 동원해 만든 것이 아니라, 그분의 21년간의 삶의 고통과 분노가 절규로 터져나온 것이다.

이듬해인 1992년에는 13년간 자신을 성폭행한 의붓아버지를 남자친구와 함께 살해한 사건이 발생했다. 이 사건의 남학생 아버지가 우리 상담소로 직접 찾아와 사건 지원을 하게 된 우리는 전국 56개 여성 사회단체들을 모아 '김○○ 김○○ 사건 공동대책위원회'를 꾸리고 22명의 무료 변호인단을 구성했다. 또한 그들이 다녔던 대학의 친구들이 중심이 되어 전국대학생대책위원회가 조직되었다. 나는 공동대책위원회의 실무를 맡아 활동하면서 가까이서 피해자와 그 가족을 만나며 말로 표현하기 어려운 안타까움과 분노, 감동을 느꼈다. 그리고 어떻게 생존자들의 목소리를 사회에 이슈화할지를 배워갔다.

1990년 우리나라 성폭력 피해 신고율이 2.2퍼센트라는 한국형사정책연구원의 조사 결과에서 보듯이, 당시에는 극소수 피해자들만이 피해 사실을 드러냈다. 게다가 형법 제32장의 제목이 '정조에 관한 죄'로 되어 있던 현실에서 피해자들이 입을 연다는 것은 스스로가 정조를 잃었음을 만방에 알리는 격이었다. 따라서 반(反)성폭력 운동에서는 피해자의 말하기에 대한 사회적 인식을 전환시키고 피해자들 스스로 자책감에서 벗어나 자신을 존중하게 하는 것이 커다란 과제였다.

이를 위해 한국성폭력상담소에서는 2003년부터 매년 '성폭력 피해 생존자 말하기 대회'를 개최했다. 이 대회는 피해 생존자들이 대중 앞에서 자신의 피해 사실을 말하고, 힘들었던 점과 사회에 하고 싶은 이야기를 마음껏 펼치는 장이다. 10년 넘게 지속된 이 행사는 이제 성폭력의 고통과 분노를 표출하는 장이자, 말하기와 듣기 참여자들 모두가 치유를 경험하는 장이 되고 있다. 뿐만 아니라 매달 마지막 주 수요일 저녁에는 생존자들의 자조 모임인 '작은 말하기'가 열린다. 그리고 생존자 말하기 대회는 서울만이 아니라 부산, 대구, 전주 등 지역에서도 열리고 있다.

또한 말하기에 참여했던 생존자들의 적극적인 글쓰기와 영상 작업이 이어지고 있다. 앞에서 소개한 은수연 씨의 책《눈물도 빛을 만나면 반짝인다》를 시작으로, 너울은《꽃을 던지고 싶다》라는 책에서 25년 전 어린 나이에 겪은 성폭력 피해의 특성과 후유증, 그리고 자신에게 회복이란 어떤 의미이고 성폭력 피해자를 바라보는 세상의 시선이 자신의 삶에 어떠한 영향을 주었는지를 상세히 쓰고 있다. 또한〈생존 버라이어티쇼〉,〈놈에게 복수하는 법〉,〈잔인한, 나의 홈〉등 성폭력을 주제로 한 다큐멘터리 영화도 제작되어 각종 영화제를 통해 대중과 만나고 있다.

이들 책이나 영화에서는 피해자들이 1차적인 성폭력 피해를 넘어 2차 피해에 직면해 얼마나 분투하고 있는지, 그리고 그 치유 과정이 얼마나 지난한지를 보여주고 있다. 최근에는 TV의 토론이나 다큐멘터리 프로그램 등에 생존자들이 직접 출연해 자신의 이야기를 하는 변화들도 보인다. 이렇듯 성폭력 피해 경험으로 인한 고통은 아직 진행형이기도 하지만, 그 안에서 새로운 희망을 찾아가기 위한 생존자들의 특별한 용기와 지혜가 쌓이고 있다.

성폭력특별법을 만들다

상담소 개소 초기부터 우리는 매년 5천여 회의 상담 전화를 받으며 기존 법이 피해자의 권리를 제대로 보장하지 못하는 수많은 사례를 접했다. 예를 들어, 아버지가 강간을 해도 직계존속은 고소할 수 없다는 형사소송법(224조) 때문에 피해자는 어떤 법적 도움도 받을 수 없었다. 또한 6개월 이내에 고소를 해야 하는 친고죄 규정으로 인해, 피해 후유증에 시달리거나 평소 존경하고 의지해온 가해자와의 관계 특성상 혼란을 겪느라 고소 시기를 놓치는 경우도 많았다.

한번은 멀리 부산에서 전화로 지속적인 상담을 하던 근친 성폭력 피해 여성이 더 이상 가해자와 같은 공간에서 살 수 없다며 갑자기 짐을 싸들고 상담소를 찾아온 일도 있었다. 우리나라 어디에도 성폭력 피해자를 위한 쉼터가 없었던 때라, 우리는 그분을 어디에 모셔야 할지 몰라 발을 동동거리다가 간신히 가정폭력 피해자 보호시설에 연계하였다. 현행 법 체계에서는 이러한 문제들이 결코 해결될 수 없음을 절감한 우리는, 가해자 처벌만이 아니라 피해자 보호를 위한 성폭력특별법 제정을 요구하기로 했다. 그래서 21년 전의 강간범을 살해한 사건을 지원했던 4개 단체가 중심이 되어 1991년 여름에 '성폭력특별법제정위원회'(이하 '성특위')를 꾸렸고, 1992년에는 한국여성단체연합에서 성폭력특별법을 그해 주요 사업으로 선정하면서 성특위가 한국여성단체연합 내의 특위 형태로 새롭게 틀을 갖추어갔다.

돌이켜보면 1992년은 대통령 선거와 총선이 같이 실시된 해여서 법제정 운동이 순항을 할 수 있었던 것 같다. 성특위의 행사장에는 각 당의 대선 주자들이 직접 참석해 성폭력특별법을 만들겠다는 공약을 내놓았다. 사회적 분위기도 당시 언론에 보도된 충격적인 성폭력 사건들로 인해 법 제정에 우호적이었다. 성특위에서는 이종걸 변호사의 적극적인 참여 속에 활동가들과 변호사가 함께 밤샘작업까지 하면서 법안을 마련하고 이우정 의원을 통해 국민청원을 하였다.

하지만 당시 법조인을 비롯한 많은 법학자들은 성폭력특별법이 기본법인 형법에 우선한 효력을 발휘하기 때문에 법의 안정성을 해칠 수 있다는 우려를 하며 특별법 제정에 반대했었다. 성폭력특별법 제정을 위한 공청회에서 한 의원은 '아내 강간죄' 규정을 들어 "이 법은 부인들이 맘 내키면 출근하는 남편의 넥타이를 잡아 경찰서로 가게 하는 법"이라며 강력하게 반대하기도 했다. 그날 국회 공청회의 풍경은 앞으로 우리의 갈 길이 얼마나 먼 것인가를 절감하게 했다. 우리는 상담 사례를 바탕으로 현행 법 체계의 문제점을 구체적으로 제시하면서 토론회를 개최하거나, 국회 공청회에 진술인으로 참여하여 의견을 개진하였다. 뿐만 아니라 국회의사당 앞을 행진하면서 법 통과를 촉구하기도 했다.

이례적으로 성폭력특별법은 법 제정 운동을 시작한 지 3년 만인 1993년 12월에 국회 본회의를 통과했다. 호주제 폐지가 50년이 걸린 것에 비하면 매우 빠른 기간에 이루어진 셈이다. 이러한 변화의 요인은 성폭력특별법 제정을 촉발시킨 사건이 모두 아홉 살 어린이의 성폭력 사건이었다는 점에서, 누구도 피해자를 비난하거나 의심할 수 없는 정황이었음을 들 수 있다. 또한 대부분 남성으로 구성된 국회의원들에게도 성폭력은 결코 남의 문제가 아니라 내 아이를 비롯한 가족의 문제일 수 있다는 점이 쉽게 공감대를 이뤘다고 본다.

한편 성폭력특별법 제정은 선거 기간을 절묘하게 이용하지 않고서는 결코 이룰 수 없는 변화였다는 생각을 지울 수 없다. 비슷한 예로 2007년과 2011년에 유엔 여성차별철폐위원회로부터 매번 친고죄 폐지를 권고 받았지만 정부는 피해자의 사생활과 명예를 보호한다는 미명 아래 꿈쩍도 하지 않다가, 2012년 대통령 선거 때 갑자기 폐지한 것을 들 수 있다. 친고죄 폐지는 충분히 환영할 만한 일이지만 아이러니하게도 나는 법 개정 과정을 지켜보면서 씁쓸한 마음이었다. 특히 바로 어제까지만 해도 피해자의 사생활과 명예 운운하며 반대하던 정부 여당과 법무부가 어떻게 하루아침에 입장을 바꾸었는지는 명확하지 않다.

이는 성폭력 관련 법과 제도가 사전에 충분한 논의와 국민적 합의를 기반으로 해서 마련되는 것이 아니라, 정치적 목적에 의해 급하게 취사선택된 그동안의 역사와도 무관하지 않다. 특히 '혜진이 예슬이 사건'이나 '용산 허모 양 사건', '조두순 사건' 등 전 국민을 분노케 한 아동 성폭력 사건 발생 이후에는 어김없이 전자발찌나 성충동 약물치료제(일명 화학적 거세) 등을 도입한 것이 그 대표적인 예이다.

아무튼 1994년부터 시행된 성폭력특별법은 이후 수차례 개정을 거치면서, 가해자에 대한 가중처벌뿐만 아니라 피해자 권리를 상당 수준으로 보장하고 있다는 점에서 매우 의미 있는 변화를 끌어내고 있다. 대표적으로 피해자를 위한 진술녹화 제도나 비공개재판 신청권, 신뢰관계인의 동석 제도, 성폭력 전담 수사관·검사·재판부 제도, 법원의 증인지원실 운영, 성폭력상담소 및 피해자보호시설 운영, 피해자에 대한 법률 및 의료비 지원 등 전반적인 피해자 권리를 두텁게 보장할 수 있는 기반이 구축된 것이다. 더욱이 성폭력특별법에서 다루었던 피해자 권리 조항이 이후 2007년 형사소송법 개정에도 상당 부분 반영되어, 전체 범죄 피해자의 권리에 크게 일조한 것도 주요한 성과로 들 수 있다. 이처럼 우리나라는 이제 성폭력 관련 법제화가 어느 정도 이루어졌다. 이러한 발 빠른 변화에 대해 일본을 비롯한 동남아시아 등 여러 나라의 법조인이나 NGO 활동가들은 놀랍다는 반응을 보이며 견학을 오기도 한다.

성폭력 2차 피해, 그리고
처벌 강화 위주의 법·정책이 보지 못한 것들

하지만 최근 반(反)성폭력 운동이 너무 법제화에만 주력했다는 비판들이 이어지고 있다. 이는 성폭력 분야만이 아니라 전반적인 여성운동의 평가에서 공통적으로 지적되는 문제다. 나는 법제화 운동은 아무런 법적 기반이 없었던 시점에서는 가장 시급하게 추동해야 할 과제였다는 점에서 그 필요성을 경시해서는 안 된다고 생각한다. 다만 예방 차원의 의식 변화를 위한 활동을 상대적으로 효율적으로 하지 못한 부분은 꼭 성찰해볼 필요가 있다. 또한 법의 이행 과정에 대한 모니터링이 좀 더 조직적이고 세밀하게 진행되었어야 했다. 하지만 비록 충분하지는 못했지만 다음과 같은 몇 가지 노력들도 이어졌다.

성폭력 상담을 하고 사건을 지원하면서 오히려 피해자들이 수사와 재판 과정에서 2차 피해를 입는 현실을 보며, 우리는 법의 '합리성'이나 '객관성'에 가려 피해자의 목소리와 경험이 배제되는 현실에 대해 문제제기를 하지 않을 수 없었다. 2003년에 판사·검사·변호사 집단의 의식조사를 실시했는데, 의외로 이들 법조인들이 성폭력에 대한 잘못된 통념에서 자유롭지 못함을 알 수 있었다. 특히 폭행과 협박에 의해 저항할 수 없는 상태에서의 피해만을 강간으로 인정하는 '최협의설'의 영향이 매우 컸다. 따라서 피해자들이 제대로 저항을 하지 않았거나, 심지어 피해 후 가해자와 식사를 하러 갔다면 절대 '진짜 피해자'로 인정받을 수 없는 구조인 것이다. 즉 법에서는 피해자와 가해자의 관계 특성에 의한 피해자의 깊은 고민과 갈등을 이해할 '언어'나 '가슴'이 없었던 것이다.

그래서 2004년에는 전국성폭력상담소협의회에서 '성폭력 수사·재판 시민감시단'을 발족하여, 수사와 재판 과정에서 일어나는 2차 피해를 감시하는 활동을 시작했다. 협의회에서는 모니터링 체크리스트를 개발하여 각 상담소에 배포하고, 전국의 상담소에서 피해자를 지원할 때 이를 활용하기로 했다. 그리고 연말에는 이들 지원 사례를 모아 '여성 인권 디딤돌상'과 '걸림돌'을 선정하여 언론을 통해 발표한다. 법조인들은 처음에는 이러한 여성단체의 활동에 무관심하다가 10년쯤 지난 요즘에는 '걸림돌'에 선정된 법조인이 여러 통로를 통해 항의를 해오거나 수정을 요청하는 등의 변화를 보이고 있다. 단체의 지속적인 활동이 갖는 힘을 느낄 수 있는 대목이다.

또한 시민감시단 활동에 보이지 않게 도움을 주신 분들이 있는데, 지금은 고인이 된 배우 최진실 씨도 여기에 포함된다. 그녀는 당시 한 건설회사의 아파트 모델이었는데, 가정폭력 피해자로 신문에 보도되면서 이미지 실추로 아파트 분양에 차질이 생겼다며 해당 건설회사가 최 씨를 상대로 손해배상 청구를 했다. 당시 강지원 변호사가 이의 부당함을 주장하며 최 씨의 변호를 맡아 결국 항소심에서 승소했다. 그때 강 변호사는 수임료를 고사했는데도 한사코 사례하고 싶어 하는 최 씨에게 우리 상담소를 소개했고, 우리는 그녀의 기부금에 다른 기업인의 기탁금을 더해 총 2천만 원으로 '성폭력 수사·재판 시민감시단' 활동을 시작할 수 있었다.

이어서 한국성폭력상담소에서는 2006년에, 가부장제 사회에서 아주 뿌리 깊게 자리 잡은 법의 성 편향성을 깨기 위해 '성폭력을 조장하는 대법원 판례 바꾸기 운동'을 시작했다. 그동안의 판례를 분석하면서 이들 판결의 가부장성이나 인권 침해 상황을 논평하는 논문을 실어 소책자를 만들었다. 이 자료를 매달 대법관을 비롯한 주요 재판부에 1년여간 지속적으로 우편으로 보냈다. 이 운동은 법조인, 대학교수를 비롯한 연구자들, 현장 활동가들이 적극 참여하였기에 가능했다. 당시 이 자료집을 받았던 법조인 중 몇 분이 상담소로 격려의 전화와 후원금을 보내주기도 했다.

또한 2007년 한국여성민우회에서는, 많은 판결문에서 관행적으로 사용되고 있는 "순간 욕정을 느껴"라는 문구가 '성폭력은 남성의 성욕에 의해 일어난다'는 통념을 조장한다며 비판하는 운동을 시작했다. 이러한 잘못된 통념은 성폭력이 권력관계에 의한 인권 침해라는 사실을 교묘하게 가리면서, 자연스럽게 피해자의 옷차림이나 태도를 비난하는 것으로 이어진다는 점을 지적한 것이다. 그래서 한국여성민우회는 앞으로 판결문에서 "욕정을 느껴"라는 문구를 삭제해줄 것을 공식적으로 대법원에 요구하여, 법원 행정처에서 각급 법원 판사들에게 공문으로 이를 전달하는 변화를 이끌어내기도 했다.

한편 온 국민이 분노하는 아동 성폭력 사건이 터질 때마다 법과 제도가 새롭게 만들어지는 과정은 거의 비슷한 절차를 통해 이루어져왔다. 주요 사건이 발생할 때마다 신문과 방송에서는 앞다퉈 선정적으로 사건을 보도하고, 여러 단체들의 규탄과 대책 마련 요구, 정부와 국회 각 당의 민첩한 대응으로 새로운 법 제정… 이런 식이다. 전자발찌나 성충동 약물치료(화학적 거세), CCTV, 신상정보공개, 유전자정보은행 등의 법안이 최근 10년 사이에 거의 비슷한 절차를 거쳐 일사천리로 만들어졌다. 심지어 의사 출신의 한 의원은 물리적 거세 법안을 발의했다가 비난 여론에 밀려 자진 철회하기도 했다. 이제 성폭력 가해자를 광화문 네거리에서 공개 처형하는 것 외에는 거의 모든 형태의 처벌 규정이 마련되었다 해도 과언이 아니다. 더욱이 새로 출범한 박근혜 정부가 '4대 악(성폭력, 가정폭력, 학교폭력, 불량식품) 척결'을 주요 국정과제로 설정하면서 법무부·행정자치부·여성가족부 등의 주요 업무로 성폭력이 부상하고 있다.

이와 관련해 반(反)성폭력 운동가로서 우리는 정부 정책에 많은 우려를 하면서도 정면으로 반대하기는 쉽지 않다. 그동안 없거나 미약했던 법과 제도가 새롭게 만들어지면서 가해자들의 처벌 수위도 높아질 것이고, 이와 함께 사회적 인식도 함께 높아질 수 있기 때문이다. 또한 우리가 지원하는 피해 생존자를 비롯한 그 가족들 대부분은, 성폭력 피해의 고통에 비해 가해자 처벌이 너무 약하다고 지적하곤 한다. 따라서 어떤 경우에는 정부의 대책에 제대로 반대 의견을 내지 못한 채 넘어가기도 한다.

몇 년 전, 가해자의 유전자를 모아두었다가 다른 범죄가 일어나면 대조해서 재범 방지를 막겠다는 유전자정보은행 법제화가 논의될 당시, 정부 측에서는 우리 상담소에 찬성 입장으로 토론해달라고 요청해왔다. 우리는 정부가 '과학수사'라는 이름으로 개인의 유전자를 수집하고 감시하는 흐름에 인권 침해의 소지가 있음을 간과할 수 없어 나가지 않았다. 그리고 이어지는 전자발찌나 화학적 거세 등 가해자의 처벌 강화 대책을 접할 때마다 우리는 관련 단체들과 연대하여 반대 의사를 표명하기도 했지만 전면에 나서지는 않았다. 그리고 2000년에 청소년 성보호법 제정 당시 만들어진 신상정보공개 제도는 적극적으로 우리가 법안 제정을 요구하기도 했다.

우리가 가해자 처벌 강화 위주의 법·제도에서 우려하는 점은 '성폭력은 뿔 달린 악마들만 골라내어 엄벌에 처하면 된다'는 식으로 흘러가는 이 물줄기를 어떻게 바로잡아야 할지이다. 언론을 통해 보도되는 강력 성범죄를 보며 대부분의 사람들은 사건 자체에는 공분하면서도 자신은 이들 '괴물'과 철저하게 분리한다. 그리고 일상에서 자신이 알게 모르게 행하고 있는 자신의 성폭력적 언행은 전혀 성찰의 대상으로 인식하지 않는다. 무엇보다 성폭력 발생의 근본적인 문제인 불평등한 남녀관계, 인권 불감증 등 근본 문제의 개선 없이 가해자 처벌만 강화하는 제도가 얼마나 공허한 것인지를 많은 사람들이 공감하지 못하고 있는 것이 너무나 안타깝고 답답하다. 이 점은 20년이 넘는 반(反)성폭력 운동에서 가장 중요한, 사람들의 인식을 바꾸는 활동을 더 열심히 하지 못한 데 대한 반성으로 이어지지 않을 수 없는 지점이다.

제도화의 두 얼굴, 건강한 거버넌스의 길 찾기

　여성폭력은 그 역사와 뿌리가 깊어, 이를 근절하기 위해서는 사회 구성원 모두의 노력과 헌신이 요구된다. 그런데 성폭력 관련 법과 제도가 만들어지면서 정부가 NGO와 건강한 파트너십을 형성해가는 것이 아니라, 오히려 단체의 자율성을 훼손하고 있지 않은가 하는 우려가 나오고 있다. 성폭력 피해자 지원을 시작하고 이슈를 제기한 것은 정부가 아닌 여성운동 단체들이었고, 이는 세계적인 흐름이기도 하다. 그런데 성폭력특별법에 따라 단체들에게 일부 국고보조금이 지급되면서, 전국 170여 개 성폭력상담소들은 정부의 '지도·감독' 체제에서 활동 및 회계 감사를 받는 시스템이 된 것이다.

　물론 국민 세금으로 지원되는 재정이 투명해야 함은 당연하지만, 한편에서는 상담소가 정부의 하급기관으로서 피해자 지원을 대행하는 역할로 전락했다는 비판이 일고 있다. 심지어 2000년대 중반에는 성폭력 피해자 쉼터에 담당 구청 직원이 찾아와, 쉼터 사람들의 얼굴을 보며 일일이 주민등록증과 대조하겠다는 요구를 해오기도 했다. 또 어떤 군 의회에서는 거짓 상담 건수를 확인하겠다며, 활동가에게 상담 일지를 의회로 가져오라는 황당한 요구를 하는 일이 벌어지기도 했다.

　그리고 모든 성폭력 상담 사례를 전산화하여 중앙에서 데이터를 관리하겠다는 행정편의주의적 발상으로 피해자 신상의 비밀 보장이 위협받는 상황이 벌어지고 있다. 이에 관련 단체들이 강력하게 반발하고 있어 정부의 이러한 계획은 현재 시행을 못하고, 전국성폭력상담소협의회 차원에서 통계 시스템을 개발해 시범 사용 중이다. 또한 예산 지원을 근거로 반정부 행사 참여 단체에 대한 예산 지원 철회 등 민간단체의 자율성을 훼손하는 사례들도 발생하고 있다. 이처럼 제도화의 두 얼굴에서 정부와 민간이 어떻게 상호 협력해갈지는 지난한 토론과 성찰이 요구되는 지점이다. 제도화 이면에 숨은 칼날이 건강한 거버넌스의 실종을 가져오고 있는 현실이다.

나는 상담소 활동가로 일하면서 제도화의 달콤함과 씁쓸함을 동시에 맛보며, 제도화의 물결에 맞서는 것이 얼마나 힘들고 의미 있는 일인지를 절감했다. '사회의 맥박'이라는 NGO 활동가로서의 정체성보다 사회복지 전달체계의 말단에서 성폭력을 '다루는' 역할에 회의를 느꼈다. 그러면서도 연간 6천만 원 정도의 안정적인 정부 지원을 당장 포기하기에는 재정적, 조직적 기반이 약했다.

이런 상황에서 우리가 선택할 수 있는 것이 무엇인가를 깊이 고민하지 않을 수 없다. 뜻을 함께하는 단체들과 연대해 연속 세미나를 개최하면서 공감대를 형성하고 우리의 나아갈 방향에 대해 함께 논의를 거듭했지만 뾰족한 대안을 찾기가 어려웠다. 가장 건강한 시민운동 단체는 회원들의 회비로 운영되는 것이겠지만, 한국성폭력상담소의 경우만 해도 개소한 지 20년이 넘었어도 후원회원은 1200여 명에 머물고 있는 실정이다. 반면에 남성들이 주로 참여하고 있는 한 시민단체는 2만여 명이 넘는 후원회원들이 있고, 천안함 사건 등으로 단체에 타격이 가해질 때는 수천 명이 자발적으로 그 단체의 후원회원이 되기도 한다. 그만큼 우리 사회는 아직도 성폭력상담소에 후원하는 사람들을 극렬 페미니스트이거나 혹은 피해 경험이 있는 사람일 거라고 여기는 경향이 강하다. 이처럼 우리가 그토록 요구해왔던 제도화는 이제 반(反)성폭력 운동에서 또 다른 큰 숙제를 남기고 있다.

한편으로 제도화와 함께 또 하나의 큰 과제는 종사자들의 전문성 인정이다. 2004년 우리나라에 최초로 아동 성폭력 피해자 지원센터가 마련될 때의 일을 생각하면 지금도 가슴이 답답하다. 당시 한 어린이 성폭력 피해자가 진료해줄 병원을 찾아 36시간을 헤맨 사건이 계기가 되어 우리나라에서도 아동 성폭력 전담센터가 마련되었는데, 공모를 통해 위탁기관을 선정하는 과정에서 최종적으로 우리 상담소와 모대학병원이 경쟁하게 되었다. 당시 우리는 13년 동안 성폭력 피해자 상담과 지원을 해온 노하우가 있는 단체였지만, 여성가족부의 선정 기준은 이른바 '전문성'으로, 결국 의사들이 참여하고 있는 대학병원으로 최종 결정을 내린 것이다. 이후 전국적으로 확장되고 있는 해바라기아동센터는 모두 병원에 기반을 두고 있다. 이제 성폭력 피해는 질병으로 간주되고, 이들의 치유는 우선적으로 병원 치료를 해야 하는 것이 상식이 되고 있다. 나는 당시 담당자로부터, 그 병원과 우리 상담소의 득점 차이가 근소해서 최종 선정에 매우 고심했다는 이야기를 들었다. 그러나 근소했던 그 차이는 10여 년이 지난 지금 피해자 지원의 기본 철학과 방향에서 너무 큰 차이로 벌어지고 있음을 절감한다.

다시 신발 끈을 매고

　지난 3년 동안 나는 학교에서 일했다. 그 치열한 운동 현장에서 한발 뒤로 나오고 보니 예전 상근활동가로서 느꼈던 설렘과 가슴 뜀, 막막함 등은 확실히 옅어지긴 했지만, 그동안 보이지 않았던 것들이 보이기도 하고 미뤄두었던 고민들도 수시로 꺼내볼 수 있었다. 돌이켜보면 지난 20여 년간의 운동 현장에서 나의 가슴 한켠에 늘 자리한 문제들은 다음과 같이 정리해볼 수 있겠다.

　첫째, 피해 생존자의 권리 보장이다. 흔히 우리 사회에서 성폭력 피해자는 보호의 대상으로 간주된다. 물론 보호는 피해자에게 제공되어야 할 주요한 권리의 한 부분이지만, 피해자의 포괄적이고 주체적인 위치와 입장을 담기에는 매우 소극적이고 제한적이다. 피해자의 입장에서 '보호를 받는다'는 것은 자신의 당연한 권리 행사라기보다는 '약자' 또는 '무능력자'에 대한 가부장적 '시혜'이자, 국가의 의무사항이 아닌 '배려' 차원의 접근이라는 지적에 귀 기울일 필요가 있다.

　성폭력 피해자는 우리 사회에서 일반적으로 이미지화된 무력하고 슬픈 존재, 나아가 평생 고통 속에서 살아가야 하는 존재가 아니다. 오히려 자신의 피해와 고통을 언어화하여 지원을 요청하고, 사법기관의 부당한 처우에 분노하며 문제제기를 하는 적극적이고 주체적인 존재다. 그럼에도 성폭력 관련 보도를 보면 늘 피해자를 수동적이고 무기력한 존재로 고정시키고 있는데, 이는 피해자가 자신의 경험을 인식하는 데 어려움이 있어 누군가 그 피해의 경험을 대신 해석해줄 수밖에 없다고 보는 '피해자화의 정치'이다. 따라서 나는 성폭력 피해 생존자의 권리를 명시적으로, 또 실제적으로 확보하기 위한 이론적 시도들을 해가고 싶다.

둘째, 성폭력에 대한 인식 전환이다. 1990년대만 해도 생경했던 성폭력이란 용어가 이제는 유치원 어린이들도 자연스럽게 "성폭력은 싫어요"라고 외칠 정도가 됐다. 얼마 전 한 방송사에서 엘리베이터 안의 성추행 사건을 연출하며 시민들의 반응을 실험했는데, 피해 여성을 자신 쪽으로 끌어와 보호하는 사람, 급히 경비실로 연락해 도움을 요청한 사람, 그 자리에서 가해자를 제압한 사람 등 각자 자신이 할 수 있는 최대한의 노력을 기울이는 모습이 감동적이었다. 그러나 아직도 굳건하게 변하지 않은 것은 각자 마음속에 스며들어 있는 성폭력에 대한 잘못된 통념인 것 같다.

전 국민이 성폭력 사건에 공분하지만 정작 주변인이 가해자로 지목되었을 때, 특히 자신의 가족이나 지인이 가해자로 지목되면 어김없이 피해자 유발론이 나오고 비난과 의심의 태도를 벗지 못한다. 대표적으로 ○○대학교 의대생 성폭력 사건에서 세 명의 피고인 중 한 남학생의 어머니는, 재판에서 아들에게 유리하게 하려고 피해 여학생의 과거 행실을 문제 삼은 연판장을 돌려 명예훼손으로 실형을 선고받기도 했다. 이러한 가해자 가족의 반응은 다른 사례에서도 어렵지 않게 볼 수 있는 일이다. 심지어 어떤 가해자 어머니는 피해 여성과 자신의 아들을 결혼시키면 될 것 아니냐는 반응을 보이기도 했다.

오히려 경찰, 검찰, 재판부에서는 자체 교육과 사회적 모니터링 속에서 긍정적인 변화를 보이고 있는 것 같다. 내가 참관했던 어느 준(準)강간 사건의 재판 과정은 매우 고무적이었다. 판사는 증인으로 나온 피해자에게 친절하게 재판 진행 과정을 안내했고, 증언 도중 피해자가 감정이 격해져 울먹이자 법원 경위에게 물과 티슈를 가져다주라고 하면서 피해자가 진정될 때까지 기다려주었다. 또 "원치 않는 성관계를 가졌다고 해서 인간 존엄성이 훼손된 것은 아닙니다. 여기 있는 누구도 그렇게 생각하지 않습니다. (…) 아픔을 잘 이겨내시길 바랍니다"라고 아름다운 마무리를 했다. 신뢰관계인 동석 제도를 이용해 공판에 참여했던 나는 마음 가득 존경을 담아 판사에게 인사를 하고 법정을 나올 수 있었다.

그런데 이와 비슷한 사건의 국민참여재판에서는 총 9명의 배심원 중 여성이 6명이었지만 가해자에게 무죄 평결이 나오기도 했다. 왜 피해 여성이 몸을 가눌 수 없을 정도로 술을 마셨는지, 피해를 입은 줄 알았으면 그 순간 바로 뛰쳐나와 신고를 하지 않고 왜 함께 밥을 먹었는지 등이 논란이 되었다고 한다. 검사는 이 사건을 강간으로 보고 기소를 했지만, 정작 일반 국민인 배심원들은 무죄 평결을 내린 것이다. 따라서 이제는 정말 온 국민의 인식 속으로, 성폭력 문제 바로보기 프로젝트가 진행되어야 함을 절감한다.

셋째, 성폭력의 두려움을 떨쳐낸 여성의 몸과 마음 가꾸기이다. 일각에서는 반(反)성폭력 운동이 여성들에게 지나치게 두려운 성을 강조했다는 비판도 있다. 물론 이는 전혀 의도한 바는 아니지만, 언론에서 성폭력 보도 때 인용되는 현장 활동가들의 코멘트는 "평생 고통을 입는 심각한 피해"에 머무른다. 그 말 앞뒤에 이야기했던, 피해자 중에도 다양한 반응을 한다든가 생존자로서 힘과 지혜가 있다는 말 등은 여지없이 잘려나가고 마는 것이다. 따라서 여성들의 두려운 성에 일조했다는 비판은 활동가로서 매우 아픈 부분이 되었다. 다행히 최근 '유쾌한 섹슈얼리티 인권센터' 등 다양한 시민운동 단체들이 활동을 하고 있어 기대를 걸고 있다.

한편 대학 내에서는 또 다른 다양한 움직임들이 있다. 2000년대에 대학가에 신선한 자극을 주었던 월경페스티벌을 비롯해, 총여학생회를 중심으로 학내 성폭력 문제에 대응하기 위한 다양한 노력들이 이어지면서 여성들의 섹슈얼리티에 관한 새로운 논의들이 나오고 있다. 그중에는 용어 사용이나 게시의 목적·방법 등에서 여러 논란을 일으킨 '보지 프로젝트' 등도 있어 향후 다양한 논의의 물꼬를 트고 있다.

이제 반(反)성폭력 법과 정책, 운동은 새로운 길을 나서야 할 시점인 것 같다. 지난 20여 년 동안 법과 제도를 만드는 집짓기를 해왔다면, 이제는 그 안에서 안전하고 자유로운 삶을 꾸려갈 요소들을 채워가는 일이 남아 있다. 즉 성폭력에 관한 새로운 법을 만들기보다는 기존에 마련된 법을 제대로 운용하는 것이 중요하며, 이를 위해 각 정책에 대해 구체적인 모니터링 작업들을 시도해야 한다. 무엇보다 성폭력에 대한 잘못된 통념과 관습 등을 바꿔가기 위한 구체적이고 일상적인 실천이 우리의 삶 속에서 이뤄져야 한다. 지난 2월부터 다시 한국성폭력상담소 상근 활동가로 돌아온 나는 크게 심호흡을 하고 다시 출발선에 선다.

{ ᅿ }

정진주

사회건강연구소 소장

사회학자, 여성'건강'을 말하다

왜 '여성(젠더)건강'인가?
건강의 사회학을 생각하며

나를 여성건강 전문가라고 불러주는 많은 사람들의 예측과 달리, 나는 처음부터 건강 분야를 전공하거나 관심을 둔 것은 아니었다. 하지만 건강이라는 주제와 여성건강 이슈는 내 인생의 길고 긴 여정 속에서 그 중요성이 부각되었고, 이제 내 연구와 활동의 주요한 영역으로 자리매김하게 되었다. 사실 이러한 과정은 한국 사회에서 건강이 주요한 연구 주제로 부각되고 사람들이 관심을 갖게 된 전반적인 흐름과도 맞물려 있다.

건강이라는 주제가 처음으로 내 관심을 불러일으켰던 것은 석사 논문을 쓰기 위해 공장에서 일했던 1987년의 뜨거운 여름날로 거슬러 올라간다. 사회학을 전공한 나는 중소기업 노동자의 생활과 노사관계에 대한 의식을 주제로 석사 논문을 쓰기 위해, 약 4개월간 공장에서 직접 노동자로 일하는 방법을 선택했다. 그곳은 자동차 타이어 밸브를 만드는 소규모 공장이었는데, 공장 전체에 쇳가루가 날려 하루 종일 온몸이 가려웠다. 가려움에 못 이겨 몸을 긁으면 쇳가루가 피부에 생채기를 내서 온몸에 빨간 줄이 여러 갈래 생길 정도였다. 집에 가서 머리를 감으면 마치 청소하고 난 후 대걸레를 빨 때처럼 시커먼 물이 쏟아져 나왔다.

공장의 다른 노동자들에게 이런 상황에 대해 물으니 "돼지고기에 막걸리 마시면 쇳가루가 다 빠져나온다"면서 별로 대수롭지 않게 말하곤 했다. 또 프레스에 손가락을 다치지 않도록 긴장하며 일한 경험, 그 여름날 뜨거운 불구덩이에 쇠를 녹이는 작업을 하면서도 위험수당으로 고작 1만 원을 받는 아저씨들, 부품 조립을 위해 하루 종일 쪼그려 앉아 어깨에 힘이 들어가는 자세로 일하는 아주머니들의 고단한 일상을 목격하게 되었다. 이 공장 경험을 통해 나는 어렴풋이 건강을 노동환경과 노동자의 삶에서 주요 이슈로 보았지만, 이를 적절히 다룰 논리적·방법론적인 틀을 학교에서 배우지 못했고 스스로 개척하기에는 역량 부족이었다. 따라서 내가 공장 생활에서 경험한 건강 이슈는 석사 논문에서 노동조건의 한 부분으로 살짝 '끼워 맞추기'를 했고, 건강 주제는 그렇게 잊혀가는 듯했다.

건강이라는 주제를 다시 한 번 상기하게 된 계기는 캐나다 토론토대학에서 공부하던 중 박사 논문을 쓰기 위해 다시 한국의 구로공단(현재의 구로디지털단지)을 방문했을 때였다. 노동자의 생애사를 수집하여 미시적 차원의 노동자의 삶을 통해 '발전'의 의미를 재해석해보는 것이 내 박사 논문 주제였다. 당시 서구사회에서는 이러한 방식의 연구가 폭넓게 진행되고 있었다. 1993년의 구로공단은 허름한 기숙사, 공장

안팎의 칙칙한 모습, 여전히 각 공장에서 뿜어내는 유해물질과 소음과 먼지 속에서 힘들게 일하는 사람들로 쉴 틈 없이 돌아가고 있었다.

내가 특별히 여성 노동자를 선택하려고 했던 것은 아니었지만, 당시 구로공단에는 여성들이 많이 일하고 있었다. 그런데 비혼 여성은 대체로 노동에 대한 관심보다는 이 열악한 상황을 결혼을 통해 탈출하려는 생각이 많았고, 기혼 여성은 일과 가정을 병행하느라 소진 상태에 있었다. 노동자들은 하루하루 일감을 마무리하느라 혼신의 힘을 다하고 있었기 때문에, 공장 내부의 위험물질이나 장시간 노동에 따른 건강 문제는 어쩔 수 없는 일로 생각하고 있었다. 나는 석사 논문을 쓸 때와 마찬가지로 이때도 건강 문제를 전면에 드러내 적극적으로 다루지는 못하고 전반적인 노동조건의 한 영역으로 기술했을 뿐이었다. 하지만 여성 노동자의 공장 환경과 노동 시간 및 일-가정 조화를 건강과 연계하며 이야기하는 노동자의 진술은 마음속 깊이 남았다.

이후 건강 문제에 관해 더 배우고 실천할 수 있는 기회는 뜻밖의 곳에서 주어졌다. 박사학위를 거의 마칠 무렵 토론토에 있는 일과건강연구소(Institute for Work & Health)에서 일하게 되면서부터였다. 이곳은 노동과 건강, 산재보상보험에 관해 연구하는 곳으로, 세계적으로 유명한 석학이나 현장과 연계되어 다학제 연구자들이 함께 일하는 유명한 곳이었다. 특히 토론토 최대 일간신문사인 〈The Toronto Star〉에서 일하는 사람들의 건강 문제 연구에 참여함으로써 건강 분야에 적극적으로 뛰어들게 되었다. 당시 이 신문사는 컴퓨터가 도입되어 노동자들이 엄청난 기술 변화와 업무 부담을 경험하고 있었는데, 이로 인해 근골격계 질환을 겪는 노동자들이 속출했던 것이다. 다학제 연구팀의 참여, 현장 중심의 연구, 노-사 공동 참여, 연구에 기반을 둔 조직 변화와 장기 전략을 구상하고 실행하는 전 과정에 참여해본 것은, 이후 한국에서 2000년이 되어서야 시작하게 된 안전보건예방 활동을 미리 맛보는 계기가 되었다.

한편 이 연구소는 사회학자가 소장으로 있으면서, 당시 한국에서는 절대 발견할 수 없는 현상, 즉 사회학자가 이과 전공 인력을 활용해 연구의 방향을 제시하고 연구 성과를 확산하는 방식을 보여주었다. 건강은 의사만 다루는 것이 아니라, 다학제팀이 모여 사회적 환경 및 불평등, 공동체의 역할을 감안하며 다루는 영역이었다. 건강 이슈가 사회과학과 접목되는 지점을 확인하게 된 것이다.

유학생활을 마무리하고 귀국할 무렵, 캐나다는 1995년 베이징 세계여성대회를 거치면서 연방정부 차원의 여성건강 전략을 수립하고 그 구체적인 이행을 위해 여성건강센터를 만들어갈 준비가 한창이었다. 여성건강 연구자들이 센터를 중심으로 모이기 시작했다. 나는 연구원 자격으로 이름이 오르기도 했지만 결국 한국으로 돌아오면서 캐나다에서의 본격적인 여성건강 정책 실행은 직접 경험하지 못했다. 그러나 국가적 차원에서 여성건강의 방향이 수립되고 정책이 실행되고 모니터링이 되어야 할 필요성을 느끼게 되었다.

새로운 밀레니엄의 시작과 동시에 귀국한 나는 본격적으로 여성건강을 연구하게 되었는데, 노동환경건강연구소를 비롯해 국책 연구소인 한국여성정책연구원, 이화여대 한국여성연구원, 그리고 2012년 사회건강연구소 설립에 이르기까지, 지난 15년 동안 여성·젠더건강에 대한 연구와 활동을 이어왔다. 그리고 최근에는 국제보건 분야로 여성건강 이슈를 확산해가고 있다.

여성건강은 흔히 의사와 같은 특정 전문가 집단이 해야 하는 분야로 인식되어 일반인이나 민간단체로부터도 소외되기가 쉽고, 정부로부터는 여성건강 필요성에 대한 이해 부족으로 예산 배정을 받기가 어려웠다. 연구가 없으니 정책의 우선순위에서도 밀리기 일쑤였다. 사회과학자가 건강을 연구하기 어려운 환경에서 다학제팀과 협동 연구를 종종 수행하였지만, 의료적 차원을 넘어 사회적 모델에 입각한 여성건강 연구는 대체로 학문적 경계에 선 '이방인'의 시선을 받았다. 그럼에도 젠더 차이가 건강 영역에 반영되어야 한다는 신념과, 일하는 여성이 증가하면서 이들의 건강 이슈가 중요하다는 판단 하에 그 오랜 여정을 외롭지만 무소의 뿔처럼 나아갈 수 있었다. 이제는 한국 사회에서도 여성건강에 대한 관심이 과거 어느 때보다 높다는 것을 피부로 느끼며, 지금부터라도 좋은 관점을 기반으로 제대로 된 여성건강 활동이 전개되어야 할 시기라고 본다.

2000년대 초반에는 '여성건강'이라는 말조차 꺼내기 어렵거나 '생뚱맞게' 여겨졌다. 물론 이전에도 모성건강에 관한 연구는 많이 진행되었고, 여성건강과 모성건강은 대체로 같은 것으로 여겨지는 분위기였다. 하지만 모성건강을 넘어서 여성의 다양한 삶의 영역과 건강을 연계하는 연구는 그리 많지 않았다.

여성건강 연구를 하면서 맨 처음 부딪히는 문제는 "왜 여성건강인가?"라는 질문이다. 이 질문 뒤에는 "남성은 어디 있나?", "여성건강만 중요하고 남성건강은 중요하지 않다는 말인가?"라는 질문과 불만이 숨겨져 있다. 건강뿐 아니라 다른 영역에서도 여성주의적 시각은 대체로 비슷한 질문을 받아왔지만, 특히 건강 분야에서 자주 듣게 되는 말은 "그래도 여자는 남자보다 오래 살잖아"라는 말이다. 여성의 평균수명이 남성보다 높다는 사실이 여성건강 연구를 할 때 가장 강력한 장애요인이 되곤 했다.

이렇듯 수명의 남녀 차이가 여성건강 연구·활동의 정당성을 폄하하는 '객관적 사실'로 자주 등장하는데, 이러한 질문에 나는 "사는 기간만이 중요한 것이 아니라, 죽기 전까지 어떠한 삶의 질과 건강 상태를 유지하면서 살았는지 역시 중요하다"는 말을 자주 해야만 했다. 또 젠더만이 아닌 사회 계층을 포함한 다양한 '건강의 사회적 결정요인'을 거론하면서, 여성과 남성의 이분법적 구분은 그다지 유용하지 않으며 젠더 관점이 포함된 건강의 통합적인 접근 방식이 적절하다고 주장하였다. 나아가 이제까지 건강을 위한 정부 정책에 여성의 요구나 젠더 관점이 적용되지 않았으므로, 이제 여성의 요구를 먼저 들어보고 건강의 젠더 차이와 사회적 요인을 함께 보는 방식이 중요하다고 말하곤 했다.

그러나 이러한 이야기는 정책 현장에 있는 공무원들에게는 매우 어려운 말이며, 일반 남성들에게도 자신들이 소외되어 있는 듯한 기분을 없애기에는 부족해 보였다. 건강 연구자들 사이에서도 여성건강 연구에 대해 대놓고 반대 의견을 표시하지는 않지만 중요한 연구 영역이라고 생각하지도 않는 듯했다. 또 여성건강 연구가 연구자의 경력에도 그리 큰 장점으로 작동하지 않는 현실이 오래 지속되었다. 모대학의 교수 선발에서 나는 여성건강을 연구한다는 것 자체가 단점으로 평가되었다는 얘기를 전해 들은 바도 있다.

이렇듯 여성건강 연구에 국가 예산이 배정되지 못하고, 연구 결과가 없으니 정책의 우선순위에서 밀리고, 또다시 여성건강 연구도 제대로 할 수 없는 악순환이 계속되었다. 물론 최근에는 조금씩 변화를 느끼고는 있지만, 건강 영역에서 젠더 관점을 반영한 다양한 연구가 지속적으로 생산되고 이와 더불어 여성(젠더)건강에 대한 이론적 깊이를 더할 필요가 있다. 또 향후 더 다양한 사례를 개발하여 다양한 집단을 대상으로 연구 결과를 공유하고 우호적인 집단을 확대할 필요가 있다고 본다.

여성건강 연구는 종종 다학제적 연구팀을 기반으로 운영되는데, 나는 직업환경의학, 예방의학, 가정의학, 산부인과, 인간공학, 산업위생, 간호학, 보건학, 사회과학, 여성학 등의 연구자들과 네트워크를 이뤄 연구와 사회 변화를 동시에 이끌어내는 작업을 해왔다. 다학제적 연구를 할 때 중요한 것은 각 학문 분야에 대한 충분히 이해다. 이를 위해서는 상당히 포괄적인 기초 지식이 있어야 하고, 함께하는 연구 경험의 축적이 필요하다. 그 과정에서 나는 사회과학과 의료 분야 양쪽에서 오랫동안 이방인의 시선을 느껴야 했지만, 최근 이러한 시선은 많이 완화되었고 다학제적 연구를 할 때 꼭 필요한 사람으로 인식되었다.

사실 한국에서 이렇듯 이방인의 시선을 받은 경험은 내가 캐나다에서 다학제적 연구팀으로 활동했던 경험과는 매우 달랐다. 한 예로, 여성과 남성이 동일한 직업을 갖는다 하더라도 하는 일이 달라 건강 위험요인이 달라질 수 있다는 이론에 따라, 우리나라의 병원과 공공부문에 있는 남녀 노동자를 대상으로 연구한 적이 있었다. 그때 이 연구보고서의 심사자 중 한 의학교수는 대뜸 내게 "조선소에 가본 적이 있느냐?"고 물으며, 조선소에서 여성은 용접을 하지 않는다며 내 연구의 맥락에 맞지 않는 말로 나를 공격하기도 했다. 의사라는 사회적 권위를 내세우며 젠더 관점을 폄하하는 의료인의 모습을 보고 씁쓸하기도 했다.

또 한국 노동자의 스트레스 요인을 연구할 때는 노동자 면접 등 질적 연구 방법 활용이 필수적이었는데, 대부분의 연구자가 질적 연구에 대한 기본적인 이해조차 없던 상황이었다. 해외에서는 건강 분야에서도 양적 연구만큼이나 질적 연구 방법이 많이 사용되고 있었지만, 이러한 사실을 대부분의 의학 연구자들은 알지 못했다. 따라서 연구자 중 일부 의사들을 교육해 노동자 면접을 실시하도록 하고 나 혼자 면접 내용을 분석하느라 힘든 시간을 보내기도 했다. 사회과학에서는 너무나 당연한 연구 방법이 보건 쪽에서 수용되기 힘든 상황이 많았고, 질적 연구 과정에 매우 적은 예산을 배정하는 공무원과 함께 일을 해야 하는 상황이 자주 발생하곤 했다. 그러나 세월이 흘러 이제는 보건 분야에서도 질적 연구에 대한 다소 열린 시각이 존재하고 정책 연구에서는 필수적인 요소로 간주되고 있으니, 지속적인 노력이 있으면 세상도 역시 변화함을 느낄 수 있었다.

여러 학문에 속한 사람들과 함께 일하기 위해서는 각 학문의 특성과 그 영역에 속한 사람들의 인맥을 파악하고, 마음이 맞는 사람들과 네트워크를 만들어나가는 것이 중요하다. 나만의 색깔을 가지면서도 그들과 어떻게 조화를 이루어갈 수 있을지, 각자가 기여할 바가 무엇인지를 정확히 파악해야 다학제적 연구가 가능하기 때문이다. 지금 돌이켜 생각해보면, 의사들의 권위가 우선시되는 사회에서 때로는 상처받을 수 있는 상황이었음에도 내 목표가 무엇인지를 끊임없이 상기함으로써 다학제팀과의 활동을 지속해올 수 있었던 것 같다. 결국 나는 이러한 네트워킹과 다학제 연구에 성공했고, 현재도 '따로 또 같이' 연구하고 활동하는 방식을 취하고 있다. 물론 여전히 쉽지는 않지만 말이다.

재생산 권리와 건강,
임신·출산의 정치경제학

여성건강에서 중요한 임신·출산 관련 이슈가 모성건강과 동일하게 불리던 시절에서 이제는 재생산 권리로 확장되기 시작했다. 그런데 저출산 시대로 접어들면서 정부의 '아이 더 낳기' 운동이 시작되자, '국가발전'을 위해 여성의 몸을 대상화하던 1960~80년대 시절과 마찬가지의 논리가 지금도 그대로 적용되고 있는 것 아닌가 하는 생각이 들었다. 그래서 나는 여성의 몸에 대한 정부 정책을 비판하는 입장을 취하기 시작했다. 물론 이러한 논리는 더 많은 아이를 낳게 하기 위한 수많은(때로는 실효성 없는) 정책에 묻혀버렸지만, 나는 여전히 여성의 몸에 대한 국가의 압력에 대해 더 많은 연구와 공론화 과정이 필요하다고 생각한다.

그러면서 일하는 여성의 재생산 권리에 많은 관심을 갖게 되었는데, 2002년에는 '여성 근로자의 작업환경과 근로형태가 임신·출산에 미치는 영향'이라는 연구를 하기도 했다. 임신과 출산의 문제를 노동환경과 무관하게 바라보는 사회적 시선에 문제의식을 갖고, 당시 임신 중인 여성을 대상으로 설문조사를 한 뒤 출산 결과를 기다려 노동 환경이 어떤 영향을 미쳤는지를 알아본 것이다. 이 연구는 여성 노동자가 어떤 노동조건에서 일하게 되면 저체중아, 조산아, 유산 등 좋지 못한 출산 결과를 가져오는지를 알아보는 연구로, 출산 후 여성의 기억에 의존하는 조사 방식이 아니라 임신 중인 여성을 대상으로 조사하고 그 결과를 추적 조사했다는 점에서 의미가 있다. 교대제 근무를 하는 여성, 오래 서 있는 여성, 무거운 물건을 드는 여성은 출산 결과가 좋지 않아, 임신 여성의 노동환경 개선에 대한 대안을 제시한 바 있다. 이후 이 결과는 근로기준법 개정시 일부 반영된 바 있다. 그러나 임신·출산과 노동환경에 관한 문제는 앞으로도 지속적으로 다루어야 할 주제이다.

한편 분만 형태와 여성의 건강을 알아보는 '출산 여성 건강증진 방안 연구 : 제왕절개 분만을 중심으로'라는 연구를 통해, 재생산 권리 영역에서 정책 개선을 이룬 바 있다. 제왕절개 분만이 전체 분만 중 5~15퍼센트 이내여야 한다는 WHO 권고 기준과 달리 한국은 거의 40퍼센트에 달하고 있던 시절이었다. 제왕절개 분만이 왜 이렇게 높은 비율을 차지하는지 알아본 결과, 산모들이 태교나 사교육에는 관심이 많지만 분만 형태에 대해서는 정보 제공이나 교육을 전혀 받지 않은 사실을 알게 되었다. 더구나 어떤 분만으로 할 것인지를 결정하는 사람은 산통 중에 있는 여성이 아니라 그 보호자였는데, 보호자 역시 분만과 관련한 정보는 접해본 적이 없었다.

이러한 상황에서 의사의 의견과 권위는 절대적이었다. 개원의를 중심으로 가까스로 면접을 시도해보니, 의료분쟁조정법이 없는 한국 현실에서 위험을 감수하지 않기 위한 방어 진료의 차원에서, 자연분만의 의료수가가 낮고 병원에 머무르는 기간이 짧아서, 밤을 지새우기가 힘들어서(의사의 편의), 과거보다 자연분만을 위한 산부인과 의사의 훈련 감소 등의 이유로 제왕절개 분만을 선호했다는 사실을 알게 되었다. 이러한 연구 결과를 홍보하면 "가만두지 않겠다"는 일부 의사들의 협박 전화도 있었지만, 결국 모든 병원 홈페이지에 해당 병원의 제왕절개 분만율을 공지하여 산모가 이를 인지하도록 하고, 자연분만 의료수가 올리기, 산모들에게 정보 제공하기, 보건복지부 내 제왕절개분만TF팀 운영 등의 정책적 개선을 이끌어내기도 하였다.

재생산 권리와 관련한 또 하나의 중요한 이슈는 낙태 문제였다. 미국 등 일부 국가에서는 낙태 문제가 정치적으로 매우 중요한 이슈인 데 반해 한국에서는 '숨겨져' 있는 이슈였고, 오랫동안 현행 법과는 달리 의료기관에서 낙태를 시행해왔다. 하지만 2009년부터 일부 산부인과 의사들이 그동안 낙태를 시술해왔던 것에 사과를 하며, '생명보호'를 위한 법적 기준 이외의 낙태는 반대한다는 운동을 대대적으로 펼치게 되었다. 그러자 원치 않는 임신으로 낙태를 해야만 하는 여성들은 중국으로 가서 낙태를 하고, 한국 내 낙태 비용은 점점 상승하게 되었다.

미처 이런 상황에 대비하지 못한 여성계나 이 주제에 관심 있던 사람들은 '생명'의 논리에 밀려 적절한 대안을 내놓지 못하고 있었다. 이후 나는 몇 차례 열린 공청회에 참여하면서 다른 여성단체들과 협력을 하는 한편, 유럽의 낙태 현황에 관한 논문을 작성하였다. 이 논문에서는 낙태가 거의 전면 금지된 아일랜드와, '성의 천국'이면서도 전 세계적으로 낙태율이 가장 낮은 네덜란드의 사례를 통해, 제대로 된 성교육과 피임 환경을 만드는 것이 얼마나 중요한지, 낙태를 허용하되 의료기관의 적절한 모니터링으로 안전한 낙태를 유도하는 것이 여성의 사망률을 낮추고 건강을 보호하는 방안임을 역설한 바 있다. 언제든 다시 수면에 오를 가능성이 높은 낙태 문제는 정교한 논리와 활동으로 여성건강 차원에서 제대로 다루어야 할 안건이다.

일하는 여성과 건강, 감정·돌봄·직무스트레스와 노동환경

일과 여성건강에 대한 연구는 일반적인 여성건강 분야보다 늦게 등장한 연구 분야로, 내가 가장 재미있어하는 연구이기도 하다. 일하는 여성이 점점 증가하고 있음에도 불구하고, 그동안 여성들의 일과 노동환경이 건강에 미치는 영향은 별로 연구되지 못했다. 여성건강 분야는 매우 다양한 연구 영역을 포함하고 있지만, 문제는 일반적인 여성건강 주제(노동과 관련되지 않은 주제)와 일하는 여성들의 건강 문제가 이분화되어, 이 두 분야의 연구자와 활동가 모두 상호 교류가 별로 없다는 데 있다. 이러한 현실은 앞으로 적극적으로 개선되어야 할 사항이다.

한국에서 일과 여성건강에 대한 공공연구는 2001년 국정감사에서 여성 근로자에 대한 연구나 정책 개선이 없다는 지적에 따라 시작하게 되었고, 나는 '여성 근로자 보건관리 지침 개발'을 맡게 되었다. 여성건강 연구는 권력이 있는 누군가가 지적을 하는 경우에만 간신히 프로젝트 하나 정도가 등장하던 시절이었다. 같은 해에 나는 '직무 특성에 따른 근골격계 질환의 발생과 관리 방안'에 관한 연구를 남성과 여성의 직무 특성을 대비해 설명해보았다. 특히 병원과 공공부문에 주로 종사하는 노동자를 대상으로 젠더 차이를 보고자 했고, 증가하는 직업병 중 근골격계 질환의 젠더 차이를 보고자 하였다.

나는 당시에 캐런 메싱(Karen Messing)의 《보이지 않는(Invisible)》이라는 원서를 우연히 접하게 되었는데, 그 책에서는 여성노동의 특성이 제대로 인식되지 않아 여성 노동자의 건강이 제대로 다루어지고 있지 않음을 다양한 사례에서 보여주고 있었다. 또한 동일한 직업이라 하더라도 여성과 남성이 하는 구체적 업무가 달라 건강 결과가 다르다는 사실도 알게 되었다. 앞으로도 이러한 직업별 남녀 노동의 차이와 건강 영향은 지속적으로 연구되어야 한다고 본다.

한편 우리 사회에 안정된 고용이 점차 감소하고 특히 여성들의 비정규직화가 급속하게 진행되는 상황에서, 고용 형태에 따른 건강의 차이를 설명하는 프로젝트를 수행하였다. 그때가 2000년대 중반이었는데, 당시만 하더라도 고용 형태와 건강, 성 등의 키워드를 다루는 연구는 거의 없었다. 최근 한국 사회는 신자유주의의 영향 아래 불안정 노동의 확산, 비정규직 증대가 주요 흐름이므로, 이러한 이슈와 건강을 살펴보는 데 있어 젠더 관점이 정확히 투영되어야 한다고 본다.

한편 나는 직무스트레스 연구를 통해 여성이 처한 직무스트레스에 대해 더 알릴 수 있는 기회를 갖게 되었다. 2002~2004년에 다학제팀을 구성하여 한국인에게 맞는 '직무스트레스 평가 도구'를 개발했는데, 일-가정 양립의 어려움, 회식문화 등의 항목을 개발해 특히 여성들의 스트레스 요인을 반영하는 연구도 수행하였다. 또 최근에는 서비스업

의 팽창과 함께 돌봄노동과 감정노동 문제가 심각해지면서《돌봄노동
자는 누가 돌봐주나?》(2012)를 출간, 다양한 직종의 돌봄노동자의 건강
문제를 제기한 바 있다. 그리고 2013년에는 한국형 '감정노동 평가 도
구'를 개발하고, 법 개정을 통해 감정노동자를 보호하는 방안을 추진
하고 있다.

여성 노동자의 감정노동 부담과 폭언·폭력이 심각해진 현실에서 이
미 사회과학 분야에서는 이 문제가 오래전에 제기된 바 있다. 그래서
나는 안전보건공단의 요청으로 2011년 '감정노동자를 위한 조직의 역
할 및 건강관리 가이드라인(Kosha Code)'을 작성해 보급한 바 있다. 감
정노동을 더 많이 요구하는 직업에 많이 몰려 있는 여성은 휴가·휴
식·휴게공간의 부족, 나아가 여성의 노동을 사회적으로 저평가하는
경향과 맞물려 건강과 직무 만족도가 매우 감소하기 때문에 이것이 중
요한 건강 이슈로 등장하고 있다. 향후 이러한 감정노동, 폭력, 돌봄노
동, 스트레스, 일–가정 양립 등 여성노동 관련 이슈는 지속적으로 연구
되고 개선되어야 할 분야이다.

이제까지 나는 일하는 여성의 건강에 관해 노동의 특성이나 직종별
연구를 해왔지만, 향후에는 이를 넘어선 본질적인 연구가 필요하다고
생각한다. 과연 건강을 위해 노동은 어떤 형태를 띠어야 하는지, 생계
를 위한 노동 시간이 아니라 개인의 필요가 반영된 사회적 시간은 어
떻게 재구성되어야 하는지, 그리고 노동의 세계가 어떻게 재조직되어
야 건강한 사회와 개인이 될 수 있는지에 대한 질문과 해답을 찾아나
가는 과정이 필요하다. 이 과정에 젠더 관점이 필수적으로 포함되어야
함은 물론이다.

지역사회에서
여성(젠더)건강 만들기

지역사회에서의 여성건강 증진은 민-관 협력으로 주민이 참여해 지역의 자원을 결집하고, 전문가에만 의존하지 말고 지역과 개인의 역량을 강화하는 방식으로 나아가는 것이 중요하다. 물론 아직도 많은 지역사회에서 건강사업은 보건소에 맡겨져 있고, 주민에게 필요한 프로그램이나 서비스를 제공하는 방식으로 진행되고 있다. 지역 주민의 건강을 결정하는 빈곤, 주거 등의 요인을 단시간 내에 개선하기는 어렵겠지만, 지역사회 내에서의 역량을 강화하여 건강의 사회적 결정요인에 좀 더 강력하게 대처할 수는 있다.

그래서 최근에는 지역사회 차원의 참여와 협력을 통한 건강증진이 중요하다고 보고, 내 시간의 상당 부분을 여기에 투여하고 있다. 그리고 서울시와 함께 3년째 다양한 여성건강 정책과 사업을 민-관 협력으로 지역사회에서 실행하고 있다. 또 이 사업의 성과로 다른 지자체에서도 비슷한 종류의 여성건강사업을 진행하길 원해 그곳에도 도움을 주고 있다. 여성건강사업을 서울시에서 전국 최초로 본격화하게 된 배경에는 여성건강 연구자들의 보이지 않는 엄청난 노력이 숨어 있다. 이제까지 여성건강에 대한 정책이나 사업이 거의 없던 상황에서 가만히 앉아 "여성건강사업을 해봅시다"라고 이야기만 하지 않고 행동에 나선 것이다.

2011년 12월, 여성건강에 관심이 있는 일군의 연구자들이 모여 서울시 여성건강사업 제안서를 작성했다. 서울시에서 사업 공모를 한 것도 아니지만, 우리가 새롭게 시작해보자며 결의하여 진행한 것이었다. 단장 역할을 맡았던 나는 다양한 학문 영역에 있는 연구자들과 함께 제안서를 작성해 서울시에 제출했고, 기존에 여성건강을 위해 주로 암 검진에 소요되었던 예산 중 상당 예산을 새로운 모델에 근거한 여성건강사업으로 시범 실시하게 되었다. 지역의 단체와 보건소가 합심하여 지역의 자원을 결집해 민-관의 소통 방식을 찾아내고, 치료 중심의 여성건강을 넘어서 지역사회와 개인의 건강 역량을 강화하는 데 목적을 두었다. 최근 한국 사회에서 의료 자원의 공공성이 사라지고 사유화·영리화라는 어젠다가 급격히 부상하고 있는 시점에서, 이러한 노력은 매우 중요한 의미를 갖는다.

이런 맥락에서 2012년에는 도봉구에서 지역의 단체들을 협의체로 꾸리고, 사회건강연구소와 지역 민간단체, 보건소가 사업단이 되어 네트워킹 방식으로 진행했다. 시간은 오래 걸렸지만 지역사회에서 여성건강의 중요성을 확산시키고 여성건강사업을 실제 실행해봄으로써 자신감을 갖게 된 중요한 계기가 되었다. 특히 보건소가 함께 참여함으로써 '다른 방식'으로 여성건강사업을 할 수 있다는 가능성, 협력을 통해 시너지를 내며 더 나은 방향으로 갈 수 있다는 사실을 확인하는 소중한 기회가 되었다. 처음에는 갑-을 관계 같았던 보건소와 민간단체의 관계가 이후 파트너십으로 변화하고, 공무원의 참여와 변화가 눈에 띄게 증가했다. 이렇듯 사회적 모델과 여성의 경험이 반영된 여성건강사업 사례는, 이후 도봉구가 여성친화도시 우수 사례로 선정되고 지역의 건강 관련 모임에 여성건강 이슈를 논의하게 되는 등 다양한 성과를 일구어냈다.

2014년에는 사회건강연구소가 서울시 8개 자치구의 여성건강사업, 즉 돌봄노동자와 감정노동자의 건강, 홍대 상가 지역 및 시장 상인의 건강, 장애여성 건강, 여성 노인과 건강, 여성건강 네트워킹 사업에 대한 모니터링과 컨설팅을 동시에 실행하게 되었고, 전반적인 방향 설정을 함께 논의해나가고 있다. 대부분의 모니터링은 평가에 치우치게 되는데, 나는 사업의 성공을 위해서는 무엇이든 솔직하게 터놓고 함께 논의하는 것이 중요하다고 보았다. 특히 민-관 협력사업이기 때문에, 입장과 경험이 상이한 서로의 이야기를 충분히 듣고 협력해야만 제대로 진행될 수 있다.

처음에는 참가자들이 이런 방식의 모니터링에 익숙하지 않았지만, 시간이 흐르면서 문제를 해결하는 데 서로 도움을 청하면서 동반자로서 함께 가는 기반이 형성되었다. 이 과정에서 공무원들의 놀라운 변화를 경험했는데, 특히 서울시의 김은경 주무관과 도봉구 보건소의 윤선영 선생이 기억에 남는다. 두 분은 여성건강사업을 시작하면서 빠른 속도로 사업에 대한 이해가 증진되어 지금까지 소중한 파트너로서 함께하고 있다.

그러나 서울시에서도 여성건강사업 예산을 지속적으로 받기는 쉽지 않아 시의원, 예산과, 시장 등을 상대로 매년 여성건강사업의 중요성을 피력하고 설득해야 하는 지난한 과정이 필요했음을 고백한다. 예산의 지속성과 여성건강사업의 방향을 갖추기 위해 전국 최초로 2013년 '서울시 여성(젠더)건강 종합계획'을 작성하였고, 향후 이를 근거로 여성건강사업이 진행될 예정이다. 이러한 시도가 여러 지자체에서도 실행되어 지역사회에서 여성건강 어젠다가 정착되길 바란다.

건강은 의사의
전유물이 아니다

여성건강의 현황을 파악하고 개선하기 위해서는 기본적인 정보가 필요하다. 가장 기본적인 정보가 통계인데, 사실 통계 연구의 기회는 예산의 부족으로 인해 그렇게 자주 주어지지 않았다. 2003년에는 여성건강 전문가로 불릴 수 있는 사람들이 모여 한국 최초로 〈여성건강 통계집〉을 작성한 바 있는데, 이 경험은 2008년 〈한국 여성건강 현황 및 정책과제〉, 2013년 중앙정부 차원의 〈여성건강 통계집〉으로 발전할 수 있었다.

여성건강 통계가 단지 남녀를 구분하는 것이 아닌 다른 사회적 요인과 결합하여 어떤 내용을 담아야 하는 것인지, 일반 보건 통계와의 차별성은 무엇인지, 어떤 지표를 사용해야 여성건강의 현황을 잘 드러낼 수 있는지, 젠더 차이와 연령별 차이를 동시에 잘 보여줄 수 있는 통계 방식은 무엇인지, 통계가 숫자로만 그치지 않고 스토리를 보여주기 위해서는 어떻게 해야 하는지, 통계가 정책 개선에 기여하기 위해서는 어떻게 만들어져야 하는지 등의 주제는 여성건강 통계를 생산할 때마다 부각되는 중요 주제들이다. 〈여성건강 통계집〉을 통해 과거에 비해서는 내용이 충실해질 수 있는 기회가 확대되고 있지만, 아직도 여성건강 연구자들은 이론적 부족과 통계 생산의 내용 및 방식에 대해 더 논의하고 실험해보아야 할 필요성을 느끼고 있다. 또 여성건강연구회라도 만들어서 통계 생산을 비롯해 여성건강 이슈를 함께 모여 논의할 필요성도 제기하곤 했지만, 현재로선 각자의 직장생활 부담으로 인해 연구회로 발전하지는 못하고 있다.

한편 여성건강에 대한 기본서마저 출간되고 있지 못한 상황에서 시급히 필요한 것은, 여성건강의 이론과 내용을 충실히 담은 외국의 책을 번역하고 알리는 작업이다. 그런데 번역이라는 작업은 참으로 긴 시간 투자를 필요로 하고, 한국 상황에 맞추어 잘 이해될 수 있도록 역주도 달아야 하는 등 상당한 노력이 드는 작업이다. 하지만 번역 비용을 지원해주는 곳 하나 없어 번역자들은 경제적 어려움에도 불구하고 사명감 하나로 번역서를 출간해왔다. 나를 비롯한 소수의 여성건강 연구자들은 2010년 영국 학자인 레슬리 도열(Lesley Doyal)의 《무엇이 여성을 병들게 하는가(What Makes Women Sick)》를 번역하여 여성건강의 이론과 사례를 소개한 바 있다. 또한 캐나다의 캐런 메싱이 쓴《반쪽의 과학 : 일하는 여성의 숨겨진 건강 문제(One-eyed Science)》를 번역하여 여성노동과 건강 문제를 이슈화하고, 4월 '노동자건강의 달' 행사, 여성주간 행사 및 각종 여성단체에서 그 내용을 소개하고 여성건강에 대한 관심을 촉구하기도 했다. 그러나 아직도 여성건강 강의나 행사는 간헐적인 행사로 그치고 지속성이 없어 중요 어젠다로 떠오르고 있지 못하다.

한국은 유난히도 건강 분야 용어가 전문가들만이 알아들을 수 있는 전문용어로 유통되는 경향이 높다. 푸코의 《임상의학의 탄생(Birth of Clinic)》을 1990년대 중반에 접하면서, 한국에서도 보건의료인들이 자신들만 알 수 있는 용어를 통해 권력을 독점하는 과정을 짧은 기간에 전개해왔음을 실감했다. 여성건강 분야도 예외는 아니다. 하지만 나는 건강·보건의 영역이야말로 우리의 언어로, 우리의 경험이 반영되어

재정리되어야 한다고 생각한다. 이런 이유로 나는 강의를 할 때 상대방의 눈높이에서 쉬운 말로 전달하고자 노력한다. 일반인들이 알아들을 수 없다면 그 연구는 도대체 누구를 위한 연구란 말인가? 앞으로 나의 글쓰기와 지식 전달도 이러한 방식이 되어야 한다고 생각한다. 캐나다에서 내 첫 직장이었던 일과건강연구소에서는 연구 결과를 다양한 주체, 즉 정부, 노동조합, 기업, 연구자용으로 분리하여 홍보 전략을 세우고, 각 대상에 맞게 연구 결과가 전달되고 있었다. 전문 지식이 관련자들에게 지식통역이 되고 있었던 것이다. 이제 우리도 건강에 대해 전문가의 용어가 아닌, 우리의 언어로 소통하고 공유해야 한다.

정책·법 만들기와
연대활동

여성건강을 위해서는 연구뿐 아니라 법 개정 활동에도 참여하는 것이 중요하다. 임신한 여성 노동자의 유산·사산 휴가 도입시 임신주기별 휴가 기간을 정할 때, 의학적 근거만으로는 휴가 기간을 정하기 어려워 논의가 활발히 이루어진 적이 있다. 또 임신한 여성이 어느 정도의 무거운 물건을 들 수 있는지에 대한 제도 개정 회의 때도 참여자 중 여성의 경험에 근거해 논의가 이루어졌다. 과학 자체로는 절대기준을 만들어내기에 부족하므로 여성의 경험을 법적 기준에 반영하는 것이다.

또한 현대의 직업병 중 대표적인 근골격계 질환의 산재 인정 기준을 만들 때도, 중량물 취급 등 그 기준이 주로 남성 노동자의 일을 전제로 한 내용이어서, 더 가벼운 무게지만 단순반복적인 일을 많이 하는 여성노동의 현실에 대해 공청회에서 발언을 하였지만 내 의견은 제대로 반영되지 못했다. 당시에는 어느 누구도 여성노동과 근골격계 질환의 관련성을 적극적으로 드러내지 못했다. 여성계는 산재보험에 대해 전혀 다루지 않았고, 보건 관련 학자는 여성의 노동에 대해 잘 몰랐기 때문이다. 직무스트레스 예방에 관한 규칙도 정밀작업이나 감시작업, 야간작업 등에 한정하여 규정되었는데, 현실적으로 이러한 작업은 주로 남성 노동자에게 해당되니 여성노동의 특성을 반영한 내용이 포함되어야 한다고 주장하였으나 이 역시 현실에서는 반영되지 못했다. 그리고 최근 내가 참여하고 있는 감정노동 및 폭력에 대응하는 법과 가이드라인 개정은, 많은 여성 노동자가 서비스업에 종사하고 있는 상황에서 매우 중요한 사항으로, 연구 이후 법과 제도 개선 방안에 더욱 적극적으로 참여해야 할 것이다.

한편 2005년부터 성별영향분석평가가 본격적으로 도입되고 중앙정부의 성인지예산제도가 2007년 도입되면서, 건강 정책과 사업에 대해서도 성 분석을 할 기회가 주어졌다. 2008년 한국의 산재보험에 대한 성 분석을 해보니, 아직도 사고와 부상 중심으로 보상하고 있는 산재보험 체계가 특히 여성 노동자에게 불리하게 작동하고, 동일 질병에 대해서도 산재 승인 여부나 산재에 따른 입원 기간, 요양급여 등에 성별 차이가 있는 것을 알 수 있었다. 여성의 취업은 점차 증가하고 있는데 산재보험 체계는 변화가 없으니, 여성은 일과 관련된 산재 보상을 받기가 더욱 어려워진 현실에 처하게 되었다. 또 국가의 보건 분야 연구개발비가 어디에 소요되었는지 성별영향분석평가를 해보니, 여성 연구자에게는 매우 적게, 또 여성에게 주로 발생하는 질병이 남성에게 주로 발생하는 질병보다 적게 투자되었다. 그리고 임상실험에서도 여성을 포함하는 사례가 적은 것으로 나타났다. 이와 같은 것들은 성 분석을 해보지 않고서는 제대로 드러나기 힘든 내용인데, 앞으로도 보건 분야 정책·사업의 성 분석을 적극적으로 시행할 필요가 있다.

그리고 정책 영역에서 여성건강 이슈를 포함시킬 수 있는 방안은 5년마다 개정되는 여성정책기본계획이다. 나는 2차 계획의 건강 부문을 작성하게 되었는데, 여성건강 정책을 제대로 시도해볼 수 있는 기회라 생각하고 최대한의 시간을 투자하였다. 그때 여성건강 인프라 구축, 여성 노동자 건강관리 등 필요한 내용을 첨가했지만, 5년 후에 계획 대비 실행을 평가해본 결과 제대로 시행된 것은 거의 없었다. 이후 3차, 4차 계획에서도 자문 역할을 했지만 오히려 그 내용은 축소되었다. 여성가족부의 강력한 권한이 전제되지 않은 채 보건복지부나 고용노동부의 협력 없이는 실행하기 어려운 구조였다. 나아가 일반 여성건강과 여성 노동자 건강의 분리가 정책 주체 및 연구자의 분리로 나타나, 통합적인 방향으로 가기 위해선 더 많은 노력이 필요하다고 본다.

한편 여성건강을 위한 활동은 노동계나 시민단체·여성단체와의 긴밀한 협력관계에서도 이루어졌다. 2000년에 민주노총의 요청으로 실시한 보건의료계 여성 노동자들의 건강 실태 조사를 시작으로, 2005년에는 서비스업에 종사하는 여성들을 대상으로 "앉을 수 있는 의자" 캠페인을 함께한 바 있다. 또 최근에는 여성 노동자의 감정노동과 건강 문제를 해결하기 위해 노동계 및 몇몇 국회의원과 협력하며 일하고 있다. 사실 여성건강 분야에서 지속적으로 활동해온 사람이 많지 않기에, 여성건강 이슈를 사회적으로 의제화하기 위해서는 다양한 연대활동이 필요하다. 무엇보다 중요한 것은 여성건강 분야의 젊은 세대를 키우는 것인데, 대학원 수업 외에도 다른 형태로 확장되어야 할 필요성을 느낀다.

누군가 시작하면
함께 할 수 있다

여성(젠더)건강에 관한 척박한 현실에서도 나름대로 지속적인 연구와 활동을 해왔지만, 흔들리지 않는 목표의식은 있었으되 그 기반은 많이 부족하였다. 그러나 최근에는 건강에 대한 관심이 많아지고, 지역사회에서도 여성건강에 대한 관심을 드러내며 이러저러한 사업을 실행하려는 움직임이 있다. 특히 최근 2~3년간 이러한 관심이 부쩍 증가하여 과거에 비해 기회가 확대되고 있음을 피부로 느끼고 있다. 또한 중앙정부 차원에서도 〈여성건강 통계집〉 발간, 간호사 건강 코호트 조사 등을 실시하고 향후 일정한 예산을 투자하겠다는 의지를 보이고 있다. 사람들의 관심이 점점 늘어가면서 시민단체 중에서도 활동의 일부로 꾸준히 여성건강 이슈를 다루고 있는 곳이 있다.

그러나 이것만으로는 부족하다. 여전히 기회는 협소하고, 여성건강은 의학적인 차원의 건강에만 초점을 맞추고 있으며, 여성건강이 남성을 배제하는 것으로 생각하는 인식이 팽배하다. 여성의 지식과 경험,

사회 환경과 건강의 연계, 젠더 차이와 건강, 건강형평성, 지역사회의 역량 강화를 통한 건강증진 등에 대해서는 관심이 저조하다.

하지만 이제는 더 이상 미루지 말자. 그리고 건강에 대한 관심 증대가 왜곡된 방향으로 가지 않도록 해야 한다. 역설적으로 새로운 기회의 창출은 관점 있는 연구, 정책, 활동, 홍보를 필요로 한다. 이는 한 사람의 능력에 의해서가 아니라 모두가 함께 해야 가능한 일이다.

다양한 의학 정보가 난무하지만 관점 있는 여성건강 정보는 흔하지 않다. 캐나다처럼 《여성건강》이라는 잡지를 발간하고 이메일, 포스팅 등 다양한 방법으로 여성건강 이슈를 공유하고 전파하는 방법도 생각해보자. 한꺼번에 하기 어렵다면 조금씩, 하나씩 실험적으로 해보자. 외국의 경우에도 여성건강네트워크를 만들어 초기에 활동을 시작하지 않았던가. 이들이 모이기 시작하면서 여성건강 이슈가 탄력을 받게 되었던 역사적 경험을 기억한다. 보건학, 의학, 간호학은 물론이거니와 여성학, 사회과학이 함께 연계하여 연구도 하고 연구 성과를 공유하는 일이 필요하다. 연구자, 활동가, 정책 입안자 모두 함께 모여 때로는 느슨하게, 때로는 긴밀하게 협조하며 여성건강을 이슈화하고 활동할 필요가 있다.

그렇다면 연구자들은 어떻게 협력할 수 있을까? 이제까지 여성(젠더)건강 연구자들은 여성건강에 관한 프로젝트가 간헐적으로 등장할 때마다 일시적으로 모이곤 하였다. 하지만 여성건강 프로젝트가 별로 없다 보니 이를 직업으로 삼아 생계를 유지하기는 그리 쉽지 않았다. 이러한 시간이 10여 년이 넘었다. 그래서 우리는 서로 만날 때마다 그런 이야기를 하곤 했었다. "누군가 시작하면 함께 할 수 있다"고. 그 누군가의 역할을 사회건강연구소, 그리고 함께하고 싶은 모든 조직과 함께 해나갈 것이다. 이제까지 그래왔듯이 나 역시 그 역할을 지속적으로 충실하게 해나갈 것이다. 이제 꿈은 크게 꾸되, 하나씩 시작하는 일만 남았다. 그리고 외친다.

"여성(젠더)건강에 관심 있는 사람 여기로 다 모여!"

{ ♫ }

김정희

(사)가배울 공동대표

자연, 사람, 마을의
상생을 꿈꾸는
'가배울' 이야기

10

나의 여성주의 편력

지금 내가 오가며 일하고 있는 전라남도 강진은 면적이 서울과 비슷하다. 그런데 인구는 4만이다. 이곳 군민들과 함께할 수만 있다면 서울만 한 공간을 생태지역으로 유지해갈 수 있다. 이렇게 단순한 생각에서 이 일 저 일을 벌인 지 이제 5년째. 지역 일이란 게 10년 일해도 티가 날까 말까 한데 겨우 5년째에 접어들어 무슨 일을 했다고, 아직 글을 쓸 자격이 안 됐다고 손사래를 치지 못한 건 동료들과 함께하고픈 마음이 겸손해야 한다는 마음을 이겼기 때문이다. 짧은 경험이나마 이렇게 나눌 가치가 있다고 여겨주는 동료들과 함께하는 것이 내 자신에게 힘이 되기 때문이다. 산전수전 다 겪은, 산같이 단단하고 땅같이 든든한 내공 10단의 동료들과 선후배들. 아직 이룬 것도 별로 없는데 잘하고 있다고 부추겨주고, 이곳으로 여행 와서는 잠도 자지 않고 '가배울' 사업 컨설팅을 해주는 그들인데, 내가 이 글을 쓴다는 것은 이번에도 기꺼이 그들 품에 안기는 것이다.

'가배울'은 살림운동(흔히 여성환경운동이라 하는데 나와 일부 동료들은 이를 살림운동, 그 활동가들을 살림꾼이라 칭한다)을 하는 문화단체다. 1984년 대학원 여성학과에 들어왔으니 여성학·여성운동과 함께한 세월이 25년, 사반세기나 된다. 어떤 여정을 거쳐 나는 내가, 아니 '가배울'이 하는 활동을 살림운동이라 부르게 되었을까?

여성학과에 입학했을 당시 사회운동권의 전반적인 분위기는 마르크시즘이 지배하던 때였다. 그러나 마르크스주의 여성주의와 사회주의 여성주의 간에 무엇이 올바른 이론이냐를 둘러싸고 '경합과 갈등의 시절'이 있었음에도 불구하고, 여성학과 여성운동은 태생적으로 탈마르크스주의 성향이 분명했다. "여성은 계급 차별에 종속되지도, 계급 차별로 설명되지도 않는 차별과 억압을 받고 있음"을 몸으로 아는 성차별의 경험에서 여성학과 여성운동은 출발했기 때문이다.

'경합과 갈등의 시절'이라고 간단하게 말했지만, 우리 여성학이 이 시기를 이겨낸 것은 하나의 '역사'였다. '역사'라는 말을 쓸 때의 이 느낌이 지금 후배들에게 전달될 수 있을까? 마르크스주의가 '진보'의 대명사가 되던 시절, 그 지형에서 벗어나 여성학을 한다는 것은 "어느 때보다도 사회 진보에 헌신하는 학문의 진보성이 요구되는 이 시대에 너희는 서구 여성주의의 아류, 신식민주의 학문의 대표적인 예일 뿐이야"라는 주홍글씨를 달고 학문을 하는 거였다고 하면 느낌이 전달될까? 진보적 학술단체의 대표 격인 학술단체협의회 연구자들의 이론적·이념적 스펙트럼이 지금은 다양해졌겠지만, 이 협의회가 출발한 1988년 전후의 상황은 정확히 그랬다. 협의회의 창립 학술대회 자료집을 보면 그 충돌의 흔적을 볼 수 있는데, 여성학사를 연구하게 될 후배들이 꼭 참고해야 할 자료이다(안타깝게도 내가 지니고 있던 이 책을 찾을 수가 없다).

초기에 여성학을 공부한 우리 내부에도 입장의 차이가 있었고 서로 간에 미묘한 불편함이 없었다고 하면 거짓말이겠지만, 크게 보면 함께 여성학을 개척한다는 자매애나 인간적인 친밀성과 유대는 이런 불편함을 뛰어넘어, 오늘날 다양한 전문 분과로 나뉘는 '여성학'이라는 하나의 큰 지형을 이루었다는 게 내 생각이다. 뚝심 있게 여성학을 공부하고 여성운동을 해온 당시의 학생들, 선생님들, 그리고 대중화된 여성학에서 힘을 받은 모든 여성들이 함께 일군 역사적 성과라고 자부한다.

얼마 전 '구리여성회'라는 단체의 대표를 인터뷰한 적이 있다. 핵가족 하의 고립된 육아의 소외성과 억압성을 도저히 이겨낼 수 없었던 엄마들 몇 명이 각자 천만 원씩 대출을 받아서 장난감도서관을 냈고, 그 공간 한 귀퉁이에서 엄마들이 참여할 수 있는 다양한 소모임과 프로젝트 사업들을 하고 있었다. 최근에는 여성학 책들이 너무 어려워져서 읽을 만한 책을 찾기 어렵긴 하지만, 이 일을 하게 되기까지 여성학 공부가 큰 힘이 되었다고 한다. 이 인터뷰는 여성학이 그 어느 학문보다도 일반 대중과 소통하는 학문이었다는 자부심을 느끼게 한 동시에, 여성학의 전문화 못지않게 대중과 소통하는 지형을 놓쳐서는 안 된다는 것 또한 절실히 느끼게 해주었다.

최근 학문에서 '융합'이 많이 얘기되는데, 초기에 여성학은 그 자체가 연구와 실천 양쪽 지형에서 융합적일 수밖에 없었다. 아마도 내 동료나 선후배들도 사정은 비슷할 거라고 본다. 나는 1986년 여성학과 석사를 졸업하고 1998년에 박사를 졸업했는데, 1998년까지도 대한가족계획협회의 《성교육·성상담》(청소년 성교육·성상담 전문가 연수 교재)에 글을 썼다. 즉 초기 여성학을 한 우리에게는, 지금은 분명한 전공 영역인 '가족', '성', '일'이 연구와 운동에서 분리되지 않았다. 특강이나 운동 현장에서 토론 발제 요청이 오면 우리는 보육, 성, 지역여성운동, 여성환경운동 등 어느 주제든 수용해야 했고, 연구도 다양한 주제들을 넘나들며 수행해야 했다.

한국 사회에 성폭력(sexual violence)의 개념이 없던 시절, 자신의 전공이 무엇이냐와 관계없이 성폭력상담소 발족 준비를 위해 몇 개월간 세미나를 함께 했고, 상담소가 문을 연 뒤에는 대중적인 성교육 교재인 《일그러진 성문화, 새로 보는 성》(1992)에 글도 쓰고 편집도 맡았다. 반(反)성폭력 운동의 역사에서 1992년 2월 12일 한국여성단체연합 성폭력대책특별위원회 주최로 열린 '성폭력추방운동 정책토론회'는 매우 중요할 것이다. 이 토론회의 주제는 "성폭력의 개념 및 범주 설정을 어떻게 할 것인가?"와 "성폭력특별법 제정이냐, 형법 개정이냐"의 두 가지였는데, 첫 번째 주제 발제자가 당시 한국여성의전화 부대표였던 신혜수 선생과 나였다. 신 선생은 여성에 대한 폭력(gender violence)의 개념으로 남성과 여성 간의 구조적 힘의 불균형에서 비롯되는 다양한 폭력(강간, 성추행, 아내 구타, 아내 살해, 인신매매, 매매춘 등)을 주장했고, 나는 이러한 광의의 성폭력 개념의 문제를 지적하고 개념의 세분화를 주장하면서 '성폭력'을 'gender violence'가 아니라 'sexual violence'로 해야 한다고 주장했다. 당시 성(sexuality)을 전공하기 시작한 후배들이 막 공부를 시작하던 중이었고, 나는 성폭력상담소 일을 조금 도와주는 입장에 있었지만 전공을 할 생각은 아니었다. 그럼에도 후배들이 떠밀면

'해야 하는가 보다' 하고 했다.

이렇게 여성학을 융합적으로 시작한 초기 여성학도들은 아마도 성/젠더 감수성의 촉수가 온 사방으로 발달해 있는 듯싶다. 그러다가 나는 어느 순간부터 생태, 환경, 지역여성운동, 생협, 여성과 사회적 경제 등과 같은 주제가 아니면 특강이나 토론, 글쓰기를 사양하고 후배들에게 넘기기 시작했다. 그런데도 융합적 습관은 지금도 버리지 못해 보육, 성, 일 등 다양한 분야에서 중요한 여성 관련 기사를 보면 바쁜 와중에도 스크랩을 하고 있는 내 모습을 보게 된다. 그러면 스스로에게 '정희야, 살 날이 많지 않다. 자~ 관심의 오지랖을 좁히자…' 하면서 스스로에게 제동을 건다.

다시 '살림주의자'로 스스로를 명명하게 된 경로에 대한 이야기로 돌아오자. 그 시발점은 사회주의 여성주의자로서의 내 정체성에 균열이 온 데서 찾을 수 있을 것이다. 이 균열은 현실 사회주의에 대한 실망과 그 붕괴에 기인한다. 1989년 폴란드를 시작으로 소련에 이르기까지 사회주의 체제의 붕괴는 지속되었다. 젊은 시절의 이념이었던 사회주의의 현실태의 모순들이 노정되면서 붕괴하는 모습을 바라보노라니, '무엇이 잘못된 거지?'라는 생각을 할 수밖에 없었다. 세계관이 정리되어야 연구든 실천이든 다음 행보를 정할 수 있는 내 성미는 다시 세계관 정립을 위한 씨름을 하게 만들었다.

그리고 석사 과정에서 참으로 재미있게 공부했던 서구 여성학에 대한 흥미도 1998년 박사 과정에 입학하면서는 가라앉은 상태였다. 무엇보다도 결혼하고 아이를 낳고 키우면서, 내가 일하는 동안 아이도 행복해야 한다는 생각에서 1995년 시작한 공동육아는 생명, 협동, 공동

체의 가치에 눈을 뜨게 해주었다. 또 허약한 몸을 이겨내기 위해 시작
한 수련은 나를 동양철학으로 이끌었다. 사서삼경을 거쳐 노장사상,
불교 경전을 공부하면서 자연스럽게 나는, 서구에서 이제 막 시작된
에코페미니즘이 아니라 동양철학에 기반한 에코페미니즘 이론의 정립
과 실천을 할 수 있겠다고 판단하였다.

　이런 판단에서 동양의 생태사상과 여성주의를 연결한 〈생명여성주
의의 존재론적 탐구 : 반야불교와 노자의 '마음' 개념에 기초한 신인간
형의 모색〉(1998)이란 박사 논문을 쓰게 되었다. 그리고 자연과 인간을
포함한 온 생명이 상생하는 삶의 질서와 문화를 만들어가는 데 기여하
고자 하는 여성들의 실천과 그 정신·사상의 경향을 통틀어 '생명여성
주의'로 지칭하였다(김정희, 《생명여성정치의 현재와 전망》, 푸른사상, 2005).

　사실 내가 원래 쓰고 싶었던 말은 '살림여성주의'였다. 여성은 근대
이전에는 전통사회의 전문 지식인이 될 수 없었고, 따라서 자신들의
경험을 체계적인 지식으로 만들 수 있는 지적 기반이 애초에 없었다.
여성주의자들의 제1의 경전이 되어야 함에도 불구하고 여전히 우리가
충분히 다가가지 못하고 있는 설화나 구전 이야기를 통해서만 자신들
의 경험과 생각을 드러낼 수 있었다. 그러나 '살림'이란 이 한마디는 일
자무식의 어머니들이 도달한 정신적 경지를 유감없이 드러내준다. 나
는 이 한마디가 남성이 만들어낸 모든 사상이나 철학을 압도할 만한
위용을 내뿜는다고 느낀다. 요컨대 문자 이전의 구전시대에 발화되었
을 이 말은 '원수를 내 몸같이 사랑하라', '자리이타(自利利他)'와 같은
예수나 부처의 성구(聖句)에 비견될 만한 깨달음과 웅장한 울림을 주지
않는가?

'살림주의' 또는 '살림여성주의'가 기존의 여성주의와 다른 핵심적인 차이는 무엇일까? 무엇보다 기존의 여성주의는 남성만이 인간으로 간주되는 반쪽 인본주의에 대항해 여성·남성이 평등한 인본주의의 완성을 이념으로 하는 데 반해, 생명여성주의(또는 살림여성주의)는 인간을 넘어 자연의 일체 생명이 생명으로서 존귀하다고 보는 생명본위주의라는 데 있다. 유럽의 페미니즘 여성철학자인 뤼스 이리가라이(Luce Irigaray)는 주류 여성주의가 여성의 명예남성화 혹은 중성화를 가져왔다고 비판했는데, 주류 여성주의가 인본주의를 넘어서지 못했기 때문일 것이다.

이제는 살림여성주의, 살림운동이라는 말을 써도 될 만큼 여성살림운동의 경험과 역사가 축적되었다. 한국의 여성살림꾼들은 1995년 유엔에서 주최한 베이징 세계여성대회 참가를 준비하면서, 현재 인류와 지구가 처한 환경과 발전의 위기를 극복하는 대안으로 아래와 같이 '공공살림'을 제안한 바 있다.

"한국을 비롯한 아시아 지역 몇몇 국가에서는 여성이 지닌 자연 친화적인 사고방식과 행동양식의 지혜로 전 지구적인 위기를 극복할 수 있다는 점을 시사할 수 있을 것이다. 한국에서는 여성이 전통적으로 담당해온 양육, 식생활 및 주생활 관리, 간호 등의 가정관리 행위를 통틀어서 한국의 고유 언어인 '살림'의 개념으로 지칭한다. 이는 생명을 살려내는 행위를 동시에 지칭하기도 하는 말이다. 즉 여성의 역할은 통틀어 생명을 살려내는 것이었다.

죽어가는 지구를 살려내 활기차게 움직이게 하려면, 이제까지는 가정 내의 전통적인 역할에 국한되어왔던 살림의 개념을 사회적으로 확대하여, 인구의 절반을 차지하는 여성이 가정을 균형 있게 돌보던 경험으로 지역사회 경영에 참여하고, 국가의 정책 결정 및 경제 운용 과정에 참여하며, 지구적 의사결정 과정에도 중요한 영향력을 미칠 수 있어야 한다. 또 나아가서 모든 생명이 평등하며 건강하게 살아가는 사회를 만들기 위해 근본적이 구조 변화를 초래할 수 있어야 한다. 이 과정은 여성이 없으면 해낼 수 없지만, 또한 여성들의 힘만으로 되는 일도 아니다. 따라서 지구환경 위기를 극복하기 위해서는 더욱 여성의 사회적 세력이 확대되어야 하며, 남녀가 대립되는 관계가 아닌 서로 견제·균형 속에서 협력하는 관계를 이루어가야 한다. 21세기 생명위기를 극복해가기 위해서는 남녀평등과 함께 경제적 평등, 나아가서 모든 생명의 평등이 구현되어야 한다."('여성과 환경, 지속 가능한 개발에 관한 한국 NGO 네트워크', 1995)

살림활동가들인 여성 개개인은 동서양의 생태/생명사상이나 이론, 종교 등 다양한 지적 원천을 갖고 있다. 그러나 이 다양한 지성은 어디까지나 자양분일 뿐, 여성에게는 오랜 역사를 통해 살림꾼으로서의 집단 경험과 지혜라는 공유 가치가 어머니의 젖줄처럼 존재한다. 위의 '여성과 환경, 지속 가능한 개발에 관한 한국 NGO 네트워크'의 공공살림 제안은 이러한 다양성을 관통하는 거대한 뿌리로서의 '살림'에 대한 자각이다. 살림여성주의는 이같이 살림의 가치를 공공화시키고 온 생명의 상생 질서를 실현하는 '살림 사회'를 각자의 현장에서 실현해가고자 하는, 여성주의자들의 얼과 실천의 총합으로서의 여성주의다. 그리고 '가배울'은 '살림'이라는 집단적인 깨달음과 지혜를 발화한 어머니 정신과, 그 정신이 구현되는 사회를 실현하기 위해 미

력하나마 힘을 보태는 활동을 목적으로 한다. 그래서 '가배울' 운동은
살림운동이다.

살림꾼의 감수성으로
길을 떠나다

'가배울'을 하게 된 것은 이화여대 한국여성연구원 연구교수로 있을
당시 문화관광부의 양성평등지역문화확산사업(2008~2009)을 하게 된
것이 계기다. 나 개인에게는 물론이고 지역 여성문화의 발전이라는 측
면에서 좋은 프로젝트였는데, 이명박 정부 들어서면서 안타깝게도 없
어지고 말았다. '여성성', '여성 리더십'이 21세기 코드로 읽히고 있는
이 시대에 문화 정책은 되려 역행하고 있으니, 문화사업에서의 '성 주
류화'와 함께 이런 여성문화사업이 꼭 다시 복원되었으면 좋겠다.

아무튼 당시 컨설팅 책임자로서 2년 동안 여러 곳을 다니면서 백문
이불여일견(百聞而不如一見)이라고 농촌 현장인 강진을 보게 되었다. 산
업형 공장이 없는, 수십 년의 근대적 발전에서 소외된 오지, 그러나 소
외되었기 때문에 오히려 유지될 수 있었던 장소성, 즉 장소가 가진 개
성을 그곳에서 보게 된 것이다. 도시 문제 중 하나는 도시의 개성이 상
실됐다는 것인데, 나는 강진에서 남도문화라는 그 거대한 뿌리를 느끼
게 된 것이다. 내가 거대한 뿌리에 닿아 있다고 느낀 것들은 예를 들어
다음과 같은 것들이다.

집 주변의 대나무로 얼기설기 만든, 그러나 아주 튼튼하고 예(藝)스

러운 책장. 자기가 태어난 집에서 90세 친정아버지와 여전히 함께 살고 있는 60대 아주머니와 그 집이 주는 무게감. 촌 식당에 들러도 범상치 않게 걸려 있는 글귀들이나 식당 주인이 직접 그린 그림이나 글씨들. 농사를 짓고 과수 재배를 하는 바쁜 와중에도 주인이 얼마나 바지런히 애지중지 가꾸었을까를 느끼게 해주는 마당의 꽃밭과 정원들. 역시 예스럽게 장식된 소품들. 정식 국악 교육을 받지 못한 아저씨의 멋들어진 해금 연주. 새벽에 3시간 동안 춤 연습을 하고 식당 문을 여는 아주머니. 난생 처음 접한 연극 대본을 농사짓는 틈틈이 외워 훌륭히 공연을 해낸 농촌 할머니들. 새마을운동 시절을 용케 넘기고 지금은 문화재가 된 돌담길을 지켜온 병영 사람들. 새벽에 산으로 달려가 몇 시간 동안 1킬로그램이 넘는 야생 녹차 잎을 따고 몇 번을 덖어서 40그램으로 가벼워진 녹차를 만들어 먹는 사람들. 거인의 전설을 담고 있는 고인돌과 패총이 밭에 널려 있는, 수천 년 역사를 안고 있는 마을들. 결코 가방끈이 길지는 않지만 열정과 공부가 범상치 않은 향토학자들. 지역에 굳게 뿌리내려 생활 속의 문화예술 활동을 해가고 있는 향토예술가들….

남도문화의 매력이 만만치 않지만, 그것뿐이라면 내가 쏙 빠져들기에는 다소 부족했을지도 모른다. 그 부족함을 채워 넘치게 만든 데는 자연이 있었다. 서울서 네 시간 반 걸려 지쳐 도착해도 삼십 분만 지나면 정신이 확 깨게 만드는 맑은 공기, 봐도 봐도 잘생긴 월출산과 그 산자락의 차밭 길, 칠량의 바닷길, 백련사에서 다산 초당에 이르는 사색의 길, 만덕산 정상 깃대봉에서 바라보이는 숨 멎을 듯 아름다운 강진만. 강진을 '남도 답사 일번지'로 부를 수 있는 건 문화와 자연이 함께하기 때문이다. 천혜의 생태 지역이라고나 할까.

　이렇게 남도문화에 빠져들면서 남도의 여성 살림예술(흔히 지역예술로 불린다)에 대한 연구를 시작했다. 현지 조사를 위해 한 달간 농가의 방을 빌려 숙박을 하는데, 마을 논밭 가의 풀들이 제초제로 다 죽어 누렇게 되어 있었다. 이 축복받은 자연의 땅에 생명을 몰살시키는 제초제라니. 그래서 농민들 얘기를 귀 기울여 듣게 되었다. 농민들이 대체로 고령화되어 있다 보니 열 평에서 스무 평 남짓의 텃밭 외에는 그 넓은 밭을 일일이 김매고 벌레 잡아가며 친환경 농사를 지을 힘이 없다는 거였다. 설사 온갖 수고로움을 감수하고 친환경 농사를 지어도 도시에서 온 중간상인들에게는 친환경 농산물로 인정받지 못하고, 또 도시 주민과의 직거래 네트워크가 있다 해도 친환경 농사의 수고로움이 두세 배 힘들다고 해서 가격을 두세 배로 더 받을 수 있는 건 아니라는 것이었다.

　풀 뽑고, 벌레 잡고, 친환경 제재를 만드는 등 땅이 완전히 살아나기까지 3~5년간 몇 배 더 힘든 친환경농의 수고로움이 인정받지 못하는데 누가 친환경 농사를 짓겠는가? 이래저래 친환경 농사를 짓는 것은 쉬운 일이 아니었다. 통계를 찾아보니 유기농 농토 0.6퍼센트, 무농약 농토 5.6퍼센트에 불과했다(2010년). 건강한 흙이 너무 적었다. 그러니 흙을 더 이상 괴롭히지 않는 일, 수백 수천 년을 이어온 농경(여성)문화를 간직하고 있는 농촌 마을을 한 마을이라도 사라지지 않게 하는 일을 내 생애 이모작으로 해보자는 욕심이 일었다. 젊은 시절 동료들과 성폭력상담소를 창립하는 데 함께했고, 부모들과 공동육아를 만들어 십 년 가까운 세월을 함께했다. 당시 '성폭력', '공동육아'라는 말은

이 땅에 존재하지 않는 말이었다. 그렇듯 무에서 유가 창조되는 과정에 함께한 경험이 있었기에 늦은 나이에도 새로 일을 벌일 수 있었던 것 같다.

살림 가치가 체화된 생태마을 만들기를 통해 자연과 인간, 여성과 남성, 소수자와 주류가 함께 상생하는 마을·지역 문예의 부흥을 이루어가겠다는 요지의 발기 취지문을 지인들 수백 명에게 돌렸다. 이중 백 명이 동의하면 해낼 수 있을 것이라 생각했다. '백'은 그냥 100이 아니라 온전함의 상징이기도 하니까. 그렇게 해서 백 명의 동의를 받고는 2010년 2월에 발기인 모임을 시작해 3월에 임의단체 등록을 했다. 이는 평생의 은인이자 닮고 싶은 큰언니인 대모(大母) 고(故) 박영숙 선생이 사무실을 무상으로 임대해주셔서 가능한 일이기도 했다. 이렇게 해서 '가배울'을 만들어 좋은 길과 체험거리를 개발하고 도시 여행객들과 나누는 일을 벌이게 되었다.

'가배울'의 살림운동이 다른 생태운동과 다른 건 무얼까? 생태주의는 자연과 인간을 이분법적으로 사고하는 세계관, 즉 자연을 인간의 탐욕스러운 욕망 충족을 위한 도구로 보면서 자연을 문명화 내지 발전 등의 이름으로 마구 파괴하고 황폐화시키는 세계관이 인간 사회의 모든 차별적 사고의 원형이라고 본다. 성차별의 세계관도 이 자연/인간의 이분법에서 파생되었다고 본다(왜냐하면 성차별에서 여성은 종종 자연화되고 있기 때문이다). 이 논리에 따르면 제대로 된 생태운동은 동시에 여성주의적이어야 하는데, 현실에서는 그렇지 못할 수 있다. 남성과 여성 모두 가부장적인 습속에서 벗어나지 못하고 있기 때문이다. 그렇다면 '가배울'의 살림운동은 제대로 된 생태운동의 모습, 기존의 차별적인 성문화와는 다른 여남 상생의 문화를 만들어가야 하는데 과연 그러한가? 이 질문을 유념하면서 '가배울'이 짧은 기간 동안 해온 일과 앞으로 할 일을 소개해본다.

'가배울'의 살림운동 하나, 여성문화를 체험하고 맛 문화를 살리는 꾸러미 사업

국내의 공정여행 단체가 이미 10여 개를 넘어섰다. 그렇다면 후발주자인 '가배울' 공정여행의 차별성은 어떤 것일까? 당연히 여성주의성이다. 주된 여행객이 여성이라는 점은 다른 공정여행과도 비슷하지만, 차 따고 만들기, 천연 염색, 된장·고추장·간장·장아찌 담그기, 강강술래 함께 추기, 제철 농산물 채취하기 등 현지에서 하는 대부분의 체험거리는 현지의 여성 살림문화, 여성 농경문화다(물론 청자 만들기와 같이 남녀가 공유하는 지역 문화 체험도 한다). 이미 강강술래는 유네스코 세계무형문화유산으로 세계가 인정한 한국의 여성문화이고, 최근 '김치와 김장 문화'도 유네스코 세계인류무형문화유산에 등재되었다. 특히 김치는 2~3년짜리 슬로푸드 중의 슬로푸드이고, 농촌 여성문화의 화룡정점이다.

내 또래 50대 전후 여성들의 상당수가 이미 공장 제조의 장류, 김치에 길들여졌다. 내 경우는 맛 좋은 장과 김치를 끊이지 않게 대주신 어머니 덕분에 장·김치를 잘 담글 줄 모르는 어설픈 살림꾼이지만, 기본 조미료를 슈퍼에서 사지는 않는다. 어머니 덕분에 제대로 된 장·김치 아니면 손이 안 가는 미각을 지녔기 때문이다. 그리고 무엇보다도 나는 '난 여성학 박사지만, 당신 어머니들은 한식 박사'임을 명백하게 인식하고 존중할 줄 아는 살림꾼 감수성을 지녔다. 그런데 자본주의는 신석기시대 이래 1만 년 이상을 존속해온 여성 장인문화, 손맛문화를 식품산업이라는 미명 아래 뿌리째 뽑으려 하고 있다. 워커홀릭으로 살아갈 수밖에 없는 도시 취업여성의 삶은 이 뿌리 뽑힘에 무력하게 순응한다. 김치냉장고의 등장으로 도시에서도 김장 문화가 여전히 존속되고는 있지만, 젓갈을 담가 1년 후 건져서 다시 1년간 숙성시켜 액젓을 만들고 이걸로 김치를 담그는 수백 년 이어온 여성 손맛문화는 농촌에 살아 있다. 여성의 살아 있는 최고 문화유산이다. 1년 농사지은 콩을 푹푹 쪄서 메주를 만들고 지푸라기 위에 고이 얹어 띄우고, 잘 마른 메주를 소금물에 석 달 정도 담가서 된장과 간장을 만들고, 다시 이를 6개월에서 2~3년 발효시키는 장 문화 또한 마찬가지다.

젓갈, 장아찌, 산야초 같은 것들도 슬로푸드 발효식품이다. 짠 음식이 안 좋다는 인식이 확산되면서 점점 도시민 식탁에서 외면당하고 있지만, 마을 사람들을 관찰한 내 생각은 다르다. 촌 어르신들의 식탁에는 늘 이런 음식들이 기본 찬으로 오른다. 그래도 이곳 분들은 모두 십 년 이상은 젊어 보이고, 팔십 다 된 노인들도 논농사를 거뜬히 지으며 얼굴에 주름도 별로 없다. 좋은 공기 탓도 있겠지만, 음식도 무시할 수 없다. 짠 음식을 피해야 하는 고혈압 환자를 제외하고는 발효된 장아찌나 액젓의 짠맛은 요리와 적당히 결합될 때 건강식품이 됨이 분명하다.

그런데 이 김치·장·장아찌 등 발효식품 대장금들의 활동 연한은 얼마나 남았을까? 길어야 15년이다. 어느 시기에 지구상에서 공룡이 일시에 사라졌듯이, 이 할머니·어머니들이 떠나는 십 년 전후의 어느 때에 여성 살림문화의 지혜는 일시에 사라질 것이다. 그래서 꾸러미 사업을 시작했다. 텃밭에서 난 제철 농산물을 그대로 넣기도 하고, 2년 숙성한 액젓을 기본 조미료로 하는 가공품을 만들어 매달 한 번씩 도시 회원들에게 꾸러미로 보낸다. 전국 최고의 이러한 손맛으로 마을 사업을 하자 부추기니 마을이 '으쌰' 힘을 내서 반찬공장 보조금을 따냈다. 올해(2015년)에는 마을에 작은 반찬공장이 세워진다. 밭에서 캐온 도라지를 마을 할머니들이 바로 까서 감칠맛 나는 도라지무침을 만들어 보낼 수 있는 시스템이 구축되는 것이다.

또한 달마지마을은 십여 종류의 콩을 비롯해 상추, 시금치, 녹두 등 총 20여 종자를 자가 채종하고 있는데 거의 토종 종자이다. 이 종자들은 외관은 못생기고 수확량도 다른 개량 종자나 GMO(유전자변형) 종자에 비해 떨어지기 때문에, 상업농에서는 종자를 사서 쓰지 자가 채종을 포기한 지 오래다. 이대로 가다가는 10~20년 이후에는 채종을 하는 농민들이 사라지면서 토종 종자나 토종 종자를 쓰는 농사법도 사라질 것이다. 그래서 2015년에는 토종 종자 공동구매 사업도 시작할 준비를 하고 있다. 위기에 처한 자가 채종 문화가 꼭 이어질 수 있도록, 젊은 귀촌인들이 그 농사법을 배우고 씨를 넘겨받을 수 있도록 가교 역할을 하고 싶다.

이렇듯 마을이 꾸러미 사업을 해낼 수 있게 되기까지는, 십여 년 전 이미 자신의 생업을 축소하고 마을 사업에 매달린 마을 위원장님이 계셨다(이분은 남성이다). 연로한 할머니, 할아버지들만 계신 마을에서,

어디 내놔도 빠지지 않는 손맛을 지닌 그분들에게 반찬 사업이 딱 맞는 사업이라고 생각하고 사업을 따내는 데 힘을 쓰셨다. 이렇듯 살림운동은 여성문화의 가치를 알아보고 함께 힘을 보태는 남성과 더불어 한다.

또한 꾸러미는 텃밭 운동이다. 노인 어르신들에게 큰 농사는 힘에 부친다. 쿠바의 경우 텃밭이 전체 식량자급률의 25퍼센트를 담당한다고 한다. 연해주처럼 태평농법을 할 수 없는, 농토가 좁은 한국 사회에서 친환경 농업은 경작지가 크면 힘에 부친다. 천 평 넘는 밭에서 어떻게 일일이 벌레를 잡고 풀을 매겠는가? 최근 도시 텃밭 운동이 활발하다지만, 나는 농촌 텃밭 운동이 좀 더 활발해져야 한다고 생각한다. 식량자급률이 22퍼센트인 나라에서 농촌 텃밭으로 자급률을 끌어올릴 수 있지 않을까 하는 것이 내 생각이다. 여행자들이 마을의 여성문화를 체험하고 꾸러미 회원이 되어 도-농 교류의 끈이 이어지다 보면, 어르신들의 손맛을 배우러 오는 젊은 여성 도제들이 마을에 넘쳐나지 않을까? 그러면 살아 있는 여성문화 박물관인 마을은 사라지지 않겠지. 이것이 '가배울'이 꾸러미 사업을 통해 꾸는 꿈이다.

'가배울'의 살림운동 둘,
여성주의 문화 해설을 지향하는 공정여행

'가배울' 공정여행의 또 다른 특징은 여성주의 문화 체험과 해설이다. 이것은 여성학 전공자로서 지역 문화와 역사를 들여다보며 여행을 진행하다 보니 자연스럽게 생겨났는데, 이것이야말로 '가배울' 공정여행의 차별적인 가치가 될 것이다.

예를 들면, 강진군 성전면에는 단청이 없어 소박하면서도 최고의 격조미를 은은하게 내뿜는 무위사(세종12년 1430년 신축) 극락보전의 수월관음도가 있다. 관음도는 관음보살이 생명의 약수(죽은 이도 살린다고 하는)가 담긴 정병을 들고 서 있는 그림인데, 이곳의 관음도도 마찬가지다. 원래 인도에서 부처님의 남자 제자였다는 관음은 아시아로 넘어오면서 양성이나 여성으로 재현된다. 생명을 좌지우지하는 생명신으로서의 관음을 이해하기 위해서는, 기원전 3000년 이전까지 전 세계에 보편적이었던 대모신(Great Godess) 신앙, 그리고 가부장제 사회에 들어와서도 이어져온 지모신(地母神) 신앙을 이해해야 한다.

미륵전의 미륵도 마찬가지 맥락에서 이해될 수 있다. 한국의 지모신 신앙은 마고 신앙이다. 제주도를 창조한 설문대 할망도 마고다. 마고는 율려라는 우주의 음으로 이 세상을 창조한다. 우리가 토착 페미니즘을 말할 수 있으려면 이 마고신화를 읽는 데서 시작해야 할 것이다. 미륵은 56억 7천만 년 후에 와서 인간을 구제한다는 보살인데, 모든 인간이 고통을 초월한 부처가 될 때까지 자신의 부처 되기를 미루는 보살이다. 무위사의 미륵보살은 영락없이 푸근한 남도 아짐의 얼굴 형상이다. 마을 수호신인 지하여장군, 천하대장군이 함께 마을 입구에 서 있듯이 대보름에는 선돌 할머니, 선돌 할아버지 모두에게 새끼줄 옷을 입힌다. 이는 가부장제 사회가 된 이후에도 사라지지 않은 마고 문화의 흔적으로, 이 문화를 농촌 마을은 간직하고 있다. '가배울'의 여행에서 다른 해설은 이곳의 전문적인 문화해설가들에게 맡겨도, 이 부분은 내가 직접 해설을 하게 된다.

다산에 대한 해설도 마찬가지다. 유배지에서 수십 명의 제자들을 길러내고 600여 권의 책을 써내며 실학을 집대성한 다산 정약용에 대한 지역민들의 존경은 거의 절대적이다. 다산의 글귀를 읽다 보면 마치 유학 경전을 읽는 듯한 느낌이 들어, 다산이 거의 성인(聖人) 수준에 도달한 것 아닌가라는 생각이 드는 것도 사실이다. 그런데 여성학을 공부한 나는 생뚱맞게도 그 틈새를 보게 된다. 〈남당사〉라는 장시(長詩)의 두 주인공인 홍임이와 홍임이 엄마 이야기는 작자 미상이라는 이유로 다산의 공식적인 스토리텔링에서 빠져 있다. 하지만 그래도 될까? 그 많은 제자들 밥은 누가 해주었을까? 다산을 빼닮아 영특하기 이를 데 없었던, 늘 아비를 그리워하며 애달픈 나날을 보낸 홍임이 얘기는 왜 삭제되어야 할까?

또 이곳에서 다산과 관련해 숭배되고 있는 또 다른 여성 인물로, 다산을 4년 동안 재워주고 먹여주었다는 주막집의 사의재 할머니가 있다. 이 할머니가 자포자기 속에서 살던 다산에게 깨우침을 준 스승이라는 이야기를 계속 들었는데, 도대체 이 할머니가 다산에게 준 깨우침이란 게 무엇인지 궁금했다. 알고 보니 그중 한 일화가 할머니와 다산이 음양존비(陰陽尊卑)에 관해 나눈 대화였다. 할머니는 다산에게 씨앗과 흙의 비유로 남녀의 차이를 설명했다고 하는데, 그렇다면 남자는 씨, 여자는 밭이라는 고정관념을 설명한 데 불과한 것 아닌가? 이것이 할머니가 다산의 스승으로까지 추앙되는 이유가 될 수 있을까?

무위사 벽화(관음도)와 미륵전에 대한 여성주의적 해석, 사의재 할머니의 영웅화를 깨뜨리는 사실적 해석 등 이런 여성주의적 해설을 공식적으로 드러내기에는 아직도 여러모로 조심스럽다. 내 의견이 현지 문화해설가들에게 어떻게 수용될지도 가늠하기 어렵다. 다만 이렇게 나의 정체성을 조심스럽게 드러내는 데만도 4년이 걸렸다. 문화 해설에서는 젠더 감수성이 아예 제로인 상태라 해도 과언이 아니기 때문이다. 이러한 여성주의적 해석이 수용되기 위해서는 좀 더 전문적인 여성사 교육이 필요할 것이다.

여성주의 문화 해설은 역사를 다시 여성주의적으로 읽어내는 작업과 함께 이뤄져야 하기 때문에 만만한 일이 아니다. 2008~2009년 양성평등문화확산사업 연구자로 여러 지역을 돌아다니면서 수많은 지역 여성들이 의미 있는 일을 시작하고 있음을 확인할 수 있었다. 대전의 여성들은 조선시대의 여성 작가로서 남편과 호형호제를 했던 김호연재(1681~1722)를, 김해의 여성들은 예수와 동시대이던 그 시절에 이미 자식들에게 자기 성을 주었고 오늘날 지역에서 '허수로왕'이라 당당히 불리는 허 왕후를 연극과 뮤지컬로 복원해냈다. 지속적인 펀드만 지원되면 지역 여성문화 해설은 빠르게 발전할 수 있을 것으로 보인다. 그리고 이 일을 해낼 수 있는 여성 인력은 이미 각 지역에 제법 형성되어 있다. 하지만 현재 상황에서 여성주의 문화·역사 여행 프로그램 개발 같은 것은 어디서 펀드를 따기가 어렵다. 그저 묵묵히 수행해가야 한다. 역사를 책을 통해서만 배우는 건 참으로 지겹다. 여성사가 사장되지 않는 문화·역사 답사지를 한 곳 한 곳 만들어가면서 여성은 물론 청소년들과 함께하는 여행 프로그램으로 발전시켜가고 싶다. 문화·역사와 만나는 것은 바로 선조 여성들의 얼과 만나는 일이고, 문화 여성 운동의 한 장을 여는 일이다.

지역의 문화관광해설가 교육에 여성사 교육이 들어가면 좀 더 빠른 변화를 볼 수 있을 것이다. 여성문화정책적으로 접근해야 하는 또 다른 과제다. 하지만 정책적 접근은 과제로 남겨놓더라도, '가배울'은 현장에서 할 수 있는 만큼 하나씩 하나씩 해나가야겠다는 생각이 든다. 다산 여성관의 한계를 보면서 여성 실학자를 읽어야 할 필요성, 여성 실학자 순례여행 코스 개발 같은 것들을 앞으로 해야겠다는 생각도 든다.

'가배울'이
걸어가야 할 길

　이제 막 시작한 '가배울' 사업이 뿌리를 내리게 하는 것, 이것이 앞으로 '가배울'이 걸어갈 길이다. 구체적으로는 좋은 길과 문화유적을 여성주의 인문학 콘텐츠로 개발해서 공정여행 프로그램을 실행하고 이를 꾸러미 등의 직거래와 연결시키는 일이다. 마을축제 지원 같은 일도 해나갈 것이다. 2015년에는 강진에 남도생협이 개장한다. 조합원의 반 이상이 농민이니 도시 생협처럼 생활재만 판매해서는 유지될 수 없다. 조합원들에게 친환경 농사를 짓게 하면 그 판로를 개척해야 하는 책임이 따른다. 다행히 생협 운영위원회 10여 명의 여성들은, 5년 안에 친환경 로컬푸드 기반을 구축하고 그 기반을 바탕으로 수도권에 진출하자는 데 뜻을 함께하고 있다. 그들과 함께하면서 그 목표를 이루어내는 것이 또 새로운 과제이다.

　강진의 남자들이 임진왜란 때 경상도 지역으로 의병을 갔었다고 한다. 그때 남편을 기다리며 부인들이 부른 민요가 지금까지도 전수되어 왔는데, 최근에는 한 할머니만이 그 노래를 부를 수 있었다. 하지만 막상 이 할머니를 인터뷰하려 했을 때는 그 전해에 돌아가시고 말았다고 해서 무척 안타까웠다. 이렇게 여성의 애환과 지혜와 신명을 간직한 여성문화가 급격히 사라져가고 있다. 마을마다 추던 강강술래를 이제는 아홉 개 마을 여성들이 겨우 한 팀을 만들어 추고 있으니, 농촌으로 시집오는 젊은 여성들이 더 이상 없다면 십 년 후에는 이도 사라질 것이고, 여성 직조사의 전 과정을 재현하고 있는 베틀놀이 춤도 사라질 것이다. 그러니 '가배울'의 모든 일들이 귀촌사업으로 연결되지 않으면 도로아미타불이 될 것이다.

최근 꾸러미를 하는 달마지마을에 우리 사무국장과 함께 두 명의 청년이 둥지를 틀었고, 얼마 전에는 아들 둘을 둔 부부가 마을로 귀촌했다. 이렇게 혼자 하는 귀촌이 아닌 함께 준비하는 귀촌문화가 잘 정착된다면 농촌 마을이 사라지는 것을 막고 마을에 활기를 더할 수 있을 것이다. 집집마다 방 하나는 게스트하우스로 내놓아, 잠시 심신을 회복할 시간이 필요한 도시인들에게 내어줄 수도 있을 것이다. 20가구 정도로 이루어진 작은 마을의 일부를 점점 더 도시에서 절대적으로 살기 힘든 어려운 가구들로 채우고 싶다. 예를 들면 돈 3∼4백만 원 들고 보육원에서 독립해야 하지만 기다리는 일자리는 알바밖에 없는 젊은이나 미혼모 등을 떠올린다.

내가 이런 마을을 꿈꾸게 된 건, 21세기가 요구한다는 창의력을 걸출하게 지니고 있었음에도 불구하고 죽음으로 내몰린 고(故) 최고은 씨나 달빛요정역전만루홈런 같은 젊은이들의 죽음이 잊히지 않기 때문이다. 또 영화 엑스트라 배우를 하며 모자라는 생계비는 자기 피를 뽑아 팔거나 임상실험에 내주면서 마련하는 청년을 보여준 TV 프로그램 영상도 잊히지 않는다. 그러면서도 도시에서 살아야 하는 걸까? 자급자족 생활방식의 시도야말로 어쩌면 신자유주의 시대에 급진적인 실천 방식일 것이다. 생태마을의 일원이 되고자 하는 내 친구(대안학교 교사)는 "도시에서 가난한 아이들은 알바를 하다 과로사할 거예요"라고 말했다. 이런 회원들의 건축 자금을 모금하고 해비타트와 연계해서 그들이 부담 없이 농촌 마을에 정착할 수 있도록 힘을 보태고 싶다. 이런 꿈을 모 재단 이사장과 의논했더니 함께 해볼 의사가 있다 해서 희망을 보고 있다.

한때 공동육아를 하면서 나 자신과 우리의 미숙함을 진저리치게 경험한 뒤 다시는 '협동'의 '협'자 근처에도 가지 않겠다는 생각을 했던 적이 있다. 그런데 속절없이 사라질 위기에 처한 농촌 마을문화, 여성문화를 목격하면서 다시 더 힘든 '협동'의 일을 벌이고 말았다. 휴~ 심호흡을 하며 이 일들의 토대를 만드는 일을 십 년 이상은 해야 한다고 심기일전해보지만 만만치 않다. 회원들이 뒷받침해주고 있지만, 나를 닮았으면서도(?) 다른 딸 같은 동료들과 함께 이 일을 감당하는 것이 쉽지는 않다. 당장 한 명의 스텝이 더 필요한데 아직 후원금은 그만큼 안 되고, 프로젝트 사업이란 게 인건비 지원을 거의 안 하니 일을 많이 벌인다고 꼭 좋은 게 아니다. 종종 곤(困)함이 엄습하지만, 내 몸의 세포들에게 이렇게 속삭인다.

'애들아 너희들과 내가 이렇게 하나의 물(物)로 만난 인연이 참 귀하다. 결국은 너희들의 생애주기에 따라 흙으로 돌아갈 인연 아니니. 흙

으로 돌아갈 인연, 뭐 그리 아낄 거 있니. 함께 다 쓰고 가자. 다만 아프지만 말고.'

이렇게 기도하면서 힘을 얻는다. 일을 하면서 새로 맺게 된 좋은 분들과의 인연, 꾸러미를 받고 격려의 문자를 보내주는 회원들, 꾸러미가 마을 아주머니나 할머니들에게 조금이나마 활력이 되는 걸 느낄 때 또 힘이 생긴다. 앞이 안 보이다가도 요만큼 걸어가면 다시 갈 길을 열어주는 인연을 만날 때면, 보이지 않는 기운이 나를 돕고 있구나 하고 느낀다. 올해는 교사들의 여행을 개척해봐야겠다 싶었는데, 한 지인이 스스로 운영위원을 자청하며 도움을 주겠다고 한다. 이런 식으로 일이 조금씩 열린다.

몇 년 전에 경희대 교수님들이 꾸러미를 하는 달마지마을에서 숙박하고 가셨는데 이문재 시인이 칼럼을 하나 써주었다("고향의 땅 위에 서서", 〈경향신문〉 2013년 2월 7일). 그 칼럼에서 "다행스럽게도 대월마을은 '예언의 현장'이었다"라고 했다. 너무나 희망적인 시인의 예언이다. 예언이 실현되면, 그게 기적일 거다. 그런 일을 이루려는 '가배울'을 미쳤다 하지 않고 동참해주는 회원들, 선후배들, 선생님들, 달마지마을의 어르신들, 남도생협과 함께해주시는 모든 분들께, 감사하고 또 감사하다는 말을 전하며 글을 맺는다.

{ 🪑 }

이안소영

여성환경연대 정책국장

여성주의와
생태주의의
행복한 만남

11

에코페미니즘을 만나다

　1997년 가을, 여성학과 대학원에 입학했다. 몇 년간의 현장 경험을 통해 그 전에는 진지하게 고민하지 못했던 여성학에 관심이 생겼고, 젠더가 여성노동 문제에 미치는 영향과 해결 방법을 공부하고 싶었다. 그리고 그즈음 나를 설레게 했던 또 하나의 관심은《오래된 미래》라는 책과《녹색평론》이란 잡지였다.

　내가 언제부터 환경 문제와 생태주의에 관심을 가지게 되었는지는 정확히 기억나지 않는다. 어쩌면 자전거로 15분 남짓이면 시내를 다 둘러볼 수 있는, 오가는 사람들 대부분이 아는 사람이거나 '한 다리 건너면 아는 사람'일 만큼 작은 읍 소재지 출신인 내게, '오래된 미래'는 태생적 끌림일지도 모르겠다. 대학 입학하면서 올라온 서울의 속도감과 술렁임, 그 번화함과 오염된 공기들에 나는 번번이 숨이 막혔고 적응하는 데 매우 오랜 시간이 걸렸으니까.

　여성학과 2학기 여름쯤에 불교와 생태사상 등에 관심 있던 몇 사람이 모여 에코페미니즘 세미나를 시작했다. 하지만 에코페미니즘 이론을 개괄적으로 소개하는 두세 권 정도의 책이 전부였던 당시 상황에서 세미나 커리큘럼은 곧 바닥을 드러냈다. 결국 외국의 저작들을 읽는 방식에서 벗어나 에코페미니즘의 시각으로 우리의 일상을 들여다보고 재구성해내는 일이 필요하다는 데 의견을 모았다. 그래서 몸, 과학기술, 귀농, 생태공동체, 게으름에 대한 찬양, 욕망 등의 관심 주제를 놓고 자료를 모아서 읽고 토론하기도 했다. 때로는 각자의 소비 양식을 성찰하기 위해 '소비일기'를 써보기도 했고, 몇몇 생태공동체를 방문하며 우리의 미래를 설계해보기도 했다.

이런 과정을 통해 나는 여성과 남성의 평등이라는 화두와 자본주의의 대안, 그리고 자연과 공생하는 삶의 양식을 서로 조화롭게 만들어보고 싶어졌다. 한 분야의 진보가 다른 분야의 진보를 저절로 보장해주지는 않는다는 걸 절실하게 깨달으며, 세 가지 화두를 유기적으로 엮어야 내가 생각하는 윤리적(?) 행복을 자기분열 없이 찾을 수 있겠다 싶었다. 그렇게 나를 매혹시켰던 것이 바로 에코페미니즘이다. 2000년 봄 학기, 고(故) 문순홍 선생이 '여성과 환경' 수업을 시작했고, 이를 계기로 문순홍 선생과 세미나를 하고 있던 사람들과 함께 에코페미니스트 공동체인 '꿈꾸는 지렁이들의 모임'을 만들었다.

에코페미니즘은 명쾌하고 따뜻했다. 인간-자연, 남성-여성 간의 억압관계뿐 아니라 여러 인간 군상 사이에 풀리지 않는 갈등과 모순, 부당함에 대한 고민을 어느 하나도 놓치지 않았다. 나는 계급, 성, 지역 차별 등 인간들 사이의 위계가 어떻게 환경 문제를 심화시키고 우리를 멸종에 이르게 하는지 알아채지 못하는 인간중심적 체제비판론이나,

인간들 간의 위계를 극복하는 데 전념하느라 자연에 대한 인간우월주의가 어떻게 다시 인간들 간의 위계로 악순환되는지를 볼 수 없는 사회비판 이론들에 더 이상 마음이 가지 않았다.

에코페미니즘의 기본 전제는, 자연이 인간에게 지배당하는 것과 여성이 남성에게 지배당하는 것 사이에는 일정한 연관성이 있으며, 그 핵심으로 위계론적 이원론이 가부장제의 근본 질서로 자리 잡고 있다는 것이다. 근대 과학혁명 이후 서구 중산층 백인 남성 중심의 인식론에서 여성과 자연은 늘 타자화되고, 모든 열등한 가치들은 이들의 속성이 되었다. 남성은 이성적이고 문명과 정신을 대표하며 정상적이고 우월하다. 반면 여성은 감정적이고 자연과 육체에 가까우며 변덕스럽고 비정상적이며 열등하다. '자연─여성─비(非)서구─열등한 계급 및 인종'은 '인간─남성─서구─백인 중산층'의 목적이나 의지에 맞게 개조되고 변형된다.

에코페미니즘은 인간이 자연과 관계 맺는 방식, 인간이 다른 인간과 관계 맺는 방식을 전면적으로 바꾸기를 요구한다. 그리고 기존의 관계 맺기 방식이 평가절하했던 중요한 가치들에 주목한다. 창조적이라 여겨왔던 생산활동뿐만 아니라 재생산노동이나 보살핌노동 등 끊임없이 반복되어 비창조적인 것처럼 보이지만 실제로는 뭇 생명이 존재할 수 있도록 리듬과 체계를 유지해왔던 '생계의 관점, 살림의 원리'를 복원해내려 한다. 살림은 일반적으로 '집안일'이라 불리는 일을 의미함과 동시에 '살리다'의 명사형으로서 무엇을 살린다는 의미를 가지고 있다. 모든 존재(자연과 인간, 인간과 인간)는 서로 전일적으로 연결되어 있으므로, 보살피고 배려하는 마음과 그 마음을 실현하는 노동과 그러한 노동을 귀하게 여기는 문화와 제도를 회복해야 한다고 역설한다. 보이지 않는 것들 사이를 무수하게 엮는 '관계성'을 깨닫는 것, 여기서 나오는 '깊은 공감'과 소통이야말로 공생과 번창함의 기반이자, 에코페미니즘이 추구하는 인간론이며 우주론이라고 생각했다.

일회용 생리대가
자유롭게 하는 것?

이론적으로 에코페미니즘에 매료되었지만, 일상에서 부딪히는 여러 문제들은 여전히 많은 고민거리를 던져주었다. 에코페미니스트로서 사유하고 실천한다는 것은 생각만큼 명쾌하거나 쉽지 않았다. 어떤 정치학이나 윤리를 지지한다는 것의 의미는 자신을 불편하게 하는 도전과 실험을 수없이 거쳐봐야 진실로 알게 되는 것 같다.

1997년 여성학과를 다니던 첫 해, 한 종교단체에서 여성 신자들이 '면 생리대 쓰기 운동'을 대대적으로 펼친다는 소식을 접했다. 그땐 아직 면 생리대 사용이 대중적으로 알려지지 않았을 때였는데, 동료 몇몇이 그에 대해 토론했던 기억이 난다. 일회용 생리대는 온갖 화학물질과 흡수제를 넣어 피부 짓무름뿐 아니라 극심한 생리통과 자궁내막증 등의 원인으로 의심받는다. 게다가 일회용 생리대를 만들기 위해서는 엄청난 양의 숲이 파괴된다. 일회용 기저귀 또한 비슷한 문제를 안고 있다. 일회용 기저귀는 아이의 아토피 피부염이나 짓무름을 일으킬 수 있고, 소각·폐기하는 과정에서 다이옥신을 배출할 수도 있다. 그러므로 여성들의 면 생리대와 면 기저귀 쓰기 운동은 환경뿐 아니라 여성과 아이의 건강을 두루 보호하는 중요한 실천일 수 있었다.

하지만 환경운동가들 내에서도 '정책 결정자-남성'과 '실행 담당자-여성'이라는 성별 분업 구도가 여전한 현실을 개탄하던 우리는, 면 생리대 쓰기 운동을 무턱대고 찬성하기 힘들었다. 오히려 여성에게만 유독 엄격하게 환경파괴의 책임과 실천윤리를 요구하며 권한은 가지지 못하게 하는 지구 청소부 역할을 여성에게 부여하는 운동으로 느껴져 마음이 불편했다. 여성의 월경은 개인적인 문제인 동시에 세대 보존과 인간 종족의 유지라는 집단적 필요성이 분명한 사회문제인데, 왜 면 생리대를 사용하는 데 드는 수고로움은 개인적으로만 해결해야 할까, 면 생리대를 사용하는 데 드는 시간과 에너지를 사회적으로 보상받아야 하는 것 아닌가, 적어도 면 생리대는 무료로 지급해야 하지 않나 하며, 일회용 생리대를 면 생리대로 바꾸는 여성들에게 어떤 보상책과 지원이 가능할까를 여러 차원으로 고민했던 기억이 난다. 이런 이유 때문인지 여성 문제를 고민하는 시민단체 중 천 기저귀와 면 생리대 운동을 공개적으로 지지하고 정책화하는 곳은 거의 없다. 분명히 의미 있는 환경실천이긴 하지만 여성의 가사노동과 육아노동을 가중시키는 문제를 산뜻하게 해결하기 어렵다는 현실적 어려움이 있는 것이다.

일회용 생리대는 여성들에게 이동의 자유를 가져다주면서 몸의 리듬과 상관없이 사회에 참여할 수 있는 길을 열어주었다. 덕분에 여성들은 '몸-자연'이 주는 구속으로부터 벗어나 자유롭게 공적 공간으로 나와서 일 년 내내(!) 장시간 임금노동 시장에 참여할 수 있게 되었다.

하지만 이제 나는 일회용 생리대와 기저귀를 통해 여성이 무엇으로 부터의 자유, 어떠한 행복으로 나아가고 있는지 의문이 든다. 월경을 하지 않는 성인 남성의 몸을 기준으로 설계된 생산 영역에 동등하게 참가하기 위해, 나 자신과 아이와 지구 생태계의 건강을 담보 잡히는 것이 내가 원하는 자유 혹은 해방이었을까?

근대화된 '청결·위생' 관념과 여성의 삶

여성학의 오랜 논쟁 중 하나로 '새로운 기술이 여성을 자유롭게 하는 가'를 둘러싼 질문이 있다. 많은 사람들이 처음에는 세탁기, 냉장고, 전기밥솥, 가스오븐, 청소기 등 가전제품이나 신기술이 여성을 가사노동에서 자유롭게 해줄 것으로 기대했지만, 오히려 새로운 종류의 노동을 더하게 한다는 것이 점점 더 명확해지고 있다. 세탁기는 혼자 빨래할 수 없다. 사람이 손으로 빨래를 분류하고, 기계 조작을 하고, 세제와 섬유유연제를 넣고, 세탁 시간 동안 기다렸다가 빨래를 꺼내고, 빨래를 널고 개는 노동을 수행해야 한다.

근대 이전 사회에서 사람들이 얼마나 자주 빨래를 했는지 정확히 알 수는 없지만, 분명한 점은 세탁기의 출현이 '더 자주' 빨래를 해서 '더 하얗게' 된 옷을 입는 것을 '정상'으로 여기게 만들었다는 점이다. 스팀 청소기 또한 더 자주 물걸레로 집안을 청소하는 것을 현대인의 표준화된 생활양식으로 만들어냈다. 기계가 생활규범을 바꾸고 '정상' 범주를 새롭게 창조해낸다. 기술의 혁신으로부터 정상성이 발명된다. 새로운 기술 발전과 기계 발명을 통해 '정상적인' 주부의 할 일 목록은 점점 더 세밀하고 은밀하게 눈덩이처럼 불어난다.

이 문제를 성평등의 관점에서 보자면, 세탁기와 청소기를 남성이 사용하는 것이 해법이 될까? 여기에 더해 요리하는 기계나 로봇까지 남성이 작동하게 된다면? 이 해법이 그리 깔끔하지 않은 이유는, 새로운 기계와 기술의 출현은 그 기술을 운영하기 위한 추가 노동을 계속해서 발명해내고, 우리는 점점 더 많은 가사노동을 해야 하기 때문이다. 남성과 여성이 집안일을 공평하게(사실 매우 어렵지만) 나누더라도 전체 일의 양은 줄지 않는다. 기계가 우리를 필수 노동으로부터 자유롭게 해방시키는 게 아니라, 필수 노동의 범위와 수준을 증가시켜 결과적으로 근대 이전과 비슷하게 혹은 더 많이 청소와 빨래를 하게 만들지 않았나.

근대화된 '청결'과 '위생' 관념은 먼지나 벌레들과 공존하지 않는 것이 '현대적'이고 나아가 '좋은 삶'이라 규정한다. 이 기계들을 생산하고 유통시키기 위해, 그리고 사용·유지·폐기하기 위해 더 많은 자원과 에너지를 들여야 하고, 우리는 더욱 대량으로 필요한 자원과 에너지를 확보하기 위해 더 많은 돈을 벌어야 한다. 그 결과 우리는 더 많은 일을 해야 하고, 결국 삶을 누릴 시간은 점점 부족해진다. 삶을 유지하고 누릴 시간이 부족한 우리는 일상을 빨리빨리 재생산하기 위해 다시 갖가지 시간절약 기계에 의존한다. 이 과정이 무한 반복되면서 우리는 소비주의와 피로·과로사회의 악순환이라는 덫에 걸려들었다. 나는 이제 '풍요'를 구가하려는 국가 정책을 좇으며 파이를 최대화하고 그 파이를 남녀가 똑같이 나누기 위한 평등이 아니라, 인간이 생명을 창조하고 유지하는 데 들이는 자원과 에너지를 최소화하는 '소박하고 단출한 삶을 평등하게' 가꾸어야 함께 살 수 있다는 생각이 들었다.

육아, '평등한 벌이 vs. 쇼핑몰 하나'의 기로에서

"아이 한 명을 키우려면 마을 하나가 필요하다"고 했던가. 서울이라는 대도시에서 집 가까이 사는 '일가친척 하나 없이' 아이를 키우는, 지방 출신 '맞벌이' 부부인 나는 이 문구에 새삼 공감한다. 유사부모 노릇을 하던 가족과 친지, 이웃과 마을 등 공동체가 사라진 대신 각종 오염물질이 넘쳐나는 요즘이다. 전통적으로 아이를 키우는 데 필요했던 기본적인 의식주 제공이나 인성교육 외에도 각종 친환경 먹을거리와 생활용품으로 아이를 안전하게 지키라는 무한책임이 오롯이 개인(부모)에게 전가되는 대도시에서 맞벌이로 살아간다는 것의 비인간성을 절감하고 또 절감한다. 다행히 나는 부모들이 자구책으로 만든 공동육아 어린이집에 아이를 맡겼지만, 어린이집 교사의 퇴근 시간을 지키기 위해 회사 업무를 인위적으로 끊고 사무실을 나서는 일은 매번 괴롭고 촌각을 다투는 일이다. 어지간히 육아와 가사를 분담하는 맞벌이 부부라도 시간은 한없이 모자라고, 개인적으로 쉬거나 재충전할 시간은 눈씻고 찾아봐도 없다. 오랫동안 나는 풀리지 않는 몇 가지 문제를 두고 갈등하면서 나날이 지쳐간다.

먼저, 기본적인 의식주는 시장에 의존하지 않는다는 삶의 원칙을 포기할 것인가? 만성적인 시간과 에너지 부족을 해결하기 위해서는 외식이나 즉석·가공식품 구입을 늘리고, 아이에게 성능 좋은 컴퓨터와 고가의 장난감, 스마트폰을 베이비시터 삼아 선물해야 한다. 주중엔 아이를 학원으로 뺑뺑이 돌리고, 주말엔 줄넘기나 수영 등 체육 과외를 시키고, 한 달에 두 번씩 '청소도우미 이모'를 고용하는 것이 부부 사이의 갈등을 줄이고 '공적인' 업무를 저녁시간에도 수행할 수 있게 해주는 합리적인 선택인가 보다. 점점 더 많은 사적인 일(장보기와 음식 준비, 연애 상대자 찾기, 결혼 계획과 준비, 아이 돌보기, 부부갈등 해결, 연로한 부모님 병원에 모셔가기 등등)이 시장을 매개로 상품화되어 선택을 기다리고 있다. 어쩌면 아이를 키우기 위해서는 마을 하나가 아니라 쇼핑몰 하나가 통째로 필요할지도 모르겠다.

이런 마당에 자본주의 시스템의 넘쳐나는 상품들에 의존하지 않는 '자급의 삶'을 꿈꾼다는 것은, 아이와 배우자에게 끊임없이 화를 내는 불안정한 성격의 소유자이자 회사에서는 무능력하고 이기적인 사람으로 낙인찍히는 일이다. 아이를 낳고 키우는 지난 10년 동안, 수없이 많은 낮과 밤들을 고민하고 싸우면서 '타협하거나 타협하지 못하거나' '협상하거나 협상하지 못하거나'를 넘나들었다. 고향을 떠나 삶의 터전을 잃어버리게 함이 무척 죄송할지라도 양가 부모님 중 한 분을 모셔와야 했던 걸까? 격의 없이 드나들며 아이를 돌봐줄 이웃 하나 못 만든 내 부족한 사교성이 문제일까? 빨리빨리 일을 처리하지 못하는 내 비생산성이 문제일까? 어쩌면 부부 모두가 전일제 임금노동을 해야 하는 사회 시스템과 저녁에도 일을 해야 하는 일중독 사회가 문제인 건 아닐까?

나는 왜 '임금노동'을 그만두지 못하는가? 무엇을 두려워하는가? 나는 '여성학 전공자답게' '경제적 기여의 평등'과 '자원의 권력'을 공평하게 가지기 위해 '맞벌이-임금노동'을 하지만, 그 '노동'이 나와 가족을 행복하지 못하게 만드는 것 같아 불안하다. 행복하지 못한 나와 내 가족이 구성원으로 살아가는 이 사회 또한 행복하지 못할 것이다. 돌봄과 육아를 전담하는 여성들이 "집에서 놀아요"라고 말할 수밖에 없는 현실, 돌봄의 경험이 경력 단절로 낙인찍히는 상황을 해결하는 방법이, 다시 그녀들이 남성 모델의 '생산' 영역으로 모조리 들어가는 것일까? 과연!

화장 권하는 사회,
핑크리본 말고 그린리본!

여성환경연대에서 일한 지 10년이 넘고 있다. 내가 일하고 있는 여성환경연대는 에코페미니즘을 철학적 기반으로 '여성과 남성, 자연과 인간이 조화롭게 상생하는 사회'를 만드는 것을 설립 목적으로 하고 있고, 크게 나누어 여성환경건강운동과 대안생활운동을 벌이고 있다. 여성의 몸에서 출발해 우리를 둘러싼 사회(특히 가부장제와 자본주의)가 우리의 삶과 건강을 어떻게 파괴하는지 추적하고 대안을 모색하는 데 관심 있었던 나는 주로 여성환경건강운동 파트에서 여러 가지 일들을 해 왔다. 생명공학기술의 문제, 환경호르몬과 유해화학물질, 먹거리와 유전자조작, 일회용 생리대, 다이어트, 화장품, 여성 노동자의 환경 문제 등을 주제로 삼아 각종 조사를 하고 시민 캠페인 등을 벌였다. 2000년대 초·중반에는 대리모, 난자 대여, 줄기세포를 활용한 복제 등 생명공학기술이 여성의 몸에 미치는 영향, 먹거리나 생활용품에 들어 있는 환경호르몬이 건강에 미치는 영향과 이를 줄일 수 있는 정책 등을 제안하기도 했다. 프탈레이트, 비스페놀A 등 환경호르몬이 지방 친화적이어서 여성의 몸에 더 많이 쌓이고, 몸속에 들어와 에스트로겐 흉내를 내면서 여성건강에 심각한 해를 끼친다는 연구나 자료들을 찾아 시민들에게 알렸다.

그 과정에서 건강 문제를 젠더 관점에서 접근할 수 있는 좋은 주제가 화장품 등의 개인용품 분야라고 생각했다. 여성들이 생활 속에서 가장 많이 사용하면서도 각종 새로운 첨단 화학물질의 경연장이 되다시피 한 화장품의 유해성에 대해서는 대부분 그 심각성을 잘 깨닫지 못하고 있기 때문이다. 더구나 우리나라는 화장하지 않고는 집 앞 슈퍼마켓에도 가지 못할 만큼 심한 '화장 권하는 사회'이며, 사회적 예의를 갖추기 위해서는 화장을 해야 한다는 유·무언의 사회적 압박이 심각한 나라이지 않은가? 심지어 문방구에서는 관리나 규제를 거의 받지 않는 조잡한 색조 화장품들을 어린 여자아이들에게 팔고 있고, 여자아이들은 '성인'이 된다는 것을 화장하는 것으로 생각한다.

여성의 몸을 둘러싼 외모지상주의, 여성에게만 유난한 연령차별주의와 끝을 모르는 '동안(童顔)' 찬양이 모두 안티에이징 화장품에 녹아들어가 있었다. 하지만 생명이 있는 모든 것은 생로병사와 사멸의 과정을 겪기 마련이며, 오로지 '가짜'(인공)만이 반(半)영구적이다. 플라스

틱, 가짜 향, 합성화학물질로 만든 물건의 반짝임처럼. 미국의 환경단체인 EWG(Environmental Working Group)가 발표한 자료에 따르면, 여성이 하루에 쓰는 개인용품(샴푸, 린스, 치약, 화장품 등)은 12개이며 여기에 126가지 합성화학물질이 들어 있다고 한다. 이 합성화학물질들은 몸속에 들어와 유방암, 난소암 등 생식기와 관련된 암을 일으키기도 하고, 환경호르몬 물질로 성조숙증, 내분비계 교란, 난임이나 불임의 원인이 되기도 한다. 이런 문제의식을 기반으로 화장품 성분이나 용기의 유해성을 알리는 동시에 왜곡된 아름다움에 대한 문제제기를 함께 실어 중요한 여성환경건강운동 주제로 '안전한 화장품 캠페인'을 만들 수 있을 것 같았다.

여성환경연대는 2005년부터 매니큐어, 향수, 선크림 등에 들어 있는 프탈레이트의 위험성을 조사하여 알리고 정부 규제를 촉구하기도 했으며, 2010년에는 안전한 화장품 성분을 검색할 수 있는 '톡톡' 사이트를 만들었다. 화장품을 가능한 한 적게 사용하면 좋겠지만 꼭 사용해야 한다면, 성분을 제대로 알고 사용하도록 유해성분 정보를 제공하는 것이 목적이다. 이 사이트는 신호등(빨간색, 노란색, 초록색)으로 화장품 성분의 안전성을 표시하고, 여성들에게 아름다움과 당당함, 건강과 환경을 연관 지어 실천하자고 제안한다.

로션이나 스킨, 샴푸와 린스, 세제 등은 여성들이 많이 사용하긴 하지만 여성들만 사용하는 건 아니다. 10대나 20대가 되어서야 기초화장품을 사용했던 기성세대에 비해 요즘 태어나는 아이들은 '요람에서 무덤까지', 아니 수정되는 그 순간부터 합성화학물질에 노출된다. 아이들이 대표적인 환경성 질환인 아토피나 성조숙증뿐만 아니라 무슨 병에 걸린다 해도 이상하지 않을 만큼, 전 생애에 걸쳐 합성화학물질 노출은 심각하다. 생물 속에 들어가 분해되지도 않고, 할머니에서 어머니를 통해 손자녀에게까지 전해지는 합성화학물질의 피해는 당연히 인간에게만 해당되는 것이 아니다. 다이옥신을 사용해본 적이 없는 북극 이누이트족의 모유에서도 다이옥신은 검출되고, 북극곰의 머리 쪽 혈액에서도 과불화화합물(고어텍스나 코팅 프라이팬의 재료로 쓰이며 환경호르몬 논란이 있다)이 검출된다. '화장품 권하는 사회'가 주요 마케팅 대상을 성인 여성에서 어린이, 남성으로까지 확대해가고 있으니 문제는 더욱 심각해질 것이다.

'안전한 화장품 캠페인'은 2000년대 중·후반 웰빙 바람이 한차례 거세게 지나가면서 건강과 안전성에 대한 관심이 높아진 사람들에게 친근하게 환경오염의 심각성을 생각해볼 수 있게 하는 장점이 있었다. 우리는 여기서 더 나아가 생활 전반을 아우르며 인간의 건강과 생태계 건강 문제를 더욱 다층적으로 접근하기 위해 노력하고 있다.

해마다 10월이면 전 세계적으로 유방암 인식 증진 운동의 상징인 '핑크리본 캠페인'이 열린다. 점점 더 많은 기업들이 핑크리본 캠페인 대열에 합류하고, 핑크빛 리본이 표시된 상품들의 숫자도 점점 늘어나고 있다. 의사들은 여성 유방암 환우를 위한 콘서트를 열어 기금을 마련하고, 한국의 대표적인 화장품 회사도 매년 핑크 마라톤을 개최하며 대대적인 언론 홍보를 한다. 하지만 몇 년 전 서울국제여성영화제에서 상영되었던 영화 〈핑크리본 주식회사〉에서도 지적하듯이, 이들 기업은 유방암을 예방하는 조치와 환경을 만드는 데는 관심을 기울이지 않고, 오히려 높아지는 유방암 발생률을 소재 삼아 상품을 판매하고, 여성건강 기여자의 이미지로 화장품 유해성분 문제를 덮어버린다. 이들은 유방암을 일으키는 원인을 찾아 규제하고 없애서 유방암 발생률을 낮추고 현실을 변화시키는 것이 아니라, 조기검진하자는 캠페인만 한다. 하지만 유방암 검사는 또 다른 의료방사능 문제를 일으킬 수 있고, 제2차 세계대전 이후 판로를 잃은 화학기업들이 농업 보조제와 생활용품으로 신제품을 개발하면서 합성화학물질이 일상화된 사회 체제가 유방암 증가의 커다란 원인이다. 핑크리본 캠페인은 이 모든 책임을 여성 개개인에게 돌린다. 중요한 것은 이미 발생한 유방암의 조기검진이 아니라, 유방암이 생기지 않도록 미리 예방하는 일이다.

여성환경연대는 일상생활 속에서 합성화학물질의 노출을 줄이고 단순 소박하게 사는 것이 유방암을 예방하는 최선의 방법이라 판단하고, 상업적인 핑크리본 캠페인이 아닌 그린리본 캠페인을 벌였다. 유방암의 발생 원인에는 암 억제 물질인 멜라토닌이 부족해지게 만드는 현대사회의 노동 관행(야간 교대근무 등)도 포함되는데, 덴마크에서는 유방암에 걸린 간호사가 직업병 판정을 받은 사례도 있다. 2009년은 대형 할인마트들의 24시간 영업이 본격화될 때였다. 24시간 영업을 금지하라는 요구는 대형 할인마트에서 계산원으로 일하는 여성 노동자와 소비자의 건강 문제를 함께 제기할 수 있는 좋은 접점이었다. 우리는 24시간 영업을 하는 대형 할인마트에서 파자마를 입고 돌아다니다 잠든 사진을 찍어 온라인으로 뿌리며, "소비자도 노동자도 건강 해치는 24시간 영업 반대한다", "소비자와 여성 노동자에게 잠을 허하라", "에너지 낭비하는 24시간 영업 그만하라"는 피켓을 들고 시위를 하기도 했다. 마트 직원들에게 쫓겨날까봐 가슴이 조마조마하기도 했지만, 꽃무늬

파자마에 '구루프'를 머리에 말고 마트 내부를 돌아다니는 건 흥미진진하고 유쾌했다.

밀양 할매와
차일드세이브 엄마들

4대 강과 그 주변 마을의 사람과 생태계가 마구 파괴되고, OECD 국가 중 자살률 1위이며 그중 청소년과 노인 자살률은 더욱 심각한 나라, 정부도 규제하지 않고 기업도 책임지지 않는 화학물질 사고로 시민과 노동자가 병들고 죽어가는 나라, 육아 부담이 크고 미래가 불안해서 OECD 국가 중 출산율이 꼴찌인 나라는 '문제적'이다. 이런 상황에서 페미니즘은 어떤 전망을 내와야 할지, 환경단체에서 일하는 여성학 전공자인 나는 고민이 많다. 이러한 문제들은 '젠더' 문제가 아니므로 여성운동의 과제는 아닌 걸까, 헷갈리고 머리가 복잡하다. 특히 여성들이 압도적인 다수를 차지하고 있는 생태계 파괴 반대 운동이나 안전한 먹거리를 위한 시민운동 등에서 '젠더' 감수성은 어떻게 해석되고 어떤 역할을 할 수 있을까?

밀양의 765KV 고압 송전탑은 조상 대대로 살아오며 이웃들과 정을 나누고 집안 대소사를 같이 해온 마을과, 시집 와서 손톱이 부러지도록 일군 논밭을 잔인하게 지나간다. 평생 일군 논밭과 집터는 하루아침에 가치가 곤두박질쳐 매매를 할 수도, 담보로 대출을 받을 수도 없는 애물단지가 되었다. 고압 송전로에서 나오는 전자파는 국제암연구소에서 암을 일으키는 원인이라고 확인해준 바 있는 위험물질이다. 보상금이 가구마다 몇 백만 원씩 나왔지만 손해에 비해 턱없이 부족한 금액이며, 그분들은 보상금을 올려달라고 하는 게 아니라 "그냥 이대로 살게 해달라"고 했다. 서울에서 농성을 하고 국회에 항의하고 전국에서 탈핵 집회를 하며 대규모 희망버스가 몇 번이나 내려가도 상황은 꿈쩍하지 않았다. 결국 밀양 할매들이 온몸으로 저항하며 지켰던 농성장이 모두 철거된 뒤에도, 송전탑이 완공되고 시운전을 하는 상황에서도 여전히 밀양 할매들은 원자력발전소에서 생산한 전기가 마을을 통과해 대도시로 흘러가는 시스템에 다양한 방법으로 저항하고 있다. 이 기나긴 싸움을 지금까지 계속할 수 있었던 힘은 무엇일까? 할머니들이 이 기나긴 싸움의 주축인 이유는 무엇일까?

언론이나 인터넷 사이트를 통해서만 알던 '차일드세이브' 엄마들을 인터뷰할 기회가 있었다. 차일드세이브는 후쿠시마 원전 사고 이후 엄마들이 방사능 관련 정보를 공유하기 위해 자발적으로 만든 인터넷 카페다. 마냥 괜찮다고만 하는 정부 발표 앞에서 특히 어린아이를 둔 집은 걱정이 많았는데, 차일드세이브를 통해 모이면서 많은 정보와 위로를 얻을 수 있었다고 한다. 초기에는 자신의 아이를 안전하게 지키기 위해 방사능에 오염되지 않은 수산물을 공동구매하거나, 방사능 측정기기를 공동구매하여 수치를 체크하는 등의 개인적인 활동으로 시작했다. 그러다가 노원구 아스팔트의 방사능 수치가 높다는 것, 일본 수산물이 여전히 방사능 수치가 높은 지역에서 수입되고 있다는 것을 문제제기하고, 교육청에 학교급식 개정안을 제안하기도 했다.

인터뷰하면서 만난 차일드세이브 회원들 중 몇 분의 이야기가 생각난다. "내 아이, 내 가족의 건강과 안전에서 시작했지만, 모두가 함께 건강해야 우리 집도 건강할 수 있다는 걸 깨달"았고, 그러다 보니 우리나라 원전 문제, 밀양 송전탑 문제에도 관심이 생겨 연대활동을 시작했다고 했다. "자식에 대한 사랑이 인류애로 확대된 느낌"이라고 했다. "자식을 낳지 않았으면 이렇게 오지랖 넓지 않았을 것"이라고도 했다. 아이 키우는 일이 세상에 대한 관심을 넓히고 세상을 바꾸는 일에 성큼 나서게 만든 것이다.

여성들은 오랫동안 성별 분업 과정에서 생긴 '권력 없음'의 익숙함을 통해, 굳이 대표자나 우두머리가 되지 않아도 중요하다고 생각하는 일을 멈추지 않고 계속해왔다. 마치 아무도 알아주지 않아도, 사회가 노동이라고 인정해주지 않아도, 생명과 삶을 이어가는 데 가장 중요한 살림살이를 멈추지 않고 해가는 것처럼 말이다. 우장산 지키기 운동, 성미산 지키기 운동 등 수많은 마을공동체 운동에서 여성들이 그래왔다. 밀양 할매들이 초고압 송전탑 공사를 막기 위해 열심히 오랜 기간 싸우고 있는 건, 단순히 인구 구성비에서 여성 고령 인구가 높기 때문이 아니라, 여성의 전통적인 역할이 일구어낸 관심과 기질이 반영되었기 때문이다. 차일드세이브 엄마들이 자기 아이의 건강을 지키기 위해 정보를 교류하고 공동구매하는 데서 나아가, 한국의 에너지 정책과 원자력발전소 문제에도 관심을 갖고 밀양 할매들과 연대를 하고 집회에도 나가게 되는 것, "그 전에는 환경단체들이 있는 것도 몰랐는데, 내가 하지 않았을 때도 다른 누군가가 우리를 안전하게 살도록 열심히 활동하고 있었구나" 하는 깨달음을 얻는 것, 많은 정보를 얻어서 시민 과학자로 재탄생하는 과정에서 중요한 계기는 '돌보는 자'로서의 역할이었다. 아이를 돌보고자 하는 마음이 '사회적 모성'으로 나아간 것이다.

아직도 나는 밀양과 차일드세이브의 여성들을 '할매'와 '엄마'로 명명하는 것이 성별 고착화에 기여하는 것이 될까봐 내심 불편해질 때가 있다. 또다시 '지구 청소부-여성'이라는 틀에 갇히는 것은 아닌지 망설여지기도 한다. 하지만 나는 〈우리가 밀양이다〉라는 두 장의 엽서 판화그림에서 답을 얻은 것 같다. 밀양 할매가 (마치 제주도 마고할미처럼) 한전 건물로 보이는 빌딩 지붕에 걸터앉아 자애롭게 웃으며 한 손으로 송전탑을 확 거머잡는 한 장의 그림에서, 부정의한 체제·시스템을 일거에 무너뜨리는 힘과 에너지와 가능성을 보았다. 또 다른 엽서 그림에서는 밀양 할매가 검은 산들을 보듬어 안고 한없이 품어줄 듯한 얼굴을 하고 있었다. 그녀들은 성별 분업 때문에 '돌보는 자'가 되었지만, 그 '돌봄'과 '살림'의 의지는 부도덕한 에너지 전쟁과 이윤 확대 같은 개발·성장 시스템의 물줄기를 바꾸어내도록 '사람들'의 '마음'을 움직이고 있다.

활동-일-노동의 위계적 경계를 넘어서 자급 관점으로

산업사회 이후, 생태주의/환경운동을 제외하면 모든 진보적 운동이 '생산'을 중심으로 어젠다를 개발해왔다고 해도 과언이 아니다. 여성과 남성, 노동자와 자본가, 지방과 서울, 장애인과 비장애인 등 모두가 산업화가 가져온 성장의 열매나 하이테크놀로지의 수혜를 얼마나 '평등하게' '공평하게' 나누는가를 둘러싸고 인권(자유와 평등)의 문제제기를 하고 정책 제안을 해왔다. 물론 이는 여전히 해결해야 할 문제이고, 매우 중요한 운동 영역이다. 하지만 이런 '따라잡기식 개발'이 과연 지속 가능할까? 진정한 의미에서 평등을 가져오고 있는가? 우리가 바라는 평등과 자유는 무엇으로부터, 무엇과의 평등 혹은 자유인가? 무엇이 생산적인가? 무엇이 우리의 삶을 지속하게 만드는가?

내가 사는 마을에서는 금요일 오후마다 작은 카페 앞에서 '슬그머니'라는 공연을 볼 수 있다. 마을 모임을 통해 기타를 배우거나 가르치는 서너 사람이 모여, 누가 보든 말든 길거리에서 기타를 치며 공연을 한다. 평소엔 일하러 하루 종일 다른 지역에 가 있는 나로서는 그 공연을 접할 길이 없었는데, 마침 아이 운동회 때문에 오전 휴가를 냈다가 운 좋게 공연을 보게 되었다. 공연을 시작한 지 얼마 안 되는 듯 5~6명의 관객이 인도와 자전거도로 사이에 서서 구경하고 있었다. 관객과 공연자가 서로 안면이 있는 사람들이어서 정담과 지지의 눈빛이 오가고, 기타를 치며 노래하는 사람은 따로 있었지만 완전히 분리된 두 존재이지는 않았다. 문화란 무엇이고 감동은 어떻게 오는가에 대해, 활동-일-노동 사이의 관계를 다시 생각해보게 된 경험이었다.

문화가 주는 감동과 만족감이 반드시 그 문화가 보여주는 예술적 수준과 비례하는 것은 아닐 터이다. 전문 예술인의 공연도 큰 즐거움과 감동을 줄 수 있겠지만, 마을 공연이 주는 감동은 전혀 다른 차원의 것이다. 전문 예술인의 공연을 보기 위해서는 미리 프로그램을 조사하고, 많은 돈을 들여 예매를 하고, 또 대부분 집과는 멀리 떨어진 공연장에 가기 위해서 추가적으로 시간과 화석연료 에너지를 들여야 한다. 마치 텃밭에서 따다가 음식을 만들던 자급 노동과, 대형 할인마트에서 장보기를 중심으로 하는 현대의 식품 구매 행위가 너무나 다르듯이.

자신이 직접 창조하는 공연은 또 어떤가? 상품화된 공연을 사는 행위가 '예술 감상'이라는 단일한 욕구만을 충족시키는 반면, 자신이 창조하는 공연은 창조의 욕구, 예술 감상의 욕구, 자아 인정의 욕구 등이 다양하게 충족될 수 있다. 그러므로 여성들이 가치폄하된 전업주부의 삶에서 인정받지 못하는 자존감 욕구를 갖가지 중독(성형중독, 쇼핑중독, 미각적 탐미 등)을 통해 해소하는 대신, 삶의 오락/일상의 예술을 통해 이런 인간의 기본적인 욕구를 채울 수 있을 듯 보였다. 만약 동료나 이웃과 함께 문화적 행위를 한다면 공동체의 욕구, 상담·조언자 역할, 이웃과의 연대와 친밀성의 욕구 등도 부가적으로 채워질 것이다.

나를 포함한 현대인들은 왜 스스로 문화 행위의 주체가 되지 못하고 관객—객체의 위치에만 머무는 걸까? 그럴 시간과 에너지가 없기 때문이다. 우리는 모두 임금노동 시장에서 일을 해야 하고, 햇살이 눈부신 모든 낮 시간은 대부분 갇힌 공간에서 월급을 벌기 위해 일(만) 한다. 시간이 없는 우리는 그래서 문화도 구매하고, 육아 서비스도 구매하고, 식품과 요리도 구매하고, 장래와 진로를 위한 코칭과 상담도 구매하고, 다치거나 병든 가족을 돌볼 시간과 사람도 구매한다. 우리의 삶은 이제 오로지 일련의 상품 구매 행위로만 연속적으로 채워지고 설명된다. '나는 쇼핑한다, 고로 존재한다.'

문제는, 우리 모두가 우리를 행복하게 하는 일에 쓸 시간이 없다는 것이다. 월급을 버는 노동이 아닌 다른 활동들은 모두 '무가치한' 것으로 평가받기 때문에, 돌봄과 살림 그리고 인간의 기본적인 욕구를 채울 활동은 설 자리가 없어졌다. '일'의 개념이 임금노동으로 축소되었듯이, '경제'의 개념은 이렇게 상품 생산과 소비로 축소되었다. 하지만 아무리 패스트푸드가 식탁을 차지하고 서비스 상품이 여가를 대체해도, 살아 있는 사람에게는 '주부'라는 역할이 필요하다. 인간에게는 생존노동-생계적 노동이 삶을 유지하는 노동이며, 이를 중심에 두고 '일'의 개념을 다르게 이해하는 것이 필요하다. 임금노동 체계의 헤게모니를 해체하는 것이 중요하다. 임금노동 자체의 종말이 아니라, 임금노동 지배 체제의 종말이다. 따라서 우리 삶에서 더 높은 비율의 자급노동을 임금노동과 병행하고 결합해내야 한다.

너무나 당연하게도, 여성만이 이 활동을 담당해서는 사회를 바꿔낼 수 없다. 젊은 남성들이 보수를 받지 않는 살림과 자급노동에 더 적극적으로 참여해야 한다. 젊은 남성이 아이와 노인을 돌보고, 마을공동체를 돌보고, 상품이 아니라 삶을 생산하는 영역으로 들어와야 한다. 도시를 경작할 수 있도록 만드는 일도 함께 시작해야 한다. 도시를 다시 경작 가능하게 한다는 것은, 도시가 이제 더 이상 기생적 존재 방식을 그만두는 것을 의미한다. 즉 도시를 수동적인 소비만 일어나는 장소가 아니라, 삶의 필수품들을 생산해내는 활력의 공간으로 변모시키는 것을 의미한다. 그러면 도시는 이제 다시 돌봄과 환대가 일어나는 장소가 될 것이다.

내가 꿈꾸는 평등의 조건,
맞벌이 대신 맞살림&맞돌봄

돌봄노동과 돌봄 감수성은 사실 다루기 곤란한 문제다. 인간의 생존에 돌봄은 필수불가결하지만 이제까지 여성(만)의 일로 강요되었으며, 그로 인해 임금노동 시장에서도 여성의 일은 저평가되고 저임금화되었기 때문이다. 물론 이런 상황을 해결하기 위해 많은 노력들이 있어왔다.

그중 돌봄을 둘러싼 쟁점은 크게 두 가지다. 첫째, 돌봄노동의 사회화를 어떤 방식으로 할 것인가? 둘째, 돌봄을 필요로 하는 사람이 받을 서비스의 질과, 돌봄을 수행하는 노동자의 근무조건의 균형을 어떻게 맞출 것인가? 특히 돌봄노동의 사회화 방식을 둘러싸고 여러 쟁점이 있어왔다. 돌봄노동을 유료화할 것인가, 유료화한다면 현금과 현물 중 무엇으로 하며 누구에게 지급할 것인가, 돌봄을 수행하는 사람에게 수당을 지급한다면 가족이나 친지 등 범위를 어디까지 할 것인가 등등.

몇 가지 논란과 쟁점에도 불구하고 여성정책들은 대부분 돌봄을 국가가 제공하는 서비스로 유료화하고, 서비스를 제공받는 장소를 가정이 아닌 공공시설로 하는 방향으로 추진되고 있다. 하지만 어린아이와 노인, 장애인들을 모두 공공시설로 보내고 여성들은 일터로 나가는 것이 진정 자유로 나아가는 삶일까? 그 시설이 모두 질 좋은 무상 서비스로 제공되기만 한다면 좋은 것일까? 지역, 계층, 성, 나이 등에 따른 차별 없이 국민 모두가 제공받는 공공시설을 무료이면서도 질 좋게 유지하는 것은 가능한 일일까? 그러기 위해서 우리는 얼마나 많은 세금을 내야 하며, 그 세금을 내기 위해 또 얼마나 많은 돈을 벌어야 하며, 그 돈을 벌기 위해 또 얼마나 많은 시간을 가족과 친구와 공동체로부터 떨어져 노동해야 하는가? 그것은 국가 차원으로 볼 때 제3세계라는 식민지 없이, 자연으로부터의 착취 없이 가능한 일일까?

이제까지 여성운동은 시대에 부응하는 많은 성취를 이루어냈지만, 앞으로도 이 방향으로 계속 갈 것인가? 여성운동의 '동등화 전략'의 주요 목표가 남성 사회 안에서 남성이 자연으로부터 착취한 것을 더 많이 가져가기 위해 동등한 몫을 요구하는 것인가? 이러한 '동등화 전략'이 지구 생태계와 양립할 수 있을까? 우리는 평등해져야 하지만, 무엇을 기준으로, 어떤 방식의 삶을 목표로 평등해져야 하는 것인지 고심해야 한다.

앞으로 여성학과 여성운동이 돌봄과 살림, 자급, 공동체 복원, 호혜와 연대를 꿈꾸는 여성들(과 남성들)의 목소리를 좀 더 많이 드러내고 확산해가면 좋겠다. 그 안에서 자연과 인간, 여성과 남성이 조화롭게 공생하는 삶을 꿈꿀 수 있길 바란다. 우리는 평등해야 행복하다. 하지만 평등의 기준은 다시 만들어야 한다. 그 기준 중 하나가, 상품이 아니라 삶을 생산하는 것을 가장 중요하게 여기는 '자급적 관점'이 되리라 기대한다. 우리의 목표는 평등 자체가 아니라 행복이며, 진정 행복해지기 위해서 평등해지려고 노력하는 것이기 때문이다. 그리고 우리가 행복해지기 위해서는, 맞벌이가 아니라 맞살림과 맞돌봄이 필요하다.

글로컬 페미니즘, 세계를 날다

아시아여성학을 꿈꾸다

3부

{ ♪ }

김엘리

이화여자대학교 리더십개발원 특임교수
'군사주의를 반대하는 한국여성평화네트워크' 대표

평화여성주의,
일상에서
평화를!

12

"당신은 평화로우십니까?"
여성, 평화운동을 일구다

'안녕하십니까?'

한국 사회 어디에서나 들을 수 있는 인사이다. 때와 장소를 가리지 않고, 처음 만난 사람이나 오래된 지인 사이에서나 누구나 흔히 나누는 인사. 그런데 얼마 전 한국 사회에서 우리의 안녕을 묻는 '안녕하십니까?'가 작금의 현실을 짚고 비트는 매스로서 사회적 반향을 일으킨 바 있다.

안녕하십니까. 이 인사를 다른 말로 한다면 '평화로우십니까?'라는 말이 되지 않을까 싶다. 평화란 마음이 평온하고 몸이 건강한 개인의 안녕에서부터 폭력이 없는 사회, 전쟁이 없는 국제관계적 상황을 말한다. 한자의 뜻까지 헤아린다면, 평화는 균등하게 식량을 나누어 먹는(平和) 경제 평등의 의미도 내포한다. 곧 평화란 심리, 경제, 국제정치, 사회문화 등 다양한 차원에서 나와 우리 그리고 사회의 안녕함을 뜻한다.

그런데 '안녕하십니까?'라고 묻는 만큼이나 사람들은 불안하다. 신자유주의 경쟁사회를 살면서 남들보다 뒤처질까 초조하고, 100세 시대라는 미래의 삶을 상상하면 막막하다. 밤거리를 안전하게 다니지 못하고, 여행 중에 폭탄 테러를 당하기 일쑤다. 국가가 개인에게 안전한 삶을 제공하지 못하니 사람들은 점점 더 개인연금과 보험에 인생을 맡기고, 사설 경비원에게 개인의 안전을 기댄다. 여성을 보호하는 든든한 오빠가 그리운 사회가 되었다.

  더욱이 한국 사회에서 70여 년 동안 겪은 분단의 현실은 특정한 불안감을 준다. 군사적 갈등은 일상에서 우리 모두의 삶을 조직하고 우리 사유를 특정한 방식으로 구조화한다. 평화운동을 하면서 사람들에게서 느껴지는 체감은 불안감이다. 국방비 삭감 운동을 위해 거리로 나가면 흔히 겪는 일은 사람들의 거센 항의다. 우리를 향해 소리를 지르는 행인도 있었고, 논리적으로 따지고 들며 논쟁을 일삼는 사람들도 있었다. 그들의 논조는 한결같이 '분단된 한국에서 국방비를 삭감하면 불안해서 어떻게 사느냐'는 것이었다. 한국 사회에서 이 불안감은 안보의식을 강화하는 감정기제이고, 사람들은 안전하지 못한 삶에서 오는 불안감을 국가의 군사력에 기대어 해소한다.

  이때 평화란 '평화를 원하거든 전쟁을 준비하라'는 현실주의자들의 논리의 궤에 있다. 그런데 이 논리를 따라가다 보면 평화는 오리무중이다. 평화를 위해 전쟁 준비를 하지만 전쟁 준비는 군비 경쟁에서 자유롭지 못하므로 평화는 결국 도달할 수 없는 영역이 된다. 평화를 위해 안보의식이 튼튼해야 한다고 하지만 안보 담론 역시 해결되지 않는 순환적 딜레마에 빠진다. 불안감을 해소하기 위해 안보가 강조되고,

안보를 강화하기 위해서는 불안감을 요하는 상황이 지속되기 때문이다. 불안감과 안보는 동전의 양면처럼 동시적이면서 서로 없어서는 안 될 대칭적 존재성을 갖는다. 그래서 군사력에 기댄 국가안보의 논리로는 불안감이 해소되지 못한다. 평화는 이처럼 불안감 위에 걸쳐 있다.

평화운동은 이 이원화된 사유에서 탈주하는 삶의 양식을 기획하는 일이다. 여성들이 평화운동에 깊이 개입하는 것은 여성에 대한 폭력과 차별이 이 이원화된 사유와 얽혀 있기 때문이다. 그동안 평화학자 갈퉁(그는 평화의 개념을 전쟁이 없는 소극적 평화만이 아니라 구조적·문화적 폭력이 없는 적극적 평화로까지 확장했다)의 이론을 근거로 여성과 평화를 이야기한 여성주의자들은 주로 '폭력이 없는 상태'를 평화라고 말하였다. 물론 이는 매우 핵심적인 부분이지만, 폭력이 없는 상태라고만 하면 모든 여성운동은 평화운동이 된다. 그러면 평화운동의 고유성이 사라진다. 그러니 평화운동의 고유한 의제를 좁게 잡는 것이 평화운동의 색감을 살릴 수 있다. 여기서 나는 평화운동의 의제를 전쟁과 안보, 분단 문제로 좁힌다.

그렇다면 여성들이 일구려 했던 평화는 무엇일까?

평화는 평화가 갖는 다양한 의미만큼이나, 말하는 사람의 정치적 입장에 따라 각기 다른 의미를 지닌다. 평화를 위해 전쟁을 준비한다는 현실주의자들의 논리가 있는가 하면, 비폭력 행위를 통해 평화를 실현하려는 평화주의자들의 노력이 있다. 평화는 심리적 안정을 추구하는 탈정치적인 종교성으로 거론되는가 하면, 권력관계를 살짝 감추고 무엇이든 아우르는 정치적 어법으로 활용되기도 한다. 특히 70여 년 동안 분단을 경험한 한국 사회에서 평화는 구체적인 정책보다는 축원이나 선언의 표현이 됐다. '평화통일', '튼튼한 안보가 평화'라는 표어에서 보듯이, 전쟁을 억지하고 통일을 실현하기 위한 모든 과정이 평화라는 이름으로 이야기된다.

때로 새 정권이 들어서서 정통성을 이야기할 때도 평화는 민주주의를 실현하는 하나의 정치적 지향으로 부상한다. 안정된 질서를 잡기 위해 안보라는 명분으로 평화는 강조됐다. 그래서 사람들은 평화라는 어법이 역사적으로 보여준 전례 때문에 평화를 추상적이거나 정치적 안정성을 강요하는 수사적 언어로 생각하기 쉽다. 나 역시도 그랬다. 평화라면 소란함이 아닌 평온함으로 기존 질서를 정당화하거나, 사자와 어린 양이 뛰노는, 이 세상에서는 이룰 수 없을 것 같은 환상적인 이야기쯤으로 치부하는 시대를 보냈다.

시민사회의 사정도 크게 다르지 않았다. 내가 평화운동에 발을 딛기 시작한 1990년 당시 한국 시민사회에서 평화운동에 관한 인식은 민중성과 계급의식이 탈색된 개량적인 운동으로, 서구 유럽 사회의 평화운동이 간헐적으로 소개되는 정도였다. 평화보다는 통일의 언어가 우세했고, 평화는 통일을 이루는 하나의 수단이거나 방법 정도로 여겨졌다. 그리고 때론 사회를 비판하거나 전복할 수 있는 힘을 내재하지 못하는 나약한 개념 정도로 생각했다. 분단사회에서 '평화'라는 언어가 갖는 제한된 용법 때문이었다.

문민정부가 들어서고 탈냉전시대가 펼쳐지는 1990년대에 시민사회는 '평화'라는 말을 사회운동과 접목하기 시작했다. 물론 통일운동과 반미운동에 치중하는 경향이 높던 시절이었다. 탈분단, 군축, 반전과 같은 이슈들은 남북한의 통일 문제에 국한하여 거론되었고, 통일 방식의 이론적 논쟁으로 초점이 모아졌다. 그런데 한편으로 '평화'를 삶의 생존 조건으로, 인간의 권리로 해석하며 일상에서 국제관계까지 연결하여 다차원적으로 이해하려는 운동이 조금씩 싹을 틔우고 있었다. 그리고 거기에 여성들이 있었다. 여성들은 가정에서 국가에 이르는 폭력의 연결성을 포착하여 비판하고, 전쟁과 무기 수입을 반대하며, 북한 여성을 만나면서 평화운동의 길을 닦고 엮고 만들고 있었다.

'평화'운동의 길을 닦은 것은 일본 원폭 피해자 지원 운동이나 최루탄 추방 운동, 남북한 교류 등 기독교 여성들의 활약이 컸다. 당시 평화 문제는 기독교 진보단체에서 다루어졌는데, 한국 사회를 '평화'라는 개념으로 읽고 여성의 관점에서 평화운동의 실천을 태동시킨 것은 1989년 설립된 '기독교여성평화연구원'의 힘이 컸다. 나는 뿌리 깊은 기독교 집안에서 기독교 문화를 배경으로 성장한 탓에 자연스럽게 기독여성들의 평화운동을 접할 수 있었다.

여성들의 통일 및 평화운동은 각 여성단체에서 산발적으로, 때론 연합하여 이루어지다가, 1997년 '평화를만드는여성회'를 설립하면서 전문적인 여성평화운동 단체가 탄생했다. 남북 여성 교류를 이끈 '아세아의 평화와 여성의 역할 토론회' 실행위원회가 주축이 되어 결성된 평화를만드는여성회는, 당시 평화운동을 지속적으로 이끈 '방위비 삭감을 위한 연대'와 '기독교여성평화연구원'(한국여성평화연구원으로 개칭)을 아우르면서 통일운동뿐 아니라 군축운동과 평화 연구의 맥을 이었다. 나는 이 세 조직에 모두 참여해 활동하면서 평화를만드는여성회의 창립 멤버가 됐고 사무국장으로 활동을 시작하였다.

평화를 만드는 길, 그곳에서 나는 스스로 해명해야 할 물음들을 던졌다. '여성은 평화인가?' '일상에서 평화를 만든다면?' '민족주의를 넘어서는 평화운동은?' 이러한 물음들은 국방비 삭감 운동 경험에서 촉발되어 평화를만드는여성회의 조직 기틀을 잡는 과정에서 논쟁을 가져왔고, 어떤 지점에서는 평화운동의 어젠다로 구체화되기도 하고 어떤 이야기들은 형상화되지 못하고 애매하게 맴돌기도 했다. 하지만 여성들이 평화운동을 하면서 던진 새로운 물음들은 평화운동의 내용과 지향의 새로운 지점들을 만들었다. 그래서 그만큼 평화운동의 지평이 달라졌다. 그러자 사람들은 점점 내게 다가와 질문하기 시작했다.

'평화를 젠더의 관점에서 본다는 것은 무엇이죠?'

'여성이 평화운동을 하면 무엇이 다른가요?'

일상, 여성, 평화. 이 세 가지를 연결하는 고리를 나는 여성주의에서 찾으려 했다. 평화 문제를 여성주의로 보는 것, 이를 위해 난 여성학이라는 세계에 발을 디뎠다. 현장에 필요한 이론적 작업들을 위해, 현장과 이론을 잇는 중간이론가가 되고픈 소망 때문이었다.

사적인 것이
국제적인 것이다!

일상에서 평화를 묻는 것은, 거대 담론으로 느껴지는 평화 이슈가 나의 삶과 깊이 연관되어 있음을 인지하는 일이다. 그동안 전쟁과 무기는 나의 삶과는 무관한 국제정치가들의 문제로, 통일은 여러 수식어로 이루어진 체제의 문제로 다가와 내가 실감하기 어려운 정치적 이슈에 불과한 것으로 생각하기 쉬웠다.

그래서 국방비 삭감 운동을 할 때도 국방예산과 복지비를 비교하며, 국방예산이 얼마나 많이 소요되는가를 실감나게 보여주려 했다. 무기 하나를 구입하는 비용이 등록금이나 생리대 비용으로 환산했을 때 얼마나 엄청난 것인가를 보였다. 그러나 사실 1990년대만 해도 일상에서 평화를 읽는 운동의 내용은 세밀하지 못했다. 엽서를 보내는 빨간 우체통을 만들어 비치하고, 무기 대신 꽃을 의미하는 상징물을 전시해 사람들의 정서에 다가가려 했지만, 사람들의 삶에서 읽어내는 평화를 정교하게 만들었다기보다는 문화적인 형식을 빌렸다고 말하는 것이 더 정확할지도 모른다. 1990년대 당시 일상과 평화가 만나는 운동은 무기 장난감 바꾸기, 청소년 평화축제 등 문화 행사를 통해 전개되었다.

그러나 2000년대에 와서 이 기획은 '나'를 구성하는 조건들을 성찰하는 접근으로 진화했다. 나는 관계 안에서 어디에 있는가를 들여다보고, 내가 맺는 관계들을 상생관계로 만드는 일에 관심을 두었다. 비폭력대화 프로그램이나 비폭력운동을 실천하는 일, 갈등 상황에서 이를 조정하는 중재자 훈련, 폭력적 상황에서 받은 고통을 언어화하고 치유하는 프로그램, 북한이탈여성들과 남한 여성들이 각자의 삶과 생각을 공유하며 공존하는 방법을 찾는 시도, 군사주의라는 개념을 가지고 사회를 비판적으로 들여다보는 일 등 다양한 활동으로 나타났다.

특히 2002년 '군사주의를 반대하는 국제여성네트워크'가 주최하는 국제회의가 서울에서 열리면서, 군사화를 일상의 문제로 들여다보는 접근이 시도되고 또 각광을 받았다. 그때 발제를 맡은 나는 일상에서 우리의 사유를 특정한 방식으로 구성하고 이끄는 경향성으로 군사화를 읽어냈다. 전쟁을 원하지 않는다고 말하면서도 은연중에 전쟁을 지지하거나 갈등을 해결하는 수단으로 무력에 의존하는 집단적 동력에 관해 말했다.

평화 이슈는 나로부터 시작하여 우리의 일상과 사회, 국제관계까지 다차원적으로 동시에 작동하며 서로 연결돼 있는데, 자신의 삶에서 안전함을 느끼는 순간이야말로 진정한 안보라고 나는 생각한다. 이러한 면에서 평화운동은 나를 구성하는 것들이 국제적인 것과 연결돼 있고 서로 영향을 미친다는 예지를 품고 있다. "사적인 것이 정치적인 것이다"라는 여성주의자들의 슬로건은 '국제적인 것'으로까지 확장된다.

일상에서 안전한 삶은 두 가지 세기적인 사건을 겪으면서 생존의 문제로 다가왔다. 하나는 1989년 냉전 종식의 선언이다. 두 강대국의 군비 경쟁 시대가 삶의 진정한 안전감을 가져오지 못했다는 자각은 안보의 개념을 군사안보에서 다차원적인 안보로 확장시키는 변화를 가져왔다. 군사력만으로 인간의 안보가 확보되지 않는다는 생각은, 각 영역의 자원들이 불공평하게 배분되고 차별로 인한 갈등이 심화될 때 전쟁이 발발하므로 경제, 주거, 환경, 교육 등 삶의 여러 영역에서 안보가 이루어져야 한다는 신념을 바탕으로 했다. 유엔은 이를 '인간안보'라는 개념으로 설명했다. 나아가 여성학자들과 여성평화활동가들은 안보의 개념을 좀 더 일상의 삶에서 재구성하였다.

"우리가 생각하는 안보 개념은 다릅니다. 우리가 말하는 안보는 생명, 부의 재분배, 그리고 인권이 (…) 지속 가능한 환경을 의미합니다. 우리의 안보는 삶에 대한 깊은 존경과, 억압을 거부할 수 있는 권리에 기초하고 있습니다. 우리의 안보는 살고, 생각하고, 사랑하고, 선택하고, 표현하고, 결정하고, 움직이고, 휴식하고 그리고 조직하는 것입니다."(군사주의를 반대하는 국제여성네트워크, 2003년 1월 16일)

다른 하나는 2001년 9월 11일 뉴욕의 세계무역센터(WTC)가 비행기 충돌과 난입으로 무너졌을 때 사람들이 느꼈던 충격과 불안감이었다. 안보는 국경을 지키는 군사력으로 보장되는 것이 아님을 깨달은 사건이었다. 9·11 사건 이후 10여 년이 지난 지금, 세계무역센터가 무너진 자리는 월드트라우마센터(WTC)가 됐다. 상실과 고통과 슬픔은 특정한 분쟁 지역에서만 일어나는 특별한 경험이 아니라, 우리의 삶에서 언제나 닥칠 수 있는 일상의 정치가 됐다. 내 삶과는 무관하게 보이는 국제관계의 정치가 나의 삶에 깊숙이 개입하고 있음을 알 때, '평화'는 더이상 추상적이거나 원론적인 거대 이야기가 아님을 알게 된다.

그런데 현실주의자들의 안보 담론에서 보면, 여성의 안전한 삶을 지키는 이는 국가와 남성이다. 남성들은 '오빠가 지켜줄게'라는 역할을 보호자로서 남자답게 수행한다. 그러나 국가는 여성들의 안전한 삶을 만들지 못하고, 오히려 여성들의 몸을 담보로 군사동맹을 유지하고 국가안보를 지탱했다. 기지촌의 형성과 군위안부의 삶, 주민들이 사는 땅의 오염과 위협받는 건강 등 군사안보를 유지하기 위해 여성의 안전한 삶을 더 침해했다. 여성주의자들이 평화운동에 나서야 했던 것은 이러한 국가안보의 허구성과 역설을 어느 누구도 직면하지 않았기 때문이었다.

여성단체들은 여성이 전쟁과 폭력의 피해자이므로, 혹은 지구의 반을 차지하는 여성이 인류사회의 주역이므로 평화운동의 주체가 돼야 한다고 설명했다. 그리고 여기저기서 여성은 평화로운 품성을 가졌으므로 여성들이 평화운동에 적절하다고 말한다. 실제로 설문조사연구 결과들은 여성이 남성보다 평화로운 속성을 가졌다고 믿는 사람들이 많다는 것을 보여준다.

하지만 과연 그럴까? 피해자론도, 사회적 책임론도, 그리고 평화속성론도 나름 유의미하나 내게는 충분하지 않았다. 무엇보다 전쟁과 평화 담론이 젠더와 만나 얼마나 많은 편견을 만들고 여성과 남성을 특정한 방식으로 구성하는지 드러내고 싶었다.

서구사회에서 평화운동이 여성주의자들에게 비판받은 것은 여성주의의 급진성을 평화운동이 흐리게 했다는 점이었다. 모성이나 여성성을 평화운동의 힘으로 부각시키는 평화운동은 전통적 성별 분업을 강화하며 여성을 다시금 모성에 가두는 효과를 가져왔다는 것이다. 한국의 여성평화운동에서도 모성은 요긴하게 쓰였다. 어머니의 심정으로 전쟁을 반대하고, 탯줄을 이어 모유를 먹이듯 북한을 돕고, 생명의 원천으로 죽임을 딛는 은유적 표현들은 여성성을 부각시키며 집회나 성명서에 곧잘 등장했다. 실제로 여성들이 평화운동에 앞장서야 한다는 이야기가 평화운동 동네에서 흔히 나돌았는데, 이는 여성이 평화로움에 대한 상징성을 갖고 있기에 전면에 나서야 한다는 활동가들의 주장이었다. 군 복무 경험이 없어 안보에 관한 이해력은 부족하지만, 여성의 평화로운 성향이 평화운동에 어울린다고 보았다. 그래서 여성의 역할은 또다시 신비화됐다.

나는 신비화된 여성성과 여성의 역할을 평화와 연결하여 평화운동의 힘으로 거론되는 담론을 해체하고, 젠더를 넘어선 주체 논의에 다가가고 싶었다. 이원화된 사유에서 탈주하여 우리를 새롭게 구성할 수 있는 평화운동은 무엇일까?

반전운동과
젠더 정체성

　2001년 9월 11일 밤, 정규 방송이 갑자기 중단됐다. 대신 TV 화면에는 영화에서나 봄직한 스펙터클한 장면이 펼쳐졌다. 비행기가 충돌해 화염에 휩싸인 세계무역센터가 무너져 내리는 장면을 보면서 내 머릿속이 하얗게 되었던 그 순간을 잊을 수가 없다. 이후 미국은 아프가니스탄을 향해 테러와의 전쟁을 선포했고, 세계는 갑자기 전쟁 체제로 돌입했다. 9·11 사건이 일어난 직후 평화를만드는여성회 활동가들은 발 빠르게 모여 대책을 논의했다. 그래서 창안된 것이 '평화쪽지 날리기' 사이버 운동이었다. 하루 만에 1200명의 시민들이 전쟁을 반대하는 사이버 서명운동에 동참했다.

　당시 미국의 부시 대통령은 2002년 1월 북한과 이란, 이라크를 '악의 축'으로 언급하고, 2003년 이라크를 침략했다. 그들의 전쟁은 남의 일이 아니라 우리의 일이 됐다. 한국도 미국의 전쟁에서 예외일 수 없다는 긴장감이 더해졌다. 전쟁이 일어나기 전부터 세계가 전쟁 반대 목소리를 높인 것은 흔하지 않은 일이었다.

　여성들은 거리 집회에서, 물리적 폭력으로 죽어간 사람들을 애도하고 전쟁을 비롯한 모든 폭력을 반대했다. 군사적 무력이 아니라 상생의 정치적 방법으로 갈등을 풀어가도록 촉구했다. 여성단체들이 반전 목소리를 사회적으로 낸 것은 1991년 걸프전쟁 때부터였으나, 9·11 이후 여성들의 반전 목소리는 다양해졌다. 1990년대에는 주로 모성을 내세웠다면, 2000년대 들어서는 여성들 간의 차이가 조금씩 드러났다. 여성들의 목소리가 다양해진 것은 여성들이 '여성'을 혹은 자신을 해석 하는 방법이 다양해졌기 때문이다. 여성들이 전쟁을 왜 반대하는가를 설명하는 기저에는 자신을 정체화하는 저마다의 위치와 관점이 담겨 있었다.

'한민족평화어머니회'는 모성적 사고를 설파하며 '여성은 평화'라는 이미지를 적극 활용하고, '전쟁을반대하는여성연대'는 여성과 성소수 자의 입장에서 여성 인권에 초점을 두며, '여성해방연대(준)'는 '여성은 평화'라는 설을 비판하며 젠더의 급진성을 내세웠다. 또 반전운동을 신자유주의 세계화와 연관시킨 '사회진보연대 여성위원회'와 '민주노 동당 여성위원회'의 여성 노동자들이 있었고, 통일과 평화의 맥락에서 반전을 주장하는 '평화를만드는여성회'와 '한국여성단체연합', 그리고 종교의 대립을 우려하는 '교회여성평화연대'의 기독여성들도 있었다. 여성들은 각기 자신들의 정치적 입장과 정체성에 따라 젠더를 수행하 며 독자적으로 반전활동을 하지만, '전쟁반대여성행동'과 같은 연대 조 직을 구성하면서 사안에 따라 함께하는 유연성도 보였다.

여성들이 꾸미는 반전집회는 상징과 은유로 이루어지는 경우가 많 았다. '군사주의를 반대하는 한국여성평화네트워크'는 작가와 화가들 이 활동한 덕분에 평화 메시지를 문화 코드로 표현하는 선구적 조직이 었다. 나도 생전 처음 한지로 만든 옷을 입고 추모 의례를 집행했고, 여성활동가들이 시나리오를 함께 만들어 이야기가 있는 퍼포먼스를 상연하기도 했다. 한지는 질긴 생명력을 뜻해서, 전쟁·폭력으로 죽은 사람/여성들을 애도하거나 피와 죽음을 은유할 때, 또 여성들의 연대를 상징하는 데 유용했다.

상징과 은유는 국가를 넘어 여성들을 연결하고 정치적 연대감을 높였다. '전쟁을 반대하는 여성연대'와 '전쟁반대여성행동'은 검은 옷을 온몸에 두르고 때론 침묵으로 길거리를 압도하면서 전쟁과 죽음, 그 속에 갇힌 여성들의 상황을 표현했다. 침묵은 초국가적 평화운동 단체인 '위민인블랙'의 시위 방법이기도 했다. 어떤 여성들은 진한 분홍빛 스타킹을 신고 나와 전쟁과 죽임에 대한 반란을 색다르게 표현했다. 분홍빛을 섹시 코드로 가져와 분홍빛 스타킹·슬립·액세서리 등을 착용하는 초국가적 평화운동조직 '코드핑크'의 행위를 하는 것이다. '코드핑크'는 이른바 '여성적'인 색깔로 알려진 핑크를 '군사적'인 것과 대조시켜 발랄함과 귀여움, 섹시함으로 연출했다. 금기한 섹슈얼한 몸짓과 차림으로 군사적인 것을 조롱하는 젠더 수행은 전통적인 성규범을 위반함과 동시에 군사안보를 코믹하게 비판했다.

여성들이 상징과 은유를 적극적으로 활용하는 데는 '여성'을 여성 스스로 재구성하고 젠더를 수행하는 것 못지않게, 비폭력 집회 문화를 구성하려는 의지도 있었다. 다양한 사회운동 단체들과 함께 반전집회를 개최할 때는 단체들마다 대항 폭력에 대한 생각이 달라서 세심하게 조율해야 할 때가 있었다. 세계 자본주의 체제에 비판적인 사람들 중에는 제국에 도전하기 위해 때로 물리적인 힘을 사용하는 것도 '평화'운동의 한 방법이라고 말했다. 또 비폭력운동이 마치 문화 행사 정도로 치부되면서 여성들이 행하는 부수적인 것으로 취급받을 때도 있었다. 그럼에도 여성들의 반전집회는 새로운 집회 문화를 열면서 사회적으로 상당한 주목을 받았다.

병역거부운동과
비폭력

한국 사회에서 군대와 안보 문제를 평화운동의 어젠다로 잡는 일은 평화운동 중에서도 꽤 급진적이다. 평화운동 이슈가 일상과 젠더를 관통하며 군사적 충성심을 국민 정체성과 분리하고자 했던 시도는 남성들의 병역거부운동이 아닐까 싶다.

다른 이슈들처럼 병역거부운동도 여성주의와 평화주의가 빚어낸 역사였다. 평화를만드는여성회는 미국친우봉사회의 평화활동가들을 만나 갈등 해결 프로그램을 구상하고 정착시킨 경험이 있는데, 병역거부운동도 그들과 함께 군대폭력을 논하면서 시도됐다.

첫걸음은 2001년 파주에서 인권 및 평화단체의 활동가들 50여 명이 모여 '징병제와 군 복무의 실태 및 대안 모색을 위한 워크숍'을 여는 것으로 시작됐다. 그동안 군대폭력, 의문사, 징병제를 둘러싸고 여러 활동과 연구를 해왔던 사람들이 다 모였다고 해도 과언이 아닌 워크숍이었다. 여러 정황과 실태, 사례 등 다양한 정보들을 나누고, 분단 체제에서 가능한 대안을 모색하려는 자리였다. 징병제 논의가 조심스러운 한국의 상황만큼이나 진지했던 이 모임은 이후 대만의 병역제도와 대체

복무제를 알아보기 위한 대만 방문으로 이어졌고, 2002년 '양심에 따른 병역 거부 실현과 대체복무제 개선을 위한 연대회의'(이하 '연대회의')를 탄생시켰다.

　이 과정에서 여성주의자들의 노력과 개입은 컸으나, 본격적인 활동이 시작되자 평화를만드는여성회 등 여성단체는 한발 물러나 심정적 후원으로 머물렀다. 연대회의 집행위원장으로 병역거부운동을 지속시킨 한 여성평화활동가가 나를 찾아왔을 때만 해도 여성단체가 이 운동의 주요한 동력이 되기를 기대하는 마음이 컸으나, 당시 여성단체들은 병역거부운동에 힘을 실을 여력이 없었다. 1999년 군 가산점제 위헌소송 문제를 겪으면서 소모적인 논쟁과 위협에 소진된 경험을 한 여성단체들은 군대를 둘러싼 사회적 이슈에 개입하는 것에 매우 신중함을 보였다.

　그리고 군대를 보낼 아들을 둔 일부 '엄마'들은 양가적인 복잡한 심정을 풀어내지 못하고, "양심적인 것이 무엇이냐"며 병역거부운동에 방어적인 모습을 드러냈다. 군사력에 기댄 국가안보와 병역 의무의 보이지 않는 규범을 흔드는 것은 분단된 한국 사회의 사상적 근간을 흔드는 일인 만큼 병역거부운동이 얼마나 위험한 반란인지 그 반응이 말해주었다. 그만큼 군사 문제는 정치적 급진성을 필요로 하는 정치적 조건들로 이루어져 있다.

　병역거부운동은 군사안보와 전쟁 준비, 죽임이라는 폭력성을 비폭력적 관계성으로 전환하려는 의지이자 실천이다. 적과 우리의 대립적 공간을 상생적 의존성과 연결성이라는 복잡한 관계망으로 재조직하려는 가치를 구체화한다. 이 과정에서 병역 거부를 하는 사람들에게 여성주의는 세상을 읽고 사물을 보는 통찰력을 준다. 군사주의 강연에서 병역 거부에 관한 심정을 토로하는 한 참석자를 만났는데, 나중에 보니 그는 정치적 신념이 개입된 첫 병역 거부자가 됐다. 여러 겹의 준비를 하고 병역 거부를 선언한 사람들은 자신을 깊이 성찰하는 과정에서 여성주의를 만난다. 가부장과 만나는 위계질서와 상명하복의 문화, 그리고 남자로 산다는 것과 강함·죽임·정복의 가치가 만나는 지점에서 자신의 정체성이 구성될 수밖에 없는 한국 사회의 현실을 여성주의 관점에서 들여다본다. 그래서 그들은 총을 든다는 것이 한국 사회에서는 남성이 된다는 것과 깊은 연관이 있음을 인지하고, 남성의 정체성과 군사 활동, 국가폭력성이 어떻게 연결돼 있는지를 병역을 거부하는 또 하나의 이유로 설명한다. 그래서인지 평화활동가 중에는 여성주의 운동에 참여하는 남성들이 많다.

남북한 여성들의
만남과 차이

나의 할머니도, 어머니도 월남을 한 분들인데, 여전히 북한 여성을 만나는 일은 설렌다. 오랜 시간 금기였던 경계를 넘어서일까. 북한 여성을 만나는 일은 여성들 간의 '차이'를 느끼게 한다.

내가 북한 여성을 처음 만난 것은 1991년에 시작한 '아세아의 평화와 여성의 역할 토론회'였다. 남북관계가 경색되어 1993년 네 번째 토론회가 중단되기까지, 북한 여성들이 서울을 방문하고 남한 여성들이 평양을 방문하는 남북 여성들의 만남이 이어졌다. 그런데 1991년 서울에서 열린 토론회에서 처음으로 북한 여성들의 발표를 들었을 때, 남북한 여성들이 갖고 있는 생각의 간극에 난감해했던 기억이 난다. "공화국에서 여성들은 모든 사회적 불평등에서 해방됐다"는 북한 여성들의 발언을 들으며, 서로 간에 여성과 사회를 읽는 접근이 매우 다름을 느낄 수 있었다.

1998년 평화를만드는여성회에서 북한이탈여성들의 실태 조사를 위해 그들과 인터뷰를 하고 1년 이상 '진달래무궁화 대화모임'에서 이야기를 들었을 때는 여러 가지로 다른 문화가 생경했다. "방의 장판이 낡아서 바꾸고 싶은데 동사무소에 가서 말하면 되냐"고 묻는 북한이탈여성을 보면서 상이한 사회 체제를 실감했다.

2000년 남북정상회담 이후 발표된 6·15 공동선언은 비정부기구 차원에서 남북 여성들의 만남을 정례화하는 데 합법적 근거를 제공했다. 아직 갈 길은 멀지만 최소한 6·15 공동선언은 북한에 대한 적대감을 낮추고 좀 더 유연하게 북한을 사유하면서 북한 사회에 한층 쉽게 다가갈 수 있는 멍석이 됐다. 북한지원사업도 활발해져서 북한 사람들과 직접 함께하는 공동 사업도 늘었다.

평화를만드는여성회 대표들은 남북 여성 교류를 위한 회의에 꾸준히 참여하면서 대화의 끈을 놓치지 않으려 애썼다. 남북 대표단만으로 구성된 작은 규모의 상봉 행사부터 남북여성통일행사라는 꽤 큰 규모의 공개 행사까지, 남북 여성들의 만남은 숱한 우여곡절을 겪으며 진행됐다. 6·15 공동선언 후 여성단체들이 단독으로 남북여성대회를 연 것은 2002년 10월 금강산에서 열린 '6·15 공동선언 실천과 평화를 위한 북남녀성통일대회'와 2005년 9월 평양과 묘향산에서 가진 남북여성통일행사였다. 그리고 최근 2014년 중국 선양에서는 '일본군 성노예 문제 해결을 위한 북남 해외녀성 토론회'가 개최됐다.

2002년 금강산에서 북한 여성들을 만나 함께 식사도 하고 대화를 나누었던 기억은 참 깊다. 가수 윤도현 씨가 북한에서 공연한 소감을 북한 여성들에게 듣고, TV 화면으로만 보던 북측 사람들의 공연을 직접 보니 신기했다. 아이들의 앙증맞은 노래와 춤, 여성들의 청산유수 같은 발언, 춤과 노래 무엇이든 스스럼없이 뽐내는 여성들의 재주. 그러나 '만남'의 기쁨과 설렘 이면에는 낯섦이 있었다. 차이와 낯섦은 통일 단체들이 그동안 해온 '북한 바로알기' 프로그램만으로는 해소하지 못한다는 것을 다시금 느꼈다. 앎이란 익숙함을 지나 상대에 대한 이해와 인식으로부터 태동한다. 북한과 여성을 어떻게 바라보고 말하는가에 따라 북한 여성을 구성하는 지식은 달라진다.

그래서 북한과 남한의 만남에는 진중한 섬세함이 필요하다. 우월감의 시선으로 북한을 바라보며 강자로 군림하고자 하는 우리 내면의 욕망을 들여다봐야 하고, 여성에 관한 다른 이해를 서로 존중하면서도 다름에 대한 긴장감을 비판적으로 볼 수 있는 거리두기도 필요하다. 남북여성통일행사가 진행되는 동안 남측 대표 여성들은 '어머니'로 불리며 환영받았고, 북측 대표 여성들은 남측 여성들이 제기하는 성 문제보다는 통일 과업을 수행하는 데 전력을 다해야 한다고 강조했다. 나아가 북측 여성들은 나와 같은 비혼 활동가들을 의아해하며, 통일의 역사를 이을 아기 생산을 해야 한다고 조언했다. '녀자는 꽃이라네'에서 꽃은 사회의 핵심을 뜻한다고 하는 북측과, 꽃은 성적인 관상용이라고 말하는 남측의 간극만큼이나 '여성'을 바라보는 시각은 달랐다. 마음 한구석에 난감함이 일었으나 이를 어떻게 풀어야 하는가는 여전히 과제로 남아 있다.

그럼에도 남성 중심의 성격이 강한 두 사회에서 '여성'을, 민족의 동질성을 보존하는 자연과 핏줄의 영역으로 남겨두려는 힘은 강하다. 역사적으로 한국 사회의 특수한 정치적 맥락에서 분단을 해소하는 일에 여성들이 주체가 되는 것은 여성의 안전한 삶을 위한 조건을 만드는 일일 뿐 아니라, 젠더 질서를 새로이 변화시키는 데 여성들의 개입이 중요하기 때문이다.

여성·평화·안보 유엔 결의안 1325와
여성 참여

여성들이 그동안 제기했던 평화운동의 이슈들이 여성정책으로 만들어진 사례는 무엇이 있을까? 일본군위안부와 관련된 지원 정책이 있고, 여성발전기본법에 '평화 분야의 여성 참여 확대'라는 법적 근거는 있다. 따져보면 평화운동의 범위를 어떻게 보느냐에 따라 이야기는 달라질 수 있다. 그러나 여성들의 지속적인 평화운동을 발판으로 수립된 여성정책은 딱히 손꼽기가 쉽지 않다. 2000년 시민사회단체들이 한미주둔군지위협정(SOFA) 개정을 요구할 때, 여성단체들은 기지촌 여성 인권과 혼혈아동 지원에 관한 조항을 함께 제안했으나 결실을 맺지 못했고, 대통령 선거 때마다 평화통일을 위한 여성정책 과제들을 제시했으나 선언에 그쳤다.

그동안 군축을 제언하고 반전운동을 해도 여전히 무기는 도입되고, 전쟁은 발발했다. 김대중 정부 시기에 6·15 남북공동선언이 제정되어 남북한 여성들의 교류가 합법적으로 이루어지고, 노무현 정부 시기에는 병영문화 개선을 위한 위원회에 여성평화활동가들이 참석하기도 했다. 그러나 여성들에 대한 폭력이나 여성 고용을 위한 다양한 여성정책이 1990년대 이후 속속 마련된 것과 달리 평화 분야는 구체적인 법이나 정책이 현실화되지 못했다.

평화운동은 세상을 바라보고 사유하는 인식의 문제이자, 군사력에 의존하는 사회 시스템을 다르게 구성하려는 패러다임 전환의 차원이므로 참으로 급진적인 반면, 현실적으로는 자칫 외면당하기 쉬운 분야이기도 하다. 국제정치를 논하는 토론회나 군사 관련 간담회에서 항상 느끼는 것은, 여성주의적 관점으로 논하는 '평화'가 현실정치에 적실하지 않다는 선입견이 참으로 강하다는 것이다. 그도 그럴 것이, '군대가 없는 세상'을 상상하고 '무기를 엎어 쟁기를 만들자'는 식의 사유는 국가의 군사력에 대한 전면적인 도전이므로, 국가에 기댄 정책화는 애초부터 어불성설일지도 모른다. 그러다 보니 가장 흔하고 '현실적인' 정책 조항은 평화통일 분야에 여성 참여를 확대하자는 요구이다. 남성들이 압도적으로 많은 군사·외교·통일 분야에 여성의 동등한 참여를 보장하는 것은 그동안 보이지 않았던 여성 이슈들을 정치화하고, 편협하게 볼 수 있는 평화 이슈들의 굴곡을 고르게 펼 수 있다는 점에서 중요하다. 2000년에 발표된 '여성·평화·안보 유엔 결의안 1325'(이하 '유엔 결의안 1325')가 바로 이를 시행할 수 있는 근거가 된다.

'유엔 결의안 1325'는 초국가적 시민사회운동으로 이룬 쾌거이다. 유엔에서 젠더를 고려하지 않았던 외교·안보 분야의 마지막 보루가 무너진, 매우 뜻 깊은 역사성을 갖고 있다. '유엔 결의안 1325'는 폭력과 차별로부터 여성과 소녀를 보호하고, 평화 형성 과정에 여성의 참여를 보장하며, 무력 분쟁이나 평화 형성의 모든 과정에 젠더 관점을 통합한다는 세 가지 원칙을 18개의 항으로 서술한다. 무력 분쟁이 여성의 삶에 미치는 영향을 남성과 다르게 진단하고, 무력 분쟁을 예방하고 관리하는 과정에 여성의 동등한 참여를 강조한다는 것은 여성을 평화와 안보의 주체로 상정한다는 점에서 의의가 크다. '인간안보'라는 맥락에서 여성의 경험을 가시화할 수 있다는 점도 '유엔 결의안 1325'가 가지는 성취다.

한국 정부는 2014년 5월, '유엔 결의안 1325'를 국내에서 효과적으로 이행하기 위한 국가행동계획을 유엔에 제출했다. 국가행동계획을 수립하는 과정에서 45개의 여성사회단체로 구성된 '1325 네트워크'는 군위안부와 기지촌 여성, 북한이탈여성의 인권 및 성폭력 조항과 각 해당 분야의 여성 참여 등 한국 상황에서 필요한 어젠다를 정부에 제안했다. 그러나 국가행동계획을 이행하는 민-관 협의체 구성과 피해자 지원, 주한 미군과 관련된 조항은 받아들여지지 않았다.

'유엔 결의안 1325'가 잘 활용된다면 평화와 안보 정책 활동에 여성이 개입할 여지가 커진다. 이를 위해서라도 한국 정부의 국가행동계획이 실효성을 가지도록 여성단체의 후속작업은 요긴하다. 여성들의 지속적인 참여는 '유엔 결의안 1325'의 태생적 한계인 남성(국가) 중심적 안보 패러다임을 전환시키는 힘을 만들기 때문이다.

여성의 평화정치학

여성주의와 평화주의는 여러모로 닮아 있다. 사회 소수자에 대한 감수성이나 위계·차별에 대한 비판적 인식, 변화를 추구하는 지향 등이 그렇다. 이러한 것들이 서로 엮여 평화운동을 움직이는 힘은 바로 '고통에 대한 공감'이라 말하고 싶다.

여성들이 전개한 평화운동을 곱씹어보면, 사람들의 고통과 슬픔에 대한 공감에서 시작한다. 1980년대에 여성들이 전개한 반핵운동은 반(反)제국주의 통일 이념의 논쟁 속에서 이념이 아닌 원폭 피해자들의 고통에 귀 기울이면서 시작됐다. 고통에 대한 공감은 이후 인권의 언어로 설명되고 평화의 시각으로 확장됐다. 1990년대 SOFA 개정 운동이 민족주의적 반미운동으로 향할 때도 여성들은 사람들의 고통을 인권 문제로 바라보면서 평화운동을 펼쳤다. 현장에 있는 사람들과 그 삶, 그리고 그 사람이 겪는 죽음과 고통의 문제로 본 것이다. 수전 손태그의 말을 빌리면, 사람들의 고통을 느끼는 것은 연민이 아닌, 이 고통의 원인에 연루되어 있다는 숙고(熟考)이다.

2000년대 9·11 이후의 반전운동도 슬픔과 고통에서 시작한다. 전쟁은 죽임이라는 가장 극단적인 폭력 속에서 경험하는 상실과 슬픔, 고통의 문제다. 종교가 죽음을 관장하던 시절과 달리 국가가 전쟁을 주관하면서, 이제 죽음과 평화는 근대국가가 통제하는 영역이 됐다. 그래서 애국심의 예시가 되는 슬픔이 있는가 하면, 좌익 가족의 경우처럼 삭제되는 슬픔도 있다. 여성들이 하는 평화운동은 애도조차 금지된 얼굴 없는 죽음을 드러냄으로써 국가가 적과 우리를 이분화하고 슬픔을 정치적으로 배치하는 경계를 흐리게 한다.

그런데 슬픔이라는 감정이 사람을 취약하게 만든다고 생각하는 한, 슬픔은 여성의 일이고 비합리적인 행위로 정의된다. 이제까지 죽음을 슬퍼하고 애도하는 일은 마치 여성의 역할이나 여성적인 행위로 취급됐다. 그러나 한나 아렌트의 말처럼, 합리적으로 반응하고 행하기 위해서는 상황을 인지하고 이해해야 하며, 이해를 한다는 것은 감정의 개입을 필요로 한다. 그러니까 합리적 실천은 몸으로 고통을 느끼고 공감하는 감정의 움직임에서 시작하는 것이다. 이 체현된 합리성은 정신과 육체, 그리고 이성과 감정을 나누며 남성과 여성을 차별적으로 이원화하는 체계에서는 설명할 수 없는 행위다. 여성들의 평화운동에서 고통과 슬픔에 대한 공감은 타인의 고통과 연대하는 정치적 행위이다. 그래서 여성들의 평화정치학은 이원화 체계를 넘어서는 새로운 실천이다.

이 실천은 국가를 넘어 횡단하는 초국가적 성격을 띤다. 전쟁과 군사 활동은 군수산업과 함께 글로벌하게 움직이며, 국가는 힘의 논리에 따라 국익을 위해 움직인다. 이러한 흐름을 따라 여성들의 평화운동도 초국가적으로 움직인다. 특히 '군사주의를 반대하는 국제여성네트워크'는 글로벌하게 움직이는 군사화에 대항하면서, 미국 중심의 군사화에 공모하는 각 지역의 국가주의도 비판한다. 이를 위해 여성들은 여성들 간의 지역적·계급적 차이를 존중하면서도 자국의 이익과 거리를 두는 성찰적 자세를 놓치지 않는다. 여성들의 평화운동은 여성주의와 평화주의라는 가치에 따라 행동하며, 권력관계를 이루는 사회적 조건을 새롭게 구성하는 데 뜻을 두기 때문이다.

{ ㅆ }

강선미

하랑성평등교육연구소 소장

나는
젠더 전문가다

13

국제개발협력 분야의
'젠더 전문가'로 살아가기

나는 국제개발협력 분야의 '젠더 전문가'다. 2004년 한국국제협력단 (KOICA, 이하 '코이카')의 전문가 해외 파견 프로그램의 일환으로 페루의 여성과사회발전부에 2개월간 일하러 가면서 이런 직함을 얻게 되었다. 국제개발협력의 젠더 전문가란, 국제사회와 개발도상국가의 성평등과 여성역량강화 정책(이하 '젠더정책')과 관련하여 강의, 정책사업, 조사연 구, 컨설팅, 코칭 등의 전문 서비스에 종사하는 사람이다.

분명 이 새로운 직종의 등장은 여성 인권과 성평등 증진, 여성들의 사회정치적 역량 강화 등이 국가발전정책의 기본 목표 중 하나로 설 정되고 관련 분야의 정책이 빠르게 발전했다는 사실을 배경으로 한다. 실제로 지난 10여 년간 젠더정책에 대한 연구·교육과 실무자의 인력 수요가 형성되고, 관련 분야 인력의 전문성 강화에 대한 사회적 요구 가 증가해왔다. 특히 국제개발협력 분야에서 젠더 전문가에 대한 수요는 빠르게 증가하는 중이다.

이는 지난 2009년 한국이 경제개발협력기구 개발원조위원회(OECD/ Development Assistance Committee, 이하 'OECD/DAC')에 가입하면서부터 생긴 변화다. OECD/DAC이 한국의 정식 가입을 앞두고 2008년 실시한 '동료검토(peer review) 보고서'에 실린 한 소절의 논평이 주효했다.

"젠더는 모든 국제개발협력 과정을 관통하는 크로스커팅 이슈로서, 한국은 이러한 원칙을 실현하기 위한 '성 주류화' 방안을 수립해야 한다."

이후 한국 정부는 발 빠르게 움직였다. 지난 2010년 1월 25일 제정된 국제개발협력기본법의 기본정신에 '여성의 인권 향상과 성평등 실현' 목표를 포함시켰고, 코이카는 자체 사업의 '성 주류화' 방안 연구를 토대로 젠더 실무를 전담할 '성 인지 담당관' 제도 신설, '성 주류화' 실무 지침을 만들었다. 그리고 국내 초청 연수프로그램과 해외개발원조사업의 기획·실행·평가 과정에 젠더 관점을 통합하려는 노력을 점차 가시화하고 있다.

나는 1982년 말, 주한 유니세프의 최초 전문직 여성으로 경력을 시작했다. 이화여자대학교 대학원 사회학과에서 계층과 젠더의 중층 구조에 대한 연구로 석사학위를 받은 얼마 후였다. 나는 1987년까지 주한 유니세프의 홍보관으로 일하면서 아동과 여성을 위한 다양한 개발협력사업을 지원했고, '여성과 개발(Women in Development)' 정책 실무를 담당했다.

1987년 주한 유니세프 사무소가 다른 개발도상국가의 유니세프 활동을 지원하는 모금사업 위주의 위원회 구조로 전환을 서두를 무렵,

나는 새 길을 찾아야 했다. 남편의 박사학위 공부가 끝나지 않았고 첫 딸이 아직 어려 내겐 일이 필요했던 시절이었다. 나는 1987년부터 1991년 말까지 숭실대학교 기독교사회연구소에 들어가 연구원으로 일하면서 독일 기독교개발지원협회(EZE)˚의 사회발전지원사업 관리를 맡게 되었다. 나는 적은 인원으로 연구소의 사회발전 연구와 교육 프로그램, 한국기독교사회발전위원회의 EZE 지원 소규모기금지원사업 (small project fund)을 한꺼번에 관리하며, 살림하면서 두 아이를 키워야 했다.

그러나 유엔의 개발 프레임에 갇히지 않고 자유롭게 국가·사회 발전과 관련된 민주화, 평화, 통일, 정의, 지속 가능한 발전 이슈들을 논하고, 노동·농민·여성의 인권 및 평등과 관련된 사회적 문제들을 연구하는 동시에 다양한 지역사회운동을 지원할 수 있는 일은 고맙고 특별한 기회였다. 이 또한 한국에 대한 EZE 지원사업의 철수를 앞둔 시점에 온 마지막 기회였지만, 주한 유니세프 입사를 앞두고 누군가 내게 해준 다음 말처럼 또다시 미래가 없는 일이기도 했다.

"지속 가능성이 없는 일이기에 여자에게 기회가 오는 거지! 앞으로 평생 가져가야 할 경력을 찾아야 해!"

그 때문이었을까? 나는 그동안의 개인적·사회적 경험이 살아 있는 학문을 하고자 1992년 이화여대 대학원 여성학 박사 과정에 진학했다. 그리고 2003년 박사학위를 받을 때까지, 대부분의 시간을 여성학 공동

˚   독일의 기독교개발지원협회 EZE는 독일 교회에 기반을 둔 개발협력기관으로, 지역교회, 자유교회, 선교회, 여성운동 단체들이 회원조직으로 참여하고 있다. EZE는 1962년부터 독일개신교회(EKD)를 대표하여 개발도상국가의 교회와 관련 조직들의 사회 발전을 위한 활동을 지원해왔다. 그리고 아프리카, 아시아, 남미 지역에서 가난한 자들의 적극적 참여에 의한 자립 증진과 강화 사업을 지원하고 있다.

체의 새로운 국제개발협력사업에 바쳤다. 2000년부터 2004년 봄까지, 아시아여성학센터에서 진행하는 아시아여성학 교과과정 개발 사업에 참여해 아시아 9개국의 여성학자들과 교류하며, 2000년 아시아여성학 대회와 2005년 세계여성학대회를 조직하는 실무를 맡았었다.

코이카에서 페루로 파견하는 젠더 전문가로 활동하기 시작한 이후, 나는 지난 10년 동안 국제연수생 훈련을 위한 '개발과 젠더' 강사, 코이카 사업의 '성 주류화' 방안 연구자, 팔레스타인의 젠더사업 컨설턴트, 국제연수생들을 위한 성희롱 예방교육과 매뉴얼 개발 연구자 등으로 일하며 코이카와 협력관계를 맺고 있다. 1982년 말 주한 유니세프에서 전문직 활동을 시작해 꾸준히 축적해온 연구와 실무 경력을 바탕으로, 나는 코이카의 국제개발협력사업에서 젠더정책을 하나의 전문 영역으로 만들고 젠더 전문가에 대한 수요 창출에 일조할 수 있었다.

팔레스타인 가는 길,
"젠더가 뭔가요?"

지난 2013년 5월, 나는 코이카에서 파견하는 교육·건축 분야 전문가들과 함께 팔레스타인으로 향하는 비행기에 몸을 실었다. 팔레스타인 제닌 지역의 청소년문화센터 건립 사업과 관련, 여성 인권과 성평등 이슈를 어떻게 이 사업에 접목시킬 수 있을지 방안을 제시하는 것이 내게 주어진 미션이었다. 이 여행에서 나는 청소년문화센터 건립 사업의 혜택이 지역사회의 남녀 청소년들과 지역 주민들에게 골고루

돌아갈 수 있는 최선의 방법을 찾아내야 했다.

"젠더 전문가라는 직함도 있네요. 그런데 젠더란 말, 저는 처음 들어요. 젠더가 무슨 뜻인가요?"

함께 떠난 전문가들을 포함해 현지 코이카 사무소, 팔레스타인 영사관, 제닌 시 공무원들, 시의원들이 내게 말을 걸며 던진 질문들이다. 명목상 한국은 국제 표준에 결코 뒤지지 않는 정책을 가지고 있었지만, 일반인들은 정작 '젠더'라는 말조차 모르는 상황. 여성 인권과 성평등에 대한 일반 시민들의 의식 성장을 바탕으로 정책이 생겨난 것이 아니라, 우선 중앙정부에서 선진 정책들을 받아들이고 나서 공무원들의 관리 아래 제한적으로 사회 변화가 추동되는 나라. 이러한 질문을 받아야 하는 상황은 좀 당황스럽지만, 이것이 우리나라 젠더정책의 현실이기도 했다.

젠더 전문가는 다른 전문가들처럼 "젠더는 나만 아는 전문용어이니 당신은 몰라도 된다!"고 할 수 없다. 여성과 남성의 불평등한 사회적 관계가 '생물학적 조건의 차이'에 의한 자연스러운 것이라고 생각해온 사람들의 사고방식을 바꾸고 정책의 중요성을 알려야만 협력을 얻어낼 수 있으니까. 나는 의도적으로 유엔과 OECD/DAC의 공식 지침서를 인용해 젠더를 설명한다. 섹스/젠더에 대한 국제사회의 표준적 정의를 활용해야 내 말의 신뢰성이 높아진다는 것을 알기에.

1960년대 이전까지 섹스(sex)는 모든 생물의 암수 구분과 같은 '성별'을 의미했다. 그리고 젠더(gender)는 프랑스어의 정관사 le와 la처럼 오직 단어의 남성/여성을 구분하는 데만 사용하는 언어였다. 영미권의 일반인들에게 섹스와 젠더는 거의 같은 의미이고, 한국어에서는 모든 것이 '성' 혹은 '성별'로 통한다. 그러나 여성정책에서는 각각의 의미를 구분해 사용한다. 섹스는 임신, 출산, 모유 수유 등 생물학적으로 결정된 여성과 남성의 해부학적 차이를 의미하며, 이러한 차이는 역사와 문화의 영향을 받지 않는다. 반면 젠더는 사회·문화적으로 규정된 여성과 남성의 성 역할과 신분을 의미하며, 세계 각국의 발전정책은 전통적 젠더관계의 강화 효과를 내거나 근본적 변혁 효과를 내고 있다.

OECD/DAC은 젠더를 '크로스커팅 이슈'라 부른다. 젠더정책 자체가 하나의 정책 분야이기도 하지만, 여성 인권과 성평등은 모든 정책 분야와 영역에서 공통적으로 고려해야 할 가치라는 의미다. OECD/DAC은 1995년 채택된 '성평등 : 지속 가능한, 시민 중심의 개발'이라는 성평등 정책 기조와, 1998년 채택된 '개발협력에서의 성평등과 여성역량강화'라는 지침을 통해, 성평등과 여성역량강화가 개발원조의 기본정신임을 밝히면서 '젠더'를 '기후변화'와 더불어 2대 크로스커팅 이슈로 설정했다. 크로스커팅 이슈로서 젠더는 여성교육, 모자보건, 여성 직업훈련, 성폭력 피해자 보호 등과 같은 별도의 여성사업과 병행하여, 청소년문화사업, 창업지원사업, 노인일자리사업 등 특정 성을 대상으로 하지 않는 모든 일반 사업에서도 성 형평성의 원리를 적용해 여성을 소외시키지 않아야 한다는 원칙을 천명한 것이다.

1970년대 세계 각국의 발전정책은 경제사회발전계획의 기본 틀을 흔들지 않는 수준에서 일부 여성사업을 '끼워 넣기' 하는 수준이었다. 그러나 1995년 베이징에서 열린 제4차 세계여성대회 이후, 성평등과 여성역량강화 이슈를 정당히 다룰 수 있는 정책 패러다임의 '새판 짜기' 전략이 강조되었다. 이른바 '성 주류화' 전략으로, 젠더 이슈는 국가발전정책의 기본정신과 최상위의 주요 국정과제, 각 중앙부처와 지방정부의 중장기 계획, 그리고 이러한 목표 실현을 위한 정책사업들 가운데 자리를 잡게 되었다. 고용노동부의 고용정책, 보건복지부의 인구정책, 농림축산식품부의 농업정책 등 여성과 남성을 대상으로 하는 정책사업들은 이제 성 형평성을 고려해야 한다.

이러한 '성 주류화' 전략이 전반적인 발전정책 패러다임을 변화시키려면 아직도 오랜 세월을 기다려야 하겠지만, 간단한 정책 사례는 들 수 있다. 예를 들어, 2007년부터 서울시의 지하철에 10센티미터 낮아진 손잡이가 등장했다. 여성과 남성의 평균 키 차이를 반영한 것이다. 그렇다면 기존의 손잡이는 몇 센티미터 인간을 표준으로 설계되었을까? 지하철 1호선의 경우 167센티미터 인간, 즉 남성의 표준 키에 가깝다. 그럼 낮아진 손잡이는 누구를 위한 것일까? 여성? 아니다. 키가 작은 모든 사람들이다!

그리고 2004년 페루 방문 당시, 친체로 지방의 한 농업관개사업 지역을 시찰할 때 둘러본 저수지를 예로 들어보자. 마을의 언덕 위에 있는 저수지의 물은 도랑을 타고 산 아래 밭으로 흘러가고 있었다. 그러나 우리 일행이 들렀던 마을의 오두막집에는 수도도 전기도 없는 토굴 같은 부엌이 있었다. 만일 저수지 공사를 하면서 마을 사람들의 생활용수에 대한 요구도 고려했다면, 적은 돈으로 얼마나 많은 여성들의 가사 부담을 덜어줄 수 있었겠는가?

나는 여성과 남성의 차이를 정책에 반영하면 모든 시민에게 도움이 되는 정책을 만들 수 있다는 점을 강조한다. 일단 여성 인권과 성평등 정책이 여성만을 위한 특수한 정책이라는 통념을 깨야, 왜 젠더정책이 개발사업에 관여하는 모든 이해 당사자들이 공유해야 하는 '크로스커 팅' 이슈인지 이야기를 진전시킬 수 있어서다.

우리가 탄 9인승 밴이 어느새 팔레스타인 정부가 있는 라말라 시에 도착했다. 젠더에 대한 내 설명은 여기서 멈췄다. 섹스/젠더 구분에 관한 복잡한 페미니즘 이론을 이토록 간단히 설명해도 될까? 그러나 상대에게 이슈의 중요성을 알리고 필요한 협력을 구하기 위해 내 존재를 알릴 수 있는 시간은 단 5분이다.

"아, 그렇군요. 앞으로 박사님께서 우리에게 주실 제안들이 기대됩니다. 함께 움직여야 할 일정이 빠듯해 박사님의 요구를 다 들어드릴 수는 없지만, 최선을 다해 협력하겠습니다."

이런 대답을 얻었다면 일단 첫 대화의 목적은 달성한 셈이다.

'변화'를 촉진하는 젠더 전문가

"젠더 전문가는 무슨 일을, 어떻게 하나요?"

2009년 한국 정부의 OECD/DAC 가입을 계기로 '성 주류화를 통한 개발원조의 질적 향상'이 강조되고 '젠더사업,' '젠더 전문직' 등 새로운 사업 영역과 직위가 생겨나고 있지만, 젠더 전문가의 역할과 기능에 대해 제대로 아는 사람은 드물다.

"젠더 전문가는 개발도상국가의 성평등과 여성역량강화를 위해 여성과 남성의 사회적 관계 변화를 촉진하는 역할을 합니다."

나는 스스로의 업무를 이렇게 규정했다. 변화를 촉진한다는 개념은 우리나라에선 아직 낯선 개념이다. 내가 이러한 역할의 개념을 배운 것은 30년 전의 일이다. 당시 유니세프를 드나들던 국제개발협력 전문가로부터 들은 말 가운데 가장 인상에 남는 말이 있다.

"우리는 개발 촉진자로서, 물고기를 잡아주는 것이 아니라 물고기 잡는 법을 가르쳐주는 사람입니다."

유니세프의 국제 직원들은 이러한 직무 이해를 바탕으로 한국 사회의 정책 결정에서 주요 역할을 담당하는 국회의원, 정부 요직의 인사들, 국책 연구원의 유수한 박사들을 만나, 국제사회의 정책 기조를 설명하고 변화를 위한 협력활동을 도모했다. 청와대 근처의 사무실 주변에서 민주화를 요구하는 시위대의 행렬이 연일 거리의 교통을 마비시키고, 빈곤 아동을 위한 조기교육사업과 일차보건진료, 영양교육사업 등이 진행되는 봉천동 판자촌에서는 도시 재개발 계획에 반대하는 주민들의 민심이 흉흉하던 시절이었다.

돌아보니 그들은 세계정부에 속한 국제 관료로서, 관련 국제협약들을 준수하며 경제사회이사회, 집행위원회 등의 결정 과정을 거쳐 승인된 인도주의적 개발프로그램을 실행에 옮기는 사람들이었다. 그들은 국회의원과 정부 관료들이 다루는 국가발전계획과 정책사업에 영향을 미쳐, 국제사회가 설정한 글로벌 이슈들을 해결하고자 하는 사람들이다. 정부와 시민사회의 의사소통 불능으로 시민들의 요구가 억제되면, 국제 관료들은 국제규약과 빈부격차, 민주화 정도 등에 관한 국제 비교 통계, 보고서 등의 근거 자료에 입각해 '정책 권고'를 하게 된다.

"국제사회의 관료가 되려면, 그런 국내 정치 문제들은 잊어버리고 당신의 일에만 집중하는 것이 좋다."

30년 전 나는 이러한 그들의 충고를 따를 수 없었다.

"당신들이 물고기 잡는 법을 안다고?"

고도 경제성장 정책이 만든 사회적 폐해들을 알면서 그런 말을 믿을 수는 없었다. 1975년 이효재 교수가 한국의 여성 대표들과 함께 멕시코에서 열린 제1차 세계여성대회에 참가하고 돌아와, 제1세계 여성들의 제3세계 여성의 삶에 대한 몰이해와 발전 패러다임에 대한 무비판적 태도에 분노하시던 모습이 눈에 선하다. 이런 한국의 여성학 전통속에서 잔뼈가 굵은 나로서는 국내의 여성학 공동체 속에서 함께 성장하며 새로운 대안을 찾는 일이 더 중요해 보였다. 국제기구 요원들의 권고는 국내 각 분야의 여성 리더들과 여성운동 내부의 요구와 만나지 않는 한 결코 국가 정책에 반영될 수 없는 일이라는 사실을 알았기에.

그런데 지난 10여 년간 다시 이 분야 일을 하면서 국제사회의 변화된 환경을 살펴보니, 세상도 많이 변하고 있다는 생각이 든다. 예를 들어, 국제사회의 '발전'에 대한 이론과 실천에도 많은 새로운 사고방식들이 등장했다. 이제 주류 학문 세계에서 '발전' 개념은 사회적으로 권력을 가진 서구 백인 중산층 지식인들의 제한된 삶의 조건을 반영한다는 인식이 강해졌고, 이러한 개념에 맞지 않는 여타의 발전 모델을 주변화시키는 서구 중심의 지식의 권위에 도전하는 목소리도 다양해졌다.

인구 구조의 변화, 에너지 자원의 고갈, 깨끗한 물, 정보통신기술의 발달, 기후변화, 글로벌 빈부격차, 국제화된 범죄조직, 분쟁과 평화, 조류독감·에이즈 등 글로벌 차원의 협력이 불가피해진 건강 문제 등 인류사회는 더 이상 서구 중심의 발전 경험과 지식의 절대적 우위를 인정할 수 없을 만큼 많은 이슈들에 직면해 있다. 개발도상국가의 국가 발전정책에서 해당국 여성들의 자유와 평등, 복지의 증진을 꾀하는 촉매자 역할을 해온 서구의 젠더 전문가들 또한 개발도상국가의 페미니스트들로부터 유사한 도전에 직면하면서, 이론과 실천에서의 일방적 주도권을 내려놓고 있다.

문제는 국제사회의 이러한 변화에도 불구하고, 아직 이러한 문제의식을 한국다운 국제개발협력 정책을 만드는 데 반영하지 못하고 있다는 것이다. 젠더 전문가들의 목소리는 모든 연수생과 해외봉사 단원들에게 의무화된 '개발과 젠더' 강의실에만 갇혀 있다. 이러한 프로그램을 만드는 공무원들도, 강의를 듣는 수강자들도, 이 강의로 무엇을 어떻게 할지 모르고 있는 상황이 안타깝다. 정작 강의를 들어야 할 사람은 고위층의 정책 결정자들이지만, 그들에게 젠더정책 강의는 마치 '우리에게도 이런 정책이 있다' 혹은 '젠더정책과 관련해 우리는 이런 사업을 한다'는 알리바이 이상의 의미를 갖지 못하는 것 같다. 참 이상한 일이다.

그러나 10여 년 전만 해도 젠더정책의 불모지였던 국제개발협력 분야에 '성 주류화' 개념이 도입되고 해외 현지에 젠더 전문가를 파견하게 되다니 대견한 일 아닌가? 나는 애써 자신을 다독인다.

'젠더 전문가로서, '성 주류화' 전략 개념을 그들에게 알리고 정책을 변화시키는 데 일조하지 않았는가?'

30년 전 우리나라에 왔던 국제 공무원들이 할 수 없었던 일, 젠더정책의 중요성을 우리의 언어로 풀어내면서 시민사회와 정부 관료들을 변화시키는 일을 이제 내가 하고 있지 않은가? 나는 지금 젠더 전문가로서 없는 길을 만들어내고 있는 중이다. 가장 중요한 역할은, 정책 결정자들을 상대로 '성 주류화' 개념과 좋은 정책 사례들을 마케팅하는 것이다. 아무리 좋은 정책이라도 이해관계가 다른 주요 결정자들의 마음을 움직여야만 효용이 있는 것이다. 누가 고양이 목에 방울을 달 것인가? 코이카의 국제정책에 중대한 영향을 미치는 국제협약들과 국제기구들의 최근 정책 동향, 국내의 관련 법과 정책 현황, 국제사회의 정세 분석 등 매우 구체적인 최신의 정보들을 갖추지 않고서는 불가능한 도전이다.

이 때문에 2009년 〈코이카의 '성 주류화' 방안 연구〉에 내가 쏟은 시간과 노력은 평소 연구 프로젝트의 배가 넘는 양이었다. 나는 이 연구를 통해, 한국 사회가 OECD/DAC의 회원국이 된 이상 국제 표준에 부합하는 젠더정책을 가지는 것이 중요하다는 점을 강조했다. 그리고 선진 사회의 정책을 따라잡을 수 있는 로드맵을 제시하고, 변화를 위해 필요한 준비들이 무엇인지를 구체적으로 제시하는 데 심혈을 기울였다. 한편으로 국제개발협력에서 '성 주류화'를 추진할 수 있는 법적 기반 강화가 반드시 필요하다고 판단하여, 국회에 그 중요성을 알리고 행동을 종용했다. 현재 국제개발협력기본법의 제3조 기본정신에 '여성의 인권 향상과 성평등 실현'이 삽입된 것은 이러한 노력의 결실이다. 앞으로 한국 정부가 무상개발원조사업의 프로그램 전반에 더욱 폭넓은 젠더정책 요소들을 결합시키고, 좀 더 많은 돈과 인력을 투입할 수 있는 날은 반드시 올 것이다.

　　　　　　　나의 페미니즘 레시피

젠더정책의 글로벌화,
개발도상국가의 길 찾기

"선진국 여성들이나 여성 인권, 성평등 이슈를 논하는 것 아닌가요? 경제성장으로 먹고사는 문제는 해결되어야 성평등 이야기도 하는 것 아닌가요? 우리나라가 OECD/DAC의 회원국이 되어서 글로벌 정책을 어느 정도 수용할 필요는 있겠지만, 잘 이해가 안 되네요."

팔레스타인 현지 방문을 마치고 돌아오기 전날, 모든 일정을 마무리하는 회의에서 한 외교관이 내게 던진 질문이다. 아! 고양이 목에 방울을 달려면, 새로운 변화에 대한 일선 실무자들의 불안을 잠재우고 젠더정책 기획과 실무가 자신들의 능력 범위 내에서 할 수 있는 일이라는 자신감을 심어주어야 한다. 그리고 원조를 받는 국가의 정부 관료들과 지역 주민들의 마음 또한 움직여야 한다.

이 질문에 답을 찾는 잠시 동안, 많은 기억들이 스친다. 1980년대 초반 공단 지역의 여성 노동자들에게 갔다가 태도 불량으로 쫓겨난 미국의 한 여성전문가, 여성해방은 노동해방과 민족통일 이후의 문제라던 1970~80년대 사회운동 리더들, 독재를 하더라도 국민들이 잘 먹고 잘사는 나라를 만들어준 박정희 대통령을 존경한다던 페루 산간 지역의 어느 공무원…. 그러니 인권과 민주주의, 발전, 복지가 정립되지 않은 불안정한 세월을 살면서 유교문화권 속에서 여성 인권을 깊이 생각할 필요도 없었던 사람들에게 이러한 질문은 당연한 것일 수 있다.

내 준비된 대답은 크게 두 가지였다. 하나는 국제사회의 '개발과 젠더' 정책 패러다임이 크게 변화했다는 것이고, 다른 하나는 정책 변화는 국제사회와 개별 국가들이 채택한 발전정책과 사회 변화의 역학관계 속에서 파악되어야 한다는 것이다. 우선 나라마다 시대마다 발전 과정 혹은 발전 단계에 대한 생각이 다를 수 있고 젠더정책 또한 마찬가지라는 사실을, 국제사회의 정책 패러다임 변화를 통해 설명하기로 한다.

젠더정책이 글로벌화하기 시작한 계기가 된 '여성의 해'가 1975년이다. 국제사회가 개발 과정에 성평등과 여성역량강화 요구를 통합하는 정책(Women in Development)을 추진해온 역사는 40년밖에 안 된 것이다. 초기의 여성개발정책은 국가발전정책의 비전이나 중장기 계획을 흔들지 않는 수준에서 모자보건사업, 여성교육사업, 여성소득증대사업 등을 지원하는 것이었다. 이후 1980년대 중반 국가발전정책의 기본 틀에 성평등 목표 통합을 요구하는 '젠더와 개발(Gender and Development)' 접근이 강조되었고, 1995년 세계여성대회에서는 국가발전정책의 비전과 중장기 계획, 개별 사업의 기획·실행·평가 과정 전반에 젠더 관점을 통합하는 '성 주류화' 전략을 기조로 하는 행동강령이 채택되었다. 이로써 성평등과 여성역량강화는 국가발전의 주요 목적이라는 개념이 확고해졌고, 그 목적을 실현하기 위한 방법으로 여성만을 위한 정책사업뿐 아니라 일반 사업 전반의 성 인지적 수행을 강화할 수 있는 계기가 마련된 것이다.

이후 유엔은 2000년대 진입을 계기로 개발 의제들과 목표를 통합하고 재구성하여, 인권에 기반한 지속 가능한 개발 및 개발도상국가 빈곤 퇴치를 위한 '새천년선언'을 발표했다. 이때 국제사회가 2015년까지 세계 빈곤 퇴치를 위해 달성해야 할 8대 목표와 18개 세부 목표를 담은 '새천년개발목표(Millennium Development Goals, MDGs)'를 설정하였는데, 그중 세 번째 항목인 '성평등과 여성역량강화'와 다섯 번째 항목인 '모성보건강화'는 빈곤 퇴치 전략에서 핵심적 이슈가 되었다. 새천년개발목표는 2001년부터 2015년까지 유엔의 개발정책 전반을 이끄는 주요 성과지표로서, 성평등 목표의 전면화를 상징적으로 보여준다.

국제사회의 젠더정책이 이렇게 빨리 진전된 이유는 무엇일까? 그 정책 변화의 배경은 무엇일까? 변화의 시작은 1970년대 페미니스트 학자들의 섹스/젠더의 개념적 구분이었다고 생각한다.

1970년대는 세계적으로 산업화·도시화로 인한 빈부격차의 문제가 심화되던 시점으로, OECD/DAC의 개발원조정책에서도 1960년대의 고도 경제성장 정책 위주의 개발이 부른 부의 불평등 분배, 사회정의, 교육·보건·사회서비스의 개선 촉진 이슈 등이 강조되기 시작했다. 초기의 개발정책은 '남성-가족 부양, 여성-가사와 육아'라는 성별 분담을 기본으로 하는 핵가족을 기본 단위로 삼았지만, 산업화·도시화의 진전은 가족 구조의 다양화를 불렀다. 세계은행의 통계에 따르면, 20만 명 이상의 행정단위에 사는 세계의 도시 인구는 51퍼센트이며, 2050년에 이르면 개발도상국가와 선진국의 도시 인구는 각각 64.1퍼센트, 85.9퍼센트에 이를 전망이다. 글로벌화, 정보사회의 발달, 이 모두가 전 지구인들의 빠른 이동을 부추기고 있는 양상이다. 우리나라의 읍 단위 이상의 도시 인구는 1960년 39퍼센트에서 2013년 92퍼센트로 늘어났다.

또 한 가지, 도시로 이동한 사람들의 일상생활에서 생긴 가장 큰 변화를 알아야 한다. 교환경제 중심의 도시 생활권으로 진입하게 되면 생활비 부담은 농촌과는 비교가 안 될 정도로 커지게 된다. 도시 생활은 일자리 기회와 교육, 주택, 교통에 대한 접근성 증가라는 이점이 있지만, 소외, 스트레스, 생활비용의 증대, 양극화 등 부정적 결과를 초래하기도 한다. 매년 급등하는 생활비를 감당할 수 없는 서민들이 늘어난다. 도심을 차지하려는 상공인들의 경쟁으로 인한 지가 상승, 다양한 요인들에 의한 물가 상승이 그 요인이다. 생활비가 급상승하는 도시에서 주민들의 일반적 생존 전략은 가족 규모를 줄이고, 아이를 적게 낳고, 도심에서 멀리 나가 저렴한 주택을 구하는 것이다. 현재 우리 사회가 겪고 있는 심각한 저출산·고령화 현상의 배경이다.

이런 상황에서 섹스/젠더의 구분은 정보통신기술과 세계화의 진전으로 인한 고용 및 소득 불안정, 도시에서의 빈곤한 생활 속에서 여성들이 겪는 이중·삼중의 고통과 위험이 여성으로 태어난 사람들의 운명이 아니라, 국가·사회가 정책적인 대응으로 얼마든지 변화시킬 수 있는 것이라는 희망과 변화를 위한 행동을 가능케 해준 것이다.

선진국들은 이미 1970년대부터 노동 인구의 절대적 감소로 세수(稅收)가 급격히 줄어들게 될 미래를 대비해, 안정된 출산력과 고용률을 유지하는 한편 생산성과 효율성을 지속적으로 발전시키기 위한 다양한 정책적 대안들을 모색해왔다. 이는 현대의 국가가 학력이 높아진 여성들의 노동력과 출산력의 중요성에 주목하게 된 계기다. 페미니스트 정치운동의 역사는 이러한 사회적 변화를 추동하고 이에 대응해온 과정이라 할 수 있다. 국가는 사회 변화로 인한 가정과 직장에서의 젠더 갈등 문제를 해결하기 위해 여성들의 평생노동권 보장, 가사와 육아의 평등한 분담, 보육 서비스와 양육수당 등의 정책 지원 강화를 통해 대응하고 있다. 이른바 '일-가족 양립 정책'이다. 물론 한국 사회는 이와 같은 현상을 겪으면서도 너무나 늦게 정책 대응에 나섰고, 대응의 강도 또한 사태의 심각성에 비해 너무나 미온적이다. 우리 사회가 평균 출생아 2.1명 이하의 저출산 시대로 접어든 것이 이미 1983년인데, 이렇다 할 대비를 하지 않아 지금 세계 최저 출산율의 나라가 된 것이다.

1990년대부터 국제사회는 산업화·정보화·도시화 과정과 연계된 빈곤 문제, 기후변화 문제 등에 더욱 민감하게 되었고, 이러한 변화가 여성과 남성에게 미치는 효과에 주목하게 되었다. 유엔의 통계에 따르면, 하루 1달러 미만으로 생계를 유지하는 세계의 절대빈곤 인구는 18퍼센트에 이르고, 이 절대빈곤 인구 중 여성의 비율은 무려 70퍼센트다. 여기서 하루 1달러의 생계비가 갖는 의미는 도시 중심의 교환경제를 배경으로 생각해보아야 할 문제다. 그리고 도시의 빈곤은 도시민들의 결혼과 가족문화, 출산율, 영아·아동 사망률, 모성 사망률 등에 지대한 영향을 미친다. 열악한 근로환경과 저임금에 시달리는 도시 빈곤 가구의 생존에서 가장 중요한 관건은 여성들의 경제활동 참여다. 여성들의 경제활동 참여가 필수가 되고 있는 상황에서, 국가가 여성교육과 모자보건 서비스를 강화하지 않으면 어떻게 되겠는가? 국제사회가 2015년까지 세계의 절대빈곤 인구를 절반으로 줄이겠다는 공언을 했으니, 여성 주민들의 변화된 삶의 요구를 반영하는 것은 당연한 것 아닌가? 생활 구조가 변하면 성별 분업의 공식도 깨지게 된다.

나는 국제사회의 젠더정책이 개발도상국가 정부가 맹목적으로 받아들여야 할 정책이라고는 생각하지 않는다. 젠더정책은 북미와 유럽의 선진 사회가 미리 경험한 도시화·산업화·정보화 및 급격한 인구 구조의 변화, 그리고 이에 대응해온 여성운동·젠더정책의 역사와 모종의 상관관계가 있고, 개발도상국가의 일반 시민들이 직접적으로 이해하고 실감하기엔 거리감이 큰 것도 사실이다. 그러나 글로벌 경제 리더들이 국제사회의 젠더정책을 승인하고 지원하는 데는 "자본 시장의 글로벌화를 위해서는 개발도상국가 여성들의 출산력 억제와 구매력 증진이 필요하다"는 계산이 다분히 깔려 있다.

우리나라에서 대대적인 가족계획정책이 추진되었던 1960년대처럼, 2004년 방문했던 페루에서는 산골 오지의 의사들에게까지 여성들의 불임시술 할당제를 실시하고 있었다. 명분이야 적게 낳아 잘 기르면 모성건강에도 도움이 된다는 것이었지만, 페루 정부가 여성들의 개인적 의사도 묻지 많고 왜 그래야 하는지 별다른 설명도 없이 여성들의 건강을 해치면서까지 정책을 밀어붙이는 이유는 복지 예산을 줄이기 위해서다. '먹는 입 하나라도 줄여야 한다'는 발전 논리가 숨어 있는 것이다. 또 여성들의 육아 부담을 줄여야 사회참여나 경제활동도 가능하게 되고, 여성들이 경제활동을 하게 되면 소비가 늘게 되니 시장경제 활성화에도 도움이 되고 아이들의 영양 상태나 교육수준도 높아지게 된다는 논리도 있다.

많은 개발도상국가 여성들이 이러한 위험과 거리감에도 불구하고, 세계의 거대한 변화 과정에 참여해 현실 권력과 다양한 협상을 벌이며 자신들이 원하는 변화를 이루어내고 있다. 예를 들어 1960~70년대의 한국 여성들은 자신들의 건강을 해치는 강제적인 불임시술로 인한 많은 부작용에도 불구하고 정부의 가족계획정책에 적극 호응해야 했다. 전문가들은 이를 정부의 강제력만으로는 설명할 수 없는 정책적 성공이라 했다. 만일 여성들 스스로 도시화·산업화로 인한 생계비 상승에 대응해 자녀 수를 줄이고 경제활동을 해야 할 필요를 느끼지 못했다면, 또 교육을 받은 중산층 여성들의 자아실현을 위한 자발적 가족계획과 적극적 사회활동에 자극을 받지 못했다면 이룰 수 없는 변화였다는 것이다.

이와 같이 많은 개발도상국가의 현행 여성 인권과 성평등 정책은 시장 권력과 여성운동 간의 갈등과 타협의 산물이다. 국제사회나 개발도상국가들의 지배적 이해관심이 여성들의 출산력 통제나 경제활동 참여의 필요성에 공감하는 한, 앞으로도 어떠한 형태로든 강화될 것이라고 본다. 그러나 개발도상국가의 정부 관료들과 시민들을 만나다 보면 여성, 젠더, 성평등 개념 모두가 이들의 일상에서는 이해할 수 없는 매우 낯선 용어라는 사실을 알게 된다. 국제사회의 정책 지침에 따른 여성정책 전담 기구도 있고 여성발전계획도 있지만, 여성정책은 국가발전정책에서 매우 불완전하고 주변화되어 있는 것이 사실이고 전담 인력이나 예산도 태부족인 상황이다.

변화를 위한 희망은 오직 지역사회의 여성들이 적극적인 사회참여를 통해 지속적으로 사회의 자율적 발전에 기여할 수 있는 정치적·경제적·문화적 역량을 축적해가는 일이다. 각국의 여성들 중에는 이러한 낯선 개념들을 자신의 삶에 적용하여 현지에 맞는 새로운 지식과 정보를 만들어내고, 글로벌 페미니즘의 영향력으로 국가 권력구조에 생겨난 틈새를 이용하여 자국의 성평등 법제들을 진전시키며, 지역사회에서 여성들을 위해 다양한 프로그램과 서비스를 펼쳐가는 여성들이 있다. 이들은 국경을 초월한 국제적인 지식·정보 교류와 연대활동을 통해 변화를 위한 새로운 전략과 방법들을 지속적으로 축적해가고 있다. 각국의 젠더정책은 이러한 풀뿌리 여성운동과 긴밀히 연계될 때 비로소 실질적인 의미를 띨 수 있고 진전할 수 있다. 나는 한국 정부의 국제개발협력에서의 젠더정책이 이러한 변화에 일조할 수 있는 것이면 좋겠다.

대개 다양한 전문가들이 모인 자리에서 젠더정책의 배경을 설명할 수 있는 기회는 흔치 않지만, 그날은 한 시간 넘게 마음 놓고 내 생각을 이야기할 수 있었다. 내게 말을 걸어준 상대가 아주 적극적으로 내게 시비를 걸어주었기 때문이다. 그는 아마도 내가 말할 수 있는 기회를 주고 싶었던 것 같다.

"여기 온 전문가들 중에서, 선생님처럼 오랫동안 그분과 대화를 이어간 사람은 없답니다."

함께 갔던 과학자 한 분이 웃으며 이렇게 말했다.

말을 너무 많이 한 날은 잠시 허탈해진다. 이러한 대화가 얼마나 계속되어야 실질적인 정책 변화가 가능해질까? 그러나 젠더정책에 대한 주변 사람들의 선입견에 조금이라도 균열을 낸 것에 일단 만족하고 기뻐하자.

'시스터'들의 식민지 경험을
잊지 말 것!

"박사님, 개발협력사업에 대한 젠더 분석의 가이드라인을 읽어보긴 했지만, 실제 보고서를 보니 이제야 좀 감이 잡히네요. 그런데 박사님께서도 보셨듯이, 팔레스타인의 문화나 정치적 상황이 급격한 변화를 요구하기엔 너무나 준비가 안 된 상태잖아요. 우리에겐 최소한의 요구지만, 그 사람들이 해내기엔 벅찬 제안들이 될 수도 있을 것 같아서요."

팔레스타인에서 돌아와 젠더 전문가 보고서를 작성하는 과정에서 만난 코이카의 사업담당관이 이렇게 물었다.

나는 그녀의 질문이 무엇인지 안다. 지난 3년간 코이카의 국제연수 사업에서 적용하고 있는 '여성 연수생 30퍼센트 할당제'만 예를 들어도, 개발도상국가의 상황에 따라서는 현실적으로 불가능한 경우가 많다. 나는 잠시 대화 주제를 한국의 여성사 이야기로 돌린다. 일제강점기 동안 한국의 여성들을 '시스터' 혹은 '딸'이라 부르며 한국 여성들과 더불어 평생을 살았던 해외 여성 선교사들이 있었다. 그들은 자신들의 결혼과 가사·육아 방식, 여성다운 미덕 등에 대한 생각을 '이방'의 '무지한' 조선 여성들에게 가르쳐야 한다는 일념으로 살았다. 조선 여성들은 그들에게서 많은 것을 배웠지만, 그들이 항상 옳다고 생각하지는 않았다. 한국의 젠더 전문가는 과거 우리의 식민지 경험과 해외원조를 받았던 개발도상국가로서의 경험을 잊어서는 안 된다.

나는 팔레스타인 여성들이 원치 않는 일을 강요하지는 않을 것이다. 달리 말하면, 팔레스타인 내부에 이미 전통적인 젠더관계의 변화를 요구하는 여성운동과 그러한 요구를 반영하려는 정부의 정책적 의지가 없다면, 원조 공여국에서 할 수 있는 일은 정책 자문과 권고 정도일 수밖에 없다는 말이다. 그러나 젠더 전문가로서 여성부와 여타 부처 공무원들 간의 소통, 사업 지역 공무원들과 현지 교수나 여성단체 리더들과의 연계 등은 적극적으로 해야 할 일이다. 개발도상국가 내부에 있는 다양한 여성들을 만나 사업의 취지와 목적을 설명하고 그들의 제안과 할 수 있는 일들이 무엇인지 파악하며, 그들의 견해가 사업의 기획과 실행 및 평가 과정에 반영될 수 있도록 다리를 놓는 일, 이보다 중요한 역할은 없을 것이다. 그들에겐 나의 존재 자체가 성평등 목표에 관심을 가져야 한다는 무언의 압력이었으리라.

다음으로 젠더 전문가는 해당 국가 여성들의 요구를 파악해 협력사업 과정에 반영할 수 있는 방안을 찾아야 한다. 이는 국가의 발전정책이 운용되는 전 과정에 대한 점검 없이, 또 현지의 다양한 이해 당사자들을 만나보지 않고서는 할 수 없는 과제다. 우선 현지에서 가장 먼저 할 일은, 중앙정부의 여성정책 전담 부처의 관료들을 만나는 일이다. 팔레스타인에 가기 전 사전조사를 통해 그 지역 여성들의 삶의 현황에 대해 어느 정도는 파악해두었지만, 구체적인 정책 상황은 사람들을 만나보아야만 이해할 수 있다. 이번 여행의 경우, 워낙 현지 방문 시간이 짧았기 때문에 다른 일행과 공유해야 하는 일정 일부를 희생해야 했다. 이미 많은 개발도상국가에 여성정책 전담 부처가 설치되어 있고 '유엔위민(Un Women)'이 활동하는 무대도 이들 개발도상국가들이기 때문에, 해당국 여성부의 관료들은 국제사회의 젠더정책에 대해 더 이상 설명이 필요 없을 정도로 잘 알고 있었다. 나는 방문 목적을 설명하면서 필요한 정책 자료들을 주문했고, 제닌 시에 가서 만나보아야 할 여성들의 명단을 얻을 수 있었다. 여성부의 공무원들은 매우 우호적이었고, 모든 협조가 한순간에 이루어졌다.

현지 조사 과정에서 내가 직접적으로 페미니즘을 강의한 적은 없다. 그러나 그들은 내가 제기한 많은 질문들을 통해 스스로 현실을 분석하고 이해할 수 있게 된다. 2004년 페루의 젠더정책 현황을 함께 둘러보며, 한 여성 고위직 공무원이 내게 말했다.

"30년 전 한국의 도시 빈곤 지역과 농촌 오지 마을에도, 페루의 가난한 여성들과 유사한 삶을 산 여성들이 있었다는 사실이 믿기지 않는다. 그러나 이건 우리에게 희망이다. 우리는 가난한 여성들의 문제를 타개하고자 노력해온 한국의 여성들과 한국 정부의 정책 경험에서 배울 것이 많다고 생각한다."

코이카의 현지 직원들도 다음과 같은 마지막 인사를 건넸다.

"이제야 코이카의 젠더정책이 이해가 가요. 글로만 읽어서는 전혀 의미를 모르겠더니…."

"통역을 하면서 많이 배웠어요. 어느새 나도 페미니스트가 된 것 같아요!"

이것이 젠더 전문가의 역할이다. 젠더정책을 변호하고, 변화를 촉진하고, 때로 직업적 관계를 맺게 된 모든 이들을 교육과 훈련을 통해 스스로 깨어나게 하는 사람!

다시 쓰는
'개발과 젠더'

되돌아보면 유니세프 시절부터 지금까지 거의 30년간 내가 맡았던 일들은 늘 한시적이었고, 그동안 쌓은 경험과 지식을 활용하기 위해서는 스스로 길을 개척하는 수밖에 없었다. 외롭고 힘든 시절이 없었던 것은 아니다. 그러나 유엔과 세계교회협의회, 세계여성학대회 등의 글로벌 정책 프레임과 실무를 배울 수 있었던 기회는, 어려웠던 그 시절의 내게 특권처럼 주어졌던 것이다. 한국 사회의 현실과 국제사회의 정책이 교차하는 자리에서, 국내외 여성들의 실질적인 삶의 변화를 추동할 수 있는 연구·교육·실천사업 등을 기획하고 실행하는 국제교류 업무 영역을 무엇이라 이름 붙여야 했을까? 지금 생각하니 그 이름을 묻고 스스로 주장도 했어야 했다. 그러나 당시 나는 이름이 없어도, 아무도 알아주지 않아도, 그저 누군가는 그 일을 해야 한다는 생각밖에 없었던 것 같다.

이제 국제개발협력에 참여하는 모든 실무자들과 전문가, 대학생 봉사단원들은 젠더정책에 대한 기본 이해와 실무 능력을 갖춰야 한다. 이 때문에 해외 파견 전문가나 봉사단원들의 출국 전 오리엔테이션 과정에서 '개발과 젠더' 강의를 할 수 있는 전문가의 수요가 늘고 있다. 또 각 분야 국제개발협력사업에 대한 사전 타당성 조사나 사업 실행 관리, 사후 평가 등에서도 점차 전문가의 참여 요구가 늘고 있으며, 해외에서 장기적으로 활동할 수 있는 전문가 채용 공고도 늘고 있다.

주변을 둘러보면, 국제개발협력 분야의 젠더 전문가를 꿈꾸는 많은

나의 페미니즘 레시피

젊은이들이 있다. 문제는 당장 활용이 가능한 경력자 수요만 많다는 것이다. 국내에는 새로운 인력을 양성할 수 있는 적절한 메커니즘도 없는 것이 현실이다. 그 꿈을 이루는 데 지침서가 될 만한 책 한 권 없고, 체계적인 교육과 훈련을 받을 수 있는 기회는 더더구나 없다. '개발과 젠더'는 여성학 혹은 국제개발정책 전공 과정을 둔 국내 대학원에서도 매우 주변화되어 있는 주제다. 더구나 국제사회의 전반적인 젠더 실무 경험을 접할 수 있는 직장은 매우 드물다.

지난 2004년 페루에서 돌아온 후부터 나는 개발도상국가 현지에서 장기적으로 체류하며 그 나라의 젠더정책 발전에 도움이 되는 전문가 활동을 해보지 않겠느냐는 제안을 몇 차례 받았다. 그러나 왠지 마음이 동하지 않았다. 개인적으로 경력을 쌓는 데 도움이 되는 일이고 아무나 할 수 있는 일도 아닌데, 왜? 많은 사람들이 내게 묻는다. 글쎄, 언젠가 그런 모험을 할 날이 올 수 있다고 생각한다. 그러나 개발도상국가의 정치·사회적 배경에 대한 경험과 지식의 한계를 늘 묵직하게 느껴야 하고 결코 내부자가 될 수 없는 자리에서, 젠더 전문가로서 장기간 일을 한다는 것은 쉬운 일이 아니다. 물론 개인적으로 가족을 멀리 떠나 홀로 산다는 일도 만만치 않은 도전이지만, 무엇보다 젠더 전문가로서 소신 있게 일할 수 있는 여건이 아직 아니라는 것이 더욱 이국 땅의 타향살이를 망설이게 한다.

2010년 이후 정부의 국제개발협력정책에 젠더정책이 도입되기는 했지만, 아직도 그 위상은 너무나 낮고 인력 풀과 재원 또한 턱없이 부족하다. 이런 상황에서 현지의 젠더 전문가는 자칫 이러지도 저러지도 못하는 궁지에 놓이기 십상이다. 무엇보다 정부의 국제개발협력정책 추진체계 내에 여성 인권과 성평등 정책을 적극적으로 추진하고 지원할 수 있는 강력한 리더십이 있어야 한다. 이는 페루에서의 젠더 전문가 활동이 내게 준 교훈이다.

나는 한국 사회가 빈곤과 기후변화 등 지구촌에 닥친 엄청난 위기에 대처하는 데 일조하려면, 겨우 선진 사회와 유사한 정책들을 나열하는 정도의 형식적 변화를 넘어서야 한다고 생각한다. 나는 오늘도 한국 정부의 전반적인 젠더정책의 진전과 국내외 연수교육에 도움이 될 만한 교육 콘텐츠를 만들고 전파하기 위해, 갖가지 지식과 정보들과 씨름 중이다. 한국의 국제개발협력에서의 젠더정책은 이제부터가 시작이다. 또한 이 분야의 정책은 자칫 국제사회에 보여주기 위한 전시용으로 전락할 가능성도 다분히 커서, 관심 있는 시민들의 지속적인 관심과 감시가 필요한 영역이다.

젊은 시절 개발도상국가의 발전정책과 인권 이슈에 개입하며 의욕적으로 일하던 서방 출신의 국제 관료들이, 현실과 이상의 간극을 견디지 못해 백기를 들고 돌아가는 사례를 많이 목격했다. 지역 여성들의 실질적인 삶의 변화를 위한 국제적 연대활동은 말처럼 쉬운 일이 아니기 때문이다. 앞으로 나와 뜻을 같이하는 젠더 전문가들이 많아졌으면 하는 바람이다.

이명선

이화여자대학교 아시아여성학센터 특임교수

아시아 여성활동가
교육과 임파워먼트

14

그들 속에서 다시 만난 나,
그리고 우리

지난 30년간 내 삶의 많은 부분을 차지해온 '여성학'과의 첫 만남은 다소 갑작스럽고 우연하게 다가왔다. 당시 여성학은 4학년 필수과목 중 하나였다. 여성학 첫 수업시간. 강사가 '여성학이란 무엇인가'에 대해 몇 마디 설명하는 순간, 난 마치 주술에 걸린 것처럼 칠판에 적힌 '여성학'이라는 글자 안으로 강렬하게 빨려 들어가는 듯한 느낌이 들었다. 왜 그랬는지는 지금도 분명하지 않다. 아마도 내 삶이 갑자기 '여성'이라는 언어를 통해 새롭게 이해되고 다르게 번역되는 것 같은 인식론적 충격이었던 것 같다. 그러고는 마치 첫사랑에 빠진 것처럼 갑작스럽게 진로를 변경해서 여성학과 대학원에 진학하고, 여성학 혹은 여성주의 공동체와 관련된 일이라면 어떤 일이든 몰두하고 헌신했다. 여성주의 공동체 안에서 '일'은 조건이나 경력으로 선택하는 것이 아니라 내게 부여된 '임무'나 '소명' 같은 것이었다. 대부분 공식적 지위가 없거나 비정규직이거나 프로젝트 업무들이었지만, 여성학과 관련된 일이라는 것만으로도 충분히 중요했고, 의미가 있었고, 행복했다.

그러다 어느 순간 제도화된 여성학은 더 이상 여성주의 공동체가 아니라 그저 대학 제도의 일부에 불과한 게 아닐까 하는 회의에 부딪혔다. 베네딕트 앤더슨의 말대로 '민족'이 근대가 만들어낸 상상의 공동체라면, 내가 생각한 '여성학 공동체'도 또 다른 상상의 공동체였던 걸까? 첫사랑처럼 가슴 벅차게 만났던 그 여성학은, 나를 여성주의자로 키우고 단련시켰던 그 여성주의 공동체는, 단지 내 기억 속에 미화된 채 남아 있는 '오래된 전설'일 뿐인가? 그렇다면 그토록 행복하게 몰입하고 헌신했던 그 기억과 경험의 의미는 무엇인가? 꽤 오랫동안 마음 한구석에 이런 깊은 회의와 물음들이 해결되지 못한 채 맴돌았다.

이화여대 부설 아시아여성학센터는 나의 첫 '정식' 직장이었다. 그리고 센터를 그만둔 지 10여 년 만에 다시 '학교로 돌아와' 일하게 된 것은 내 마음속의 물음에 대한 답을 찾고 싶어서였다. 센터에서 맡은 주요 업무는 '이화글로벌임파워먼트(Ewha Global Empowerment Program, EGEP)' 사업이었다. 이 사업은 이른바 '아시아-아프리카 여성활동가 역량강화 및 차세대 여성 리더 양성'을 목적으로 새롭게 기획한 국제 교육사업이었다.

EGEP에 대한 기획이 처음 시작된 것은 2011년 김선욱 총장 재임시였다. 당시 이화여대는 여성교육을 통한 '나눔과 섬김'의 실현, 그리고 '지구촌 공동체에 대한 대학의 사회적 책무' 수행이라는 비전을 토대로 EGEP 사업을 추진하고 있었다. 자연스럽게 지난 20여 년간 아시아여성학 사업을 추진해온 아시아여성학센터가 이 사업을 맡게 되었고, 센터는 그동안 축적해온 아시아여성학 네트워크를 토대로 이 사업의 실질적 주관 기관이 되어 현재까지 운영을 담당하고 있다. 사실 이 사업은 지난 1970년대 이래 한국여성학의 제도화를 견인해온 이화여대의 역사를 배경으로 볼 때 매우 시기적절하고 의미 있는 사업이었지만, 동시에 대학이 여성운동 현장에서 활동하는 여성활동가를 위한 교육 사업을 적극적으로 지원한다는 점에서 매우 특별하고 이례적인 사업이었다.

처음 기획 단계에서 나는 이 사업을 그저 규모가 좀 큰 국제사업의 하나 정도로 생각했다. 그때만 해도 나 역시 '국제사업'은 자칫 행사성 혹은 일회성 사업으로 흐를 수 있다는 회의를 갖고 있었던 것 같다. 그러나 운영팀을 구성해서 본격적으로 일을 시작하자마자, 나도 모르게 처음 여성학을 만났을 때와 같은 강렬한 설렘과 열정 속으로 빠져 들어갔다. 무엇보다 여성활동가를 위한 여성학 교육이라는 사업 특성 때문이었다.

여성학 교육이 그 자체로서 하나의 사회운동의 특성을 갖는다는 것은, 이미 나 자신이 배웠던 여성학 경험을 통해, 그리고 1990년대 이른바 여성학의 확산을 통한 여성운동 즉 '여성학 운동'에 참여했던 경험을 통해 잘 알고 있었다. 전국의 대학에 여성학 과목 신설이 불길처럼 확산되던 1990년대 전후에 대부분의 여성학과 졸업생들은 단지 대학 강사가 아니라 '여성학 강사'로서 깊은 사명감을 갖고 여성학 운동에 참여한 경험을 갖고 있다. 교육의 현장에서 여성학은 단지 여성들의 의식 변화뿐 아니라 억압 경험의 치유, 성장, 그리고 임파워먼트를 경험한다. 여성주의 교육이 여성의 역량강화, 즉 임파워먼트에 영향을 미친다는 점은, 서울시에서 공무원으로 일하던 당시 성매매 피해 여성 교육이나 현장 활동가 교육에 여성학을 접목시켜 운영하면서 새삼 확인할 수 있었던 특성이기도 했다. 이런 경험들을 통해 언젠가 기회가 되면 여성활동가, 특히 서울 중심의 교육 기회에서 배제된 채 늘 더 많은 배움과 지식을 갈망하는 지역 여성활동가들을 위해 여성학 교육을 확산하는 데 일조하고 싶다는 바람을 마음속에 갖고 있었다. 그게 여성학을 전공한 내가 가장 잘하고 또 해야만 하는 여성운동, 사회적 실천의 한 방식이라고 생각했다.

EGEP 교육은 바로 그런 실천의 또 다른 현장이었다. 물론 주요 참가자들이 '국내' 여성활동가가 아니라 아시아-아프리카 여성활동가들이었지만, 여성학 교육을 수행하는 현장이라는 점에서는 큰 차이가 없었다. 오히려 다른 나라에서 온 여성활동가들의 모습 속에서 새내기 여성학도였던 나를, 가슴속에 뜨거운 열정을 지녔던 내 동료와 선배들을, 나를 이끌어주던 스승들의 모습을 다시 만날 수 있었다. 얼마 전 캄보디아에서 가졌던 EGEP 졸업생들과의 모임에서, 문득 과거 내 동료와 선후배들이 쏟아부었던 헌신과 노력이 다른 시공간에서 또 다른 여성주의 공동체의 모습으로 이어지고 있구나 하는 깨달음이 들었다. EGEP에서 만난 젊은 여성활동가들의 빛나는 눈빛과 열정은 여성주의 공동체가 '박제된 과거' 혹은 지나가 버린 '오래된 전설'이 아니라 현재 진행형이며, 지금 이곳에서 새롭게 만들어지고 있는 미래의 현장이라고 말하고 있었다.

여전히 성차별적이고 가부장적인 문화와 제도, 여성 억압적 종교가 지배하는 사회 속에서 분투하고 있는 아시아-아프리카 여성활동가들의 상처와 고통, 도전과 용기에 대한 이야기를 들으면서 나는 마음속에 옹이처럼 얽혀 있던 실타래를 한 올 한 올 풀어낼 수 있었다. 그동안 우리가 해온 일들이 공동체에 대한 일방적인 '희생'이나 '헌신'이 아니라, 그 공동체 안에서 여성으로서의 나를 발견하고 서로에게 힘을 주고받으며 지금의 나로, 그리고 우리로 성장해온 과정이었음을 생각하며 새삼스럽게 가슴이 뭉클해지기도 했다. 이러한 경험들은 여성주의자로서 오랜 여정에 지쳤다고 생각하고 있던 오만함에 대한 성찰이자 나 자신과의 화해였으며, 또 다른 치유와 성장의 과정이기도 했다.

'국제교육'에 대한 여성주의의
우려와 비판

EGEP를 기획하던 초기에 몇 달에 걸쳐 수차례의 자문회의를 진행했는데, 이 자리에 함께한 여성학자와 여성운동가들은 한편으론 기대와 지지를 보내면서도 동시에 몇 가지 점에서 우려와 비판을 표명했다.

그중 하나는 이른바 '저개발국' 혹은 '제3세계'의 여성활동가들을 대상으로 하는 교육사업이라는 점에서 EGEP 역시 기존의 국가 주도로 진행돼온 국제개발협력사업의 아류가 되는 건 아닌가 하는 염려였다. 근대 서구사회가 교육을 통해 아시아나 아프리카를 대상화하고 지배했던 방식을 이제 우리가 재생산하거나, 혹은 시혜적 관점에서 '가난한' 국가의 여성들을 대상화할 수도 있다는 우려도 있었다. 특히 서구의 여성학자들이 여성 억압을 설명하기 위해 제3세계 여성들을 타자화하고 수동적 피해자로 재현하는 딜레마에 빠졌던 것처럼, 우리 역시 그런 위계와 지식 구조를 생산하는 데 일조하는 건 아닌지 묻고 또 물었다.

이런 문제의식들이 여성활동가를 대상으로 하는 국제교육의 지향성과 연관되어 있었다면, 무엇을 기준으로 참가자를 선발해야 하는가 하는 문제는 보다 현실적인 쟁점이었다. 참가자 선발 심사위원회에서는 여성 문제에 대한 전문성, 여성활동가로서의 경력, 지역공동체 기여 가능성, 차세대 리더로서의 잠재성 등 몇몇 객관적 기준을 설정했지만, 과연 이런 기준으로 가장 뛰어난 혹은 가장 수월성을 가진 여성활동가를 뽑는 것이 우선인가, 아니면 기회와 자원에서 배제된 여성활동가들에게 우선적 기회를 주는 것이 필요한가에 대해 논의를 거듭했다.

언어도 중요한 쟁점의 하나였다. 일반 국제교육이라면 공용어로 영어의 사용을 당연시하겠지만, 서구 중심의 위계를 비판하고 아시아 여성들의 연대와 파트너십을 만들어가고자 하는 교육에서 영어를 사용하는 것은 정치적으로 올바른가? 그렇다면 이 교육은 영어 접근성이 큰 국가 혹은 고등교육을 받은 여성들만을 대상으로 한다는 전제를 받아들인다는 의미인가? 만약 현실적으로 영어 사용이 불가피하다면 참가자 선발시 영어 능력을 어느 정도 중요한 기준으로 고려해야 하는가? 등의 물음이 제기되었다.

실제로 매번 수백 명 가운데 20~25명을 선발하는 심사 과정은 쉽지 않았다. 흔히 심사위원들 간에도 어떤 기준을 우선으로 할지에 대한 치열한 토론과 논쟁이 몇 시간씩 이어졌다. 그러다 보니 심사 과정 자체가 여성활동가란 어떤 사람이어야 하는가, 여성주의 리더란 어떤 사람을 말하는 것인가에 대한 격렬한 토론의 장이 되곤 했다. 하나의 분명한 정답은 없었다. 그러나 이러한 문제들을 토론하는 과정에서 EGEP팀은 우리가 무엇을 경계하고 무엇을 중요하게 고려해야 할지를 숙고할 수 있었다.

사실 준비와 심사 과정에서 제기된 여러 쟁점들은 여성주의 교육이 경쟁이나 수월성에 기반한 다른 교육 과정이나 선발 기준과 어떻게 차별성을 가져야 하는가에 대한 성찰을 반영하고 있었다. 우리는 EGEP 교육이 이미 많은 교육 기회나 자원을 가진 기득권층 혹은 엘리트 여성들의 이력서에 단지 국제교육 참여 경력 한 줄을 추가해주는 것이 아니라, 다양한 배경의 여성활동가들이 함께 모여 서로 배우고 성장하며 새로운 변화를 만들어내는 공동체 작업이 되어야 한다고 생각했다.

아시아 여성활동가, 그들은 누구인가?

막상 교육을 시작하기 전까지만 해도 아시아나 아프리카는 서구보다 더 낯설고 멀게 느껴졌다. 알게 모르게 서구의 페미니즘 이론이나 서구 중심의 지구화에 익숙해진 탓일 것이다. 그러다 보니 모집 공고를 내고, 참가자 신청을 받고, 심사를 진행하는 과정 자체가 우리 팀 모두에게 새로운 경험이자 배움의 과정이었다.

첫 교육은 우선 아시아 여성활동가를 대상으로 하고, 점차 아프리카로 확대해가기로 했다. 모집 공고를 내기 위해 아시아 지역의 여성단체나 NGO들의 명단을 찾아보면서, 아시아에 이렇게 다양하고 많은 여성 관련 기관들이 있었는지 새삼 놀라웠다. 첫 지원서가 접수되던 날의 흥분과 설렘을 잊을 수가 없다. 처음 실시하는 교육이라 인지도가 없을 거라는 우려에도 불구하고, 30여 개 나라에서 200여 명이 넘는 지원 서류가 접수되었다. 한 회당 20~25명을 선발하는데 매회 지원자 수가 300명, 350명, 400명으로 늘어났다. 3년이 지나 7기까지 운영한 현재, 응모 서류를 보내온 이가 전 세계 1800여 명에 달한다.

이들은 가정폭력, 성폭력, 성매매, 환경, 성소수자 인권, 빈곤, 개발, 농업, 이주노동, 종교, 법 등 다양한 영역에서 활동하고 있었다. 또한 '유엔위민(Un Women)'처럼 글로벌 수준의 국제기구 혹은 수십 수백 명의 구성원이 있는 전국적 조직부터 1인 조직에 이르기까지 조직의 규모나 수준도 다양했다. 수십 년의 역사를 가진 조직활동에서는 노련함과 축적된 역량이, 새롭게 만들어진 젊은 조직에서는 재기발랄한 젊은 여성주의자들의 활력과 창의성이 느껴졌다. 각각의 여성들은 나이도, 국적도, 일하는 영역도, 관심사도 달랐지만 여성으로서의 억압과 차별, 분노의 경험을 공유하고 있었고, 각자의 자리에서 공통의 목적을 향해 함께 가고 있었다.

밤 새워 수백 명의 지원 서류를 읽으며, 수많은 여성활동가들이 이미 이렇게 존재해왔고 존재하고 있다는 사실이 새삼 경외스럽게 받아들여졌다. 고 이태영 변호사가 국내 최초로 여성을 위한 변호사 사무실을 냈을 때, 마치 상담소가 열리기를 오랫동안 기다려온 것처럼 수많은 여성들이 문 밖에 줄을 지어 서서 기다렸다는 에피소드가 떠올랐다. 이토록 많은 여성활동가들이 지구의 구석구석에서 고군분투하고 있다는 사실이, 그리고 이토록 많은 여성들이 교육의 기회, 서로 연대할 수 있는 기회를 절실하게 원하고 있다는 것이 현실로 느껴졌다. 이들의 깊은 소망과 뜨거운 열정이 가슴으로 전해져왔다.

그들이 보내온 지원서를 읽어 내려가면서, 마치 이 여성들과 함께 모여앉아 이야기를 나누는 것 같은 느낌이 들었다. 한 사람 한 사람의 목소리가 바로 옆에서 들리는 것 같았다. 여성으로서, 활동가로서 이들의 존재와 삶의 이야기는 눈앞의 현실에 대한 실망으로 점점 굳어져가던 내 심장에 전기 충격을 주는 것 같았다. 매너리즘에 빠진 채 눈을 감고 있는 나를 누군가가 세차게 흔들어 깨우는 것 같았다. 내 몸 안의 무뎌진 여성주의의 심장이 다시 격렬하게 뛰는 걸 느낄 수 있었다.

'고등교육을 받은 여성활동가'의
다중적 의미

흥미로운 점은, 교육을 시작하기 전에 가졌던 많은 우려나 비판들이 실제 교육 과정에서 조금 다르게 해석되거나 자연스럽게 대안을 발견하는 과정으로 이어진다는 점이었다. 참가자들의 학력이 그중 한 예이다. 사전에 어느 정도 예상했던 우려대로 실제 교육 지원자와 참가자의 대부분은 대학 이상의 고등교육 배경을 갖고 있었다. 국제교육에 대한 접근성을 고려할 때 이러한 상황은 어쩌면 당연한 결과인지도 모른다.

아시아나 아프리카의 저개발국가에서 여성들의 교육 접근성이 남성보다 상대적으로 낮은 현실을 감안할 때, 여성활동가들의 교육적 배경은 그 지역에서 매우 특별하거나 혹은 예외적인 여성 그룹에 속하는 게 사실이다. 그러나 여성활동가들의 실제 삶은 가부장제 사회에서 '고등교육을 받은 여성'이라는 정체성이 단순히 기득권층 혹은 엘리트로만 개념화하기 어려우며, 이 역시 젠더의 관점에서 새롭게 해석해야 하는 문제임을 보여준다. 실제로 몇몇 참가자가 "우리 집안이나 친족 혹은 마을 안에서 나는 첫 고등교육을 받은 여성이다"라는 말을 했던 것을 기억한다. 그런데 이 이야기는 자신들이 얼마나 기득권층에 속하는가를 말하는 것이 아니라, 오히려 자신들이 처한 사회의 여성교육 여건이 얼마나 열악한지, 그리고 그 안에서 고등교육을 받기 위해 어떤 노력을 해야 했는지, 심지어 어떤 위험에 처했었는지를 설명하는 언술들이었다.

대부분의 여성활동가들에게 고등교육은 가부장적 관습이나 문화, 차별, 계급의 문제를 극복하려는 노력과 안간힘의 결과로 얻은 '성취'의 한 부분이었다. 간혹 문화나 관습을 벗어난 부모의 지원으로 교육을 받게 된 경우도 있었지만, 많은 경우 이들이 고등교육을 받는 과정은 가족의 반대, 문화적 억압, 여성에 대한 차별, 폭력에 대한 저항과 직접적으로 연관되어 있다. 파키스탄의 한 참가자는, 자신은 그 지역의 부유한 집안의 딸이지만 여성으로서 고등교육을 받은 것은 매우 예외적인 경우였다고 이야기한다. 어떤 여성은 딸의 교육을 반대하는 아버지의 폭력을 무릅쓴 어머니의 뒷바라지로 간신히 대학 교육을 받을 수 있었고, 또 한 아프리카 참가자는 여자가 학교에 다닌다는 이유만으로 친척들에게 구타를 당하기도 했다. 아프가니스탄의 한 참가자는

나의 페미니즘 레시피

탈레반 정권 하에서 여성의 교육이 금지되어 있는 동안 집에서 독학을 하다가 대학에 진학할 수 있게 된 상황을 다행스러워했고, 인도 불가촉천민 출신의 한 여성은 교육이 자신의 환경을 이겨낼 수 있는 힘이 되었다고 설명했다.

참가자들 중에는 다양한 국제 경험을 가진 여성들도 몇몇 있었지만, 그보다는 처음 외국에 나와 본 사람, 국제교육에 처음 참가해본 사람, 여성학 교육을 처음 접해본 사람들이 더 많다. 합격 통보를 알릴 때 이메일을 통해 혹은 전화기 너머로 들려오는 기쁜 탄성과 함성은 그들에게 이러한 교육이 얼마나 소중한 기회인지를 짐작하게 해준다. 그럼에도 매번 선발자 중 3~4명 정도는 최종적으로 교육에 참가하지 못한다. 이들은 흔히 가족의 질병, 어린 자녀의 양육 문제, NGO 활동가의 비자 발급 불허, 여성운동가에 대한 신변 위협, 페미니즘의 '급진성'이 종교 원리와 어긋난다는 기관장의 판단 등 다양한 이유로 교육의 기회를 포기하게 된다. 비록 고등교육을 받은 여성활동가들이지만 이들 역시 가족 부양이나 자녀 양육의 부담에서 자유롭지 못한 '여성'들이고, 많은 나라에서 여성운동가는 여전히 위험하고 불온한 사상을 가진 사람으로 간주되는 현실 속에 살고 있다.

이들의 이야기는 아시아에서 고등교육을 받은 여성의 삶이 갖는 다중적 의미를 잘 보여준다. 가부장적 사회에서, 남성에 비해 상대적으로 자원이 제한적인 가족관계 안에서, 가족을 부양하고 돌봐야 하는 책임이 부여된 여성들은 교육의 기회를 갖기 위해 부모를 설득하고, 돈을 벌고, 남편과 이혼하고, 집을 떠나고, 직장의 상사와 맞서고, 심지어 폭력이나 생명의 위협을 감수해야 한다. 나는 이 여성들의 개별적 삶에 대한 이해 없이 이들을 혜택받은 기득권층 혹은 운 좋은 여성으로 일반화하는 것이 여성을 수동적 존재로 폄하하는 또 다른 가부장적 편견은 아니었는지 스스로 반문했다.

아시아 페미니즘과
초국적 여성연대

EGEP 교육은 '아시아 페미니즘과 초국적 여성연대(Asian Feminism and Transnational Activism)'를 큰 주제로 2주간 다양한 프로그램을 진행한다. 물론 교육 참가자를 아시아-아프리카로 확대하면서 주제 역시 '초국적 페미니즘과 여성연대(Transnational Feminism and Women's Activism)'로 넓혔지만, '아시아 페미니즘'은 여전히 EGEP 교육의 핵심적 관점이자 중요한 이론적 배경이다.

아시아 페미니즘은 지난 20여 년간 아시아 여성학자들이 공동 프로젝트와 지식교류사업을 통해 구성해온 하나의 여성주의 담론이며 이론이다. 처음 아시아여성학센터에서 아시아여성학 혹은 아시아 페미니즘이라는 개념을 사용하기 시작했을 때, 프로젝트에 참여하고 있던 여성학자들 내에서도 '아시아'는 매우 논쟁적인 개념이었다. 한국의 여성주의자들은 "한국여성학도 제대로 자리 잡지 못했는데 무슨 아시아 여성학인가?" 혹은 거꾸로 "세계화 시대에 왜 아시아라는 한정적 개념으로 스스로를 제한하는가?"라는 물음을 제기했다. 이런 물음은 EGEP 교육을 시작할 때도 종종 듣곤 했던 질문이기도 하다.

그러나 아시아 페미니즘은 지구적 페미니즘과 상반되는 국지적·지역적 페미니즘을 의미하는 것이 아니라, 오히려 기존 페미니즘의 서구 중심성과 위계를 비판하는 대안 담론으로서 의미를 갖는다. 여기서 '아시아'는 지역적·공간적 의미를 넘어서 새로운 여성 주체를 호명하는 하나의 관점이자 정치적 개념이다. 즉 아시아 페미니즘은 서구의 시선이 아시아 여성을 주변화·타자화해왔음을 비판적으로 성찰하며, 아시아 여성들이 스스로의 경험과 목소리를 드러내고 주체가 되는 여성주의 정치학의 현장이자 실천의 공간을 의미한다. 또한 아시아 여성은 아시아라는 특정한 지역적·공간적 맥락 속의 실존적 존재로서의 여성이자, 동시에 서구사회가 재현하고 있는 '피해자' 여성 혹은 '가부장적 억압의 희생자' 여성이 아니라 변화를 만드는 주체, 여성주의 지식과 실천을 생산하는 주체이다(이상화 외,《지구화 시대의 현장여성주의》, 이화여대출판부, 2007).

　　하나의 여성주의 담론으로서 아시아 페미니즘은 또한 아시아 여성들 간의 지역적·문화적·역사적으로 보편적인 토대나 공통점을 요구하기보다, 다양하고 구체적인 삶의 현장 속에서 나타나는 여성들 간의 다양성과 차이를 중요하게 고려한다. 동시에 여성 억압의 해결과 변화를 위해서는 국가나 민족의 경계를 넘어서는 여성들 간의 초국적 연대가 필요하다. 초국적 여성연대란, 서로 간의 차이를 인정하고 이 차이에 대한 이해와 공감에 기반을 두되, 국가 간의 경계를 넘어선 여성주의 공동체의 형성과 연대이다.

　　특히 급속히 진행되는 세계화 속에서 여성의 문제는 전 지구적으로 밀접하게 연결되어 있거나 상호 영향을 미치고 있다. 각 지역에서 여성 문제들은 다양한 방식으로 나타나고 있지만, 동시에 대부분의 사회에서 여성들은 폭력과 차별의 피해자로서 경험을 공유한다. 또한 이주, 환경, 평화, 인권, 노동, 빈곤 등의 사회문제는 곧 성 불평등과 연관되며, 여성에 대한 차별과 폭력, 인신매매와 같은 젠더 문제와 교차하거나 상호 밀접하게 연관되어 있다.

EGEP 참가자들 역시 다양한 국가와 민족, 문화, 종교적 배경 속에서 살면서 각자 다양한 영역의 여성 문제들을 해결하기 위해 노력하고 있는 활동가들이다. 그런 점에서 EGEP는 아시아 페미니즘을 실천하는 현장이자 국가와 문화, 종교 등 차이를 넘어서 초국적 여성연대를 실험하는 새로운 장으로서 의미를 갖는다.

여성주의 페다고지, 상호 배움의 공동체

EGEP 교육을 기획하면서 가장 중요하게 고려한 원칙의 하나는 여성주의 교수법(feminist pedagogy)이다. 벨 훅스(bell hooks) 등 여성학자들은 여성주의 교수법을, "여성주의를 실천하는 현장, 즉 페미니즘 이론이 현실화되는 과정이자 경험"이며 "개인과 사회의 변화를 만들어내는 실천의 현장"이라고 설명한다. 이는 여성주의 교육 그 자체가 하나의 사회운동이자 여성운동이라는 것을 의미한다.

물론 여성주의 교수법이란 이러이러한 것이라고 분명하게 개념 정의하기는 어렵다. 여성주의 교수법은 누구에게나 공통적인 개념 혹은 고정된 개념이라기보다는, 현장에서 참여자들 간의 상호작용과 참여 방식에 의해 다양하고 새롭게 구성되는 과정이기 때문이다. 그럼에도 불구하고 여성주의 교수법과 관련된 논의들을 살펴보면 몇몇 공통적이고 핵심적인 가치들을 발견할 수 있다. 그중 하나가 여성주의 교수법은 기존 교육에 내재되어 있는 학습자와 교수자 간의 위계와 이분법을 비판하며, 가르침(teaching)보다는 배움(learning)을 더 중요시한다는 점이다. 즉 여성주의 교육은 전문가로서 권위를 가진 교수에 의한 일방적인 지식 전달과 습득 과정이 아니라, 참가자가 적극적인 교육 주체로 참여하는 변혁적 학습 과정(transformative learning)이다. 이러한 교육 과정은 또한 개인적·사회적 변화를 만들어내는 실천 과정이기도 하다.

여성주의 교육 현장으로서 EGEP 역시 몇 가지 중요한 여성주의 교수법 원칙을 적용하고 있다. 첫째, 교육의 전 과정에서 교육 참여자 간의 상호성과 평등 원칙을 존중한다. EGEP에서 교육은 서로의 경험과 지식을 공유하는 상호 배움의 과정으로서 의미를 갖는다. 따라서 교육에 관여하는 구성원 모두(교수, 참가자, 운영진 등)는 지식 생산 주체로서 상호적 관계 속에 있으며, 이런 맥락에서 상호 평등하다.

둘째, 참가자의 자발성을 최대한 존중하며 참가자들은 수동적인 학습 대상자가 아닌 적극적인 교육 주체로서 책임을 공유한다. 즉 교육의 주체와 대상이 상호 분리된 존재가 아니라 운영진, 교수진, 참가자 모두가 교육의 주체로서 배움 공동체를 구성한다.

셋째, 여성주의 지식 생산에서 참가자들의 감정이나 삶, 억압의 경험 등이 중요한 원천이라는 것을 고려하며, 아시아 여성이자 활동가로서 자신의 개인적 경험과 삶을 교육과 지식 생산에 적극 반영한다.

넷째, 구성원 모두는 개인·조직·지역이 갖고 있는 다양성과 차이들에 대한 상호 존중과 민감성을 가지며, 동시에 이러한 차이들이 여성들 간의 연대를 만들어내는 토대이다.

EGEP는 여성주의 교수법과 참여적 교육의 특성을 최대한 활성화할 수 있도록 구성되었다. 참가자들의 발표나 그룹 활동, 토론 등을 중심으로 하는 '오픈포럼'과 '액션플랜' 이외에도 운동이나 요가 등 다양한 육체적·정서적 활동을 포함하는 '소셜 아워(social hour)', 여성활동가로서 삶의 여정과 경험을 진솔하게 나누는 '그룹 토크' 등 다양한 프로그램이 진행된다. 또한 여성주의 '이론과 실천'의 통합을 고려해서, 강의와 토론 중심의 '강의 세미나'만큼이나 여성운동의 현장 방문과 한국 여성운동가들과의 만남을 중심으로 하는 '스터디 투어' 프로그램의 비중을 중요하게 배분하고 있다. 여러 한국 여성단체들을 방문하고 한국의 여성활동가들과 간담회를 진행하는 스터디 투어는 매번 참가자들에게 가장 인상적인 프로그램의 하나로 평가받곤 한다. 나는 참가자들이 한국 여성운동의 현장에서 많은 통찰과 새로운 전략을 갖게 되는 것을 보면서, 한국 여성운동이 지구촌 여성운동의 큰 자산이라는 생각이 들었다.

이러한 교육 과정을 통해 EGEP는 궁극적으로 '상호 배움의 여성주의 공동체' 형성을 지향한다. 즉 참가자 모두는 각자가 교육의 주체이면서 서로로부터 배우고, 이를 통해 상호적인 임파워먼트의 경험을 공유한다. 특히 EGEP가 일방적인 지식 전달 교육이 아니라 상호 배움의 공동체라는 특징은 EGEP 교육의 전 과정에 결합되어 있다. 가령 프로그램 중 가장 이론 중심으로 진행되는 '강의 세미나'에서도 교수와 참가자들 간의 구분과 경계는 상호적이다. 해당 주제를 담당한 교수뿐 아니라 다른 주제를 강의하는 교수진도 대부분 함께 참여하며, 교수진과 참가자 모두 서로 격의 없이 질문과 토론을 진행한다. 강의 세미나에서 상대적으로 교수진이 교육 내용과 토론을 주도하는 '촉진자'의 역할을 담당한다면, 참가자들의 발표를 중심으로 하는 오픈포럼에서는 참가자들이 문제를 제기하고 주도하는 촉진자가 된다. 교수진과 청중은 참가자들의 발표를 통해 아시아 여성 문제와 여성운동에 대한 이해를 넓히고, 이를 토대로 질문과 토론을 함께 한다.

여성활동가들은 각기 다른 정치적·경제적·문화적 배경을 갖고 있고, 이들이 살고 있는 지역에서 여성 문제가 외화되고 있는 방식 또한 매우 다양하다. 각 지역의 여성 문제를 서로 공유하는 과정은 그 자체가 배움의 과정이며 또한 여성주의 지식이 새롭게 생산되는 현장이다. 특히 여성활동가들의 삶과 경험에 대한 이야기를 공유하는 장은 그동안 비가시화되었던 아시아 여성들의 '목소리'를 드러내고, 이들로부터 여성주의 실천과 지식을 새롭게 만들어낸다는 점에서 '상호 배움의 공동체'를 형성하는 가장 중요한 과정이기도 하다.

그 가장 대표적인 사례가 오픈포럼이다. 이틀간 진행되는 포럼에서 모든 참가자는 자신이 활동하고 있거나 관심 있는 주제를 발표한다. 버마(미얀마)의 한 활동가는 국경 지역 난민촌에 사는 여성과 아동들의 이주와 폭력 경험, 가난의 문제를 통해 전쟁과 정치적 갈등이 여성의 삶에 어떤 영향을 주는지를 발표했다. 인도네시아 참가자는 고립된 산간 지역에 사는 소수민족 여성들의 교육 문제, 그리고 개발로 인한 변화가 여성들에게 어떤 영향을 미치는지를 설명한다. 방글라데시나 파키스탄 등 서남아시아의 여성활동가들은 공공장소에서 발생하는 성희롱인 '이브 티징(eve teasing)', 가축 대신 여성을 거래하는 매매혼, 조혼, 납치결혼, 남편의 구타와 학대 등 여성에 대한 폭력 현황을 보고한다. 이슬람권의 여성들은 종교적 억압과 문화, 여성에게 가해지는 명예살인이나 끔찍한 테러를 이야기한다. 네팔 참가자는 생리 기간 동안 여성을 축사에서 지내도록 하는 '차우파디'라는 악습과 이를 근절하기 위한 여성운동, 그리고 인도의 참가자는 카스트 제도로 인해 여성이 겪는 다중의 억압과 변화의 노력에 초점을 맞춘다. 스리랑카 참가자는 자연재해가 단순한 재해로 끝나는 게 아니라 젠더 문제이기도 하며, 여성의 전통적 의상이나 공공장소에서의 활동 제약 등이 재난시 남성보다 여성을 더 취약하게 만들고 있음을 분석했다. 필리핀 참가자는 지구적 자본주의화의 확산과 더불어 '발전' 혹은 '개발'이라는 이름으로 진행되는 도시화·산업화가 어떻게 빈민의 주거권과 생존권을 박탈하고 있는지, 그리고 여성운동이 이러한 개발 이슈에 어떻게 개입할 것인지를 토론했다. 이들 여성활동가들의 이야기는 여성이 단순히 억압이나 차별의 피해자가 아니라 변화를 만들어내는 주체가 되는 현장을 생생한 사례들로 보여준다.

모든 여성의 이야기가 다 소중하고 기억에 남지만, 특히 인도의 한 활동가가 매우 인상적이었다. 그녀는 작은 키에 깊고 강렬한 눈빛을 갖고 있었다. 인도의 카스트 제도에서 최하 계급에 속하는 불가촉천민 달리트(Dalit) 출신인 이 여성은 자신의 언니가 남편에 의해 불태워져 살해당한 후 언니의 아이들을 입양해 키우고 있었다. 그녀는 인도에서 여전히 계급이 큰 영향력을 미치고 있으며, 사회가 불가촉천민의 목소리나 고통에 귀를 기울이지 않고 있다고 이야기했다. 특히 카스트와 젠더의 다중적 억압으로 인해 하층의 여성들이 가난과 성매매, 폭력에 노출되어 있다고 강조하는 그녀의 목소리에서 강렬한 분노가 느껴졌다. 그녀는 달리트 여성들의 상황을 변화시키기 위해 여성운동에 참여하고 있으며, 피해자 여성들을 지원하는 일을 하고 있었다. 매우 힘든 삶의 여정이었을 텐데 그녀는 늘 강인하고 당당해 보였다. '액션플랜'을 발표하면서 그녀는 급기야 울음을 터뜨렸는데, 나는 그 눈물을 보며 오히려 마음이 놓였다. 그녀가 다른 참가자들을 신뢰하게 되었으며 그래서 우리 앞에서 울 수 있었다고 생각했다.

교육이 끝나는 마지막 날, 그녀가 내게 다가왔다. 그녀는 이곳에서 다른 여성활동가들과의 만남과 경험이 얼마나 소중했는지, 그리고 그 관계 속에서 자신이 한 인간으로서 얼마나 존중받고 있는지, 그것이 자신에게 얼마나 긍정적 영향을 미쳤는지에 대해 이야기했다. 그녀는 조용한 목소리로, 여기 오기 전에 자신은 강한 사람이었지만 지금은 행복하다는 새로운 느낌을 갖게 되었고, 미래에 대해 더 많은 희망과 계획을 갖게 되었다고 말했다. 그녀는 이 경험들이 자신을 얼마나 임파워했는가를 말하고 있었고, 동시에 나는 그녀를 통해 내가 새로운 배움과 힘을 얻고 있음을 느꼈다.

여성의 임파워먼트

2주 동안의 짧은 기간이지만 교육 현장에서는 많은 일들이 일어난다. 새로운 배움과 지식이 생산되고 우정과 연대, 그리고 변화가 만들어진다. 교육 평가서를 보면서 참가자들이 가장 빈번히 그리고 공통적으로 사용하는 단어들을 발견하는데, 배움, 감정적 지지, 배려, 자신감, 리더십, 의식의 고양, 긍정적 태도, 힘, 재충전, 용기, 희망, 연결, 차이, 다양성, 공통점 등과 같은 것들이다. 참가자들은 자신의 경험을 다양하게 표현하고 있지만, 결국 이들의 경험을 관통하는 주요 개념은 '임파워먼트'와 '연대'이다.

임파워먼트는 흔히 여성으로서 혹은 페미니스트로서의 자각이나 의식 향상에서 출발한다. 참가자들은 여성/젠더와 관련된 영역에서 일하는 활동가들이지만, 이들 중에는 페미니즘이나 여성운동에 익숙하지 않거나 자신을 여성주의자로 명명하는 데 불편함을 느끼는 사람들도 있다. 한국도 그렇지만 대부분의 아시아 지역에서 여성주의 혹은 여성주의자라는 말은 일종의 '더티 워드(dirty word)'거나 부정적 이미지를 포함하는 정체성이다. 흔히 여성주의가 남성혐오주의, 이기주의자로 번역되거나 무분별한 서구문화 추종자로 받아들여지는 상황에서 여성주의자라는 정체성을 갖거나 드러내는 것은 쉽지 않다. 그러나 참가자들은 EGEP라는 '안전한' 공간 안에서 자유롭게 여성 문제를 토론하고 자신의 경험을 이야기하고 서로 지지하면서, 여성의 문제가 단지 개인적 경험이 아니라 구조적 문제라는 인식을 공유하게 된다. 이 과정에서 여성들은 여성주의를 새롭게 인식하거나 여성주의자로서 긍정적 정체성을 회복하기도 한다. 실제로 몇몇 참가자들은 "나는 이곳에 와서 여성주의자가 되었다" 혹은 "여성으로서의 자각과 의식을 갖게 되었다"고 고백한다. 이런 변화의 경험을 함께하면서 나는 "모든 사적인 것은 정치적인 것이다"라는 여성주의의 오래된 슬로건이 어떤 맥락에서 만들어졌는지를 상상하며, 마치 그 역사의 한가운데 서 있는 것 같은 느낌이 들곤 했다.

임파워먼트의 또 다른 표현은 '자신감'이다. 참가자들은 "교육을 통해 자신감을 갖게 되었다" 혹은 "내가 더 크고 강한 사람이 되었다"는 말을 자주 하곤 한다. 이러한 자신감의 획득은 여성주의에 대한 이론적 훈련뿐 아니라 감정적 공유와 지지, 공감 같은 관계의 경험을 통해 이루어진다. 특히 여성들은 억압 경험으로 인한 상처와 분노의 표현, 이에 대한 상호적 지지와 공감, 평등한 존재로서 존중받는 경험, 동료에게 배려나 도움을 받은 경험 등 정서적이고 친밀한 관계의 경험이 상처를 치유하고 자존감을 회복하게 하고 활동가로서의 자신감을 강화시켜주었다고 말한다. 몇몇 여성들은 어린 시절 받은 학대와 폭력, 이혼, 차별 등의 경험으로 부정적인 태도와 분노, 깊은 좌절감 등을 갖고 살아왔는데, 이곳에 와서 지지, 공감, 신뢰, 친밀함, 우정, 즐거움 등 긍정적 경험을 통해 자신감을 회복했다고 이야기했다.

참가자들은 EGEP라는 새로운 공간에서 이전에 해보지 않았던 새로운 도전이나, 여성에 대한 사회적 금기를 넘어선 '첫 경험'을 통해서도 자신감을 얻는다. 이들은 여자 혼자 외국에 가는 것은 위험하다는 가족의 반대를 무릅쓰고 처음으로 국제교육에 참가한 것, 생애 처음으로 많은 청중 앞에서 발표를 한 경험, 몸의 노출을 금지하는 이슬람 문화에서 성장한 여성이 가족 이외의 사람들 앞에서 춤을 춘 경험, 처음으로 동료들과 축구나 배구와 같은 운동에 참여한 경험, 수요 시위에 참여해서 지지 연설을 하거나 기자들과 인터뷰한 경험들을 하나의 도전이자 성취로 기억한다. 어쩌면 별것 아닌 일처럼 보이는 일들이 이들의 삶에서는 '첫 번째' 경험이고, 이 첫 번째 경험의 성취는 "대학원에 진학해서 더 공부해야겠다는 용기" 혹은 "돌아가면 여성주의 관점에서 더 많은 일들을 시도해보고 싶은" 또 다른 도전과 성취에 대한 자신감을 불어넣어 준다.

이들의 이야기는 여성의 '첫 경험'의 의미를 다시 생각하게 해준다. 가부장제 사회에서 여성들의 새로운 경험이나 도전은 흔히 위험하거나 여성성을 버리는 일들로 받아들여진다. 여성들은 또한 새로운 선택과 도전을 허용하지 않는 수많은 금기와 금지 속에 둘러싸여 살아간다. 이러한 금기를 깨는 '첫 경험'을 통해 여성들은 더 큰 도전과 변화를 만들어낼 수 있는 용기와 자신감을 갖게 된다. 과거 신여성들이 장옷을 벗고 구두를 신고 집 밖으로 걸어나옴으로써 신교육을 받고 직업을 갖는 사회적 성취와 변화를 만들어낼 수 있었듯이 말이다.

연결, 여성연대,
변화를 만드는 나비의 날갯짓

임파워먼트가 일차적으로는 개별적 수준에서 진행되는 여성주의 의식 향상, 여성활동가로서 자신감의 고양, 새로운 성취와 성장 등이라면, '연대'는 보다 관계적이고 공동체적이다. 연대에 대한 인식은 서로의 차이와 다양성에 대한 이해에서 출발한다. 참가자들은 각기 다른 여성 이슈에 대해 이야기하며, 때로는 처음 들어보거나 낯선 주제에 당황하기도 한다. 어떤 경우에는 자신의 이슈나 경험이 받아들여지지 않는다고 느끼기도 한다. 가령 인도네시아에서 LGBT(레즈비언lesbian, 게이gay, 양성애자bisexual, 트랜스젠더transgender 등 성소수자를 이르는 말) 운동을 하고 있는 한 참가자는 "여성활동가들에게 여성폭력은 큰 화두이지만, 어떤 사람은 LGBT 문제에 대해 이상하다고 생각하는 것 같다. 그들은 레즈비언이 폭력을 당하는 것을 여성에 대한 폭력이라고 생각하지 않는다"고 말한다. 또 다른 참가자는 "이곳에 와서 처음 LGBT 운동을 알게 되었다. 낯설었지만 이 역시 중요한 여성 문제라는 생각이 든다"고 솔직히 이야기한다.

이러한 경험들은 서로의 차이를 받아들이는 과정이면서 동시에 서로의 문제를 이해하는 학습의 경험이기도 하다. 참가자들은 차이뿐 아니라 여성 억압의 공통성에 대해서도 깊이 공감한다. 염산 테러, 명예살인, 조혼, 이브 티징, 매매혼 등 형태와 이름은 다르지만 가정폭력, 성폭력, 인신매매 등의 문제는 대부분의 나라에서 매우 공통적인 차별과 억압이었다. 전쟁과 내전, 종교적 갈등, 소수자 차별 등 다양한 사회 배경 속에 살고 있지만, 그 가장 큰 피해자는 결국 여성이라는 점도 공통적이다. 정치 참여의 제한과 노동 시장의 차별, 개발 과정에서의 여성의 빈곤화, 공적 의사결정 과정에서의 배제도 공통적 이슈로 분석된다.

상호적인 이해와 배움의 과정을 한 참가자는 이렇게 설명한다.

"여러 아시아 국가들의 여성 인권에 대해 이야기를 나누는 과정에서 많은 공통 지점을 발견할 수 있었다. 그리고 각 구성원들이 그 공통의 문제를 다르게 해석하면서 문제 해결을 위한 접근에도 다양한 차이가 있다는 것을 알게 되었다. 이렇게 서로 다른 생각을 공유하는 시간을 통해 여성 문제를 바라보는 시야가 확장되었고, 다른 활동가들의 풍부한 경험을 통해 많은 것을 배울 수 있었다."

차이점과 공통점에 대한 이해에서 더 나아가 여성들은 우리가 서로 연결되어 있으며, 다른 공간에서, 다른 시점에서, 다른 방식으로 존재하는 것처럼 보이는 문제들이 사실상 서로 밀접히 '연결'되어 있음을 발견하고 자각한다. 참가자들이 말하는 '연결'은 이중의 의미로 해석된다. 하나는 여성주의자로서 우리의 존재와 경험이 연결되어 있다는 의식이다. 실제 몇몇 참가자들은 "이런 일을 하는 사람이 나 혼자가 아니라는 생각에 이제 더 이상 외롭지 않다"고 이야기했다. '연결'의 또 다른 의미는 서로 다르게 보이는 여성 문제들이 사실상 여성 억압의 구조 안에서 서로 연결된 문제라는 인식을 포함한다. 이러한 인식은 서로 다른 지역과 영역에서 활동하는 여성들이 국가와 이슈의 경계를 넘어 연대해야 할 필요성에 대한 인식으로 발전한다. 참가자들은 초국적 연대의 필요성에 공감한다.

한 인도네시아 참가자의 이야기는 EGEP라는 초국적 공간 안에서 '연결'의 인식과 경험이 어떻게 이루어졌는지를 드라마처럼 극적으로 보여준다. 다음의 이야기는 그녀의 발표나 이야기를 모아 짧게 재구성한 것이다.

"섹슈얼리티 강의에서 교수가, 국가가 스스로의 정당성을 확보하기 위해 여성에 대한 폭력을 이용한 사례로 인도네시아의 사례를 설명했다. 인도네시아의 수하르토 정권 하에서 독재에 항거했던 여성운동가들이 대량 구속되었는데, 국가가 이들에게 성폭력을 가함으로써 자신들이 겪은 일을 침묵하게 만들었다는 것이다. 나는 이 강의를 들으며 내 할머니에 대한 단편적인 기억들을 떠올렸다. 강의 후 교수와 이야기를 나누면서 나는 내 할머니가 바로 수하르토 정권에 반대했던 여성운동가의 한 사람이었다는 것을 알게 되었다. 그리고 참가자들과 함께 한국 군위안부 할머니들의 수요 시위 현장에 참여했을 때, 나는 다시 내 할머니를 떠올렸다. 그리고 왜 내 할머니의 삶과 기억이 가족과 모든 사람들로부터 추방되었는지를 충분히 이해할 수 있었다. 군위안부 이슈는 국가권력이 저지른 여성에 대한 조직적이고 잔혹한 폭력이다. 그럼에도 여성의 섹슈얼리티에 대한 이중 잣대를 가진 가부장제 사회는 오히려 피해를 당한 여성들에게 수치심을 주고 침묵하게 만들었다. 나는 한국 군위안부 할머니들의 경험을 통해 내 할머니의 삶을 이해할 수 있었다. 한국과 인도네시아 두 지역의 여성들의 경험이 얼마나 밀접히 연결되어 있는지, 그리고 나의 삶과 내 할머니의 삶이 어떻게 연결되어 있는지를 생각했다."

EGEP 교육에서 참가자나 교수진, 운영팀 모두가 가장 흔히 공통적으로 말하는 것이 "다른 참가자들에게 많은 것을 배웠다"는 것이다. 나 역시 EGEP 교육을 운영하는 팀원의 한 사람이자 교수진으로 참여하고 있지만, 동시에 교육의 참가자로서 많은 것을 배우고 경험하고 성장하고 임파워되었음을 고백한다. 개인적으로 더 큰 성과는 여성주의에 대한, 여성주의 공동체에 대한 더 큰 희망과 비전을 갖게 되었다는 점이다.

여성운동에 대한 강의 중 마지막 에필로그로 '나비효과'를 이야기했던 것이 기억난다. 어느 한 지역에서 나비의 날갯짓이 만든 작은 움직임이 바다 건너 다른 대륙에서 태풍을 일으킬 수 있다는 나비효과 이야기는 변화를 만드는 여성들의 노력과 그 노력들이 서로 연결이 되어 언젠가 더 큰 변화를 만들어낼 수 있다는 것을 상징한다. 1990년대 초반 한국성폭력상담소를 설립할 당시, 컴퓨터도 제대로 없었던 우리는 색색의 용지에 성폭력의 개념, 편견, 성폭력예방법 등을 일일이 타자기로 쳐서 손으로 리플릿을 만들어 배포했다. 당시 동료들과 성폭력이 무엇인지에 대해 수차례의 격렬한 토론을 거쳐, '성폭력은 언어적, 심리적, 육체적으로 여성에게 가해지는 원치 않는 성적 폭력'이라는 개념을 포함시켰다. 성폭력이라는 용어 자체가 생소하던 그 당시에 언어적·심리적 강제까지 포함한 성폭력 개념은 여성주의 진영 안에서조차 논쟁거리가 되곤 했다. 그런데 10여 년이 지난 어느 날, 초등학교에 입학한 딸이 학교에서 받아온 성폭력 예방교육 책자에서 우리가 토론했던 성폭력 개념이 그대로 인용되어 있는 걸 발견하고 전율을 느꼈던 것을 기억한다. 마치 인도네시아 참가자가 수요 시위 참가 경험을 이야기하면서 돌아가신 자신의 할머니를 다시 만나는 것 같은 '연결'을 경험했다고 한 것처럼, 나 역시 딸이 학교에서 받아온 책자를 통해 나의 세대와 딸의 세대가 연결되어 있는 것을 느낀 경이로운 체험이었다.

EGEP는 완성된 교육 프로그램이기보다 이제 막 새롭게 만들어져서 진화해가는 여성주의 실천의 장이자 실험의 현장이다. 그러나 나는 이 작은 실험에 참여하고 있는 한 사람 한 사람의 날갯짓이 미풍을 만들고, 그 미풍이 국경을 넘고 함께 모아져 어느 날엔가는 태풍처럼

나의 페미니즘 레시피

큰 변화를 만들어낼 거라고 믿는다. 여성주의 공동체의 역사가 늘 그래왔듯이.

{ ♬ }

노지은

이화여자대학교 아시아여성학센터 수석연구원

아시아의 여성학,
우정과 환대의 공간은
계속 이어져야 한다

15

페미니스트가 만드는
여성학 학술 네트워크

여성학을 전공한 이후 지난 10여 년 동안 이화여자대학교 아시아여
성학센터에서 연구원으로서 활동해왔다. 아시아여성학저널 실무 편집
책임자, 제9차 세계여성학대회 사무국장, 아시아여성학회 사무국장 등
을 포함해 그간 수많은 국내외 학술 포럼과 국제회의에 참여하면서 감
히 나는 아시아의 여성학자들이 만드는 지식 생산과 교류 그리고 연대
의 현장에서 즐거운 '목격자'가 될 수 있었다.

여성주의적 이론과 실천 그리고 연대의 지향으로서의 아시아여성학.
1995년 설립 이래 아시아여성학의 지식 생산과 여성학자 교류를 꾸준
히 지향해온 아시아여성학센터의 제도적 궤적은 단순히 내가 속한 직
장의 연혁을 넘어서는 그 이상의 것이었다. 아시아 여성학자들의 지식
공동체의 현장은 누가 만나고, 왜 만나고, 어디서 만나고, 어떻게 만나
고, 만나서 무엇을 하고, 만남 이후에는 무엇을 상상할 것이냐에 따라

그 모습이 제각기 다양할 것이다. 여기서 나는 내가 만난 페미니즘의 현장으로서 여성학자들이 만드는 학술 네트워크에 대한 이야기를 해보려 한다.

여성학 학술 네트워크는 여성학 전공자들만의 모임이 아니다. 우리나라 대학에서 여성학을 전공할 수 있는 과는 그리 많지 않다. 한국여성학회의 회원은 개인회원만 800명이 넘지만, 여성학을 전공한 사람역시 다수는 아니다. 철학, 역사, 문학, 사회, 정치, 경제, 문화 등 다양한 전공의 학자들이 한국여성학 연구를 위한 학술 네트워크에 함께 모여 있다. 여성학은 다학제적이고 사회비평적이며 실천지향적이고 대안적인 학문이다. 여성학자들은 한 사회의 여성의 위치를 사회구조적으로 분석하고, 여성의 입장에서 여성들의 경험을 읽어내며, 여성의눈으로 더 나은 사회로의 변화를 위해 연구하고 실천하는 사람들이다. 여성학 학술 네트워크는 그러한 모든 이들에게 열려 있는 지식 교류의관계망이다.

이것을 지속 가능하게 하기 위해서는 반드시 함께 모일 수 있는 '장소', 공동의 지식 생산으로서의 '과제', 그리고 함께하는 '사람들'을 필요로 한다. 흔히 학회라고 부르는 학술 네트워크는 이러한 사람들이모여서 함께 일하는 하나의 장소다. 여기서 장소는 고정된 '집'의 개념이 아니라 움직이는 네트워크로서, 비를 막아주는 '우산' 개념에 더 가깝다. 구성원 또한 세월에 따라 변하기도 하고, 어떤 일을 하느냐에 따라 그 내용도 달라질 수 있다. 하지만 오랜 세월 만들어낸 지식 생산물의 축적의 결과는 발표, 논문, 저널, 출판 작업을 통해 여성학 연구물로공유되고 있으며, 학자들뿐 아니라 학술 네트워크를 만드는 데 관여한 사람들의 이야기 또한 여성학 역사로서 기록될 필요가 있다.

그렇다면 아시아여성학 학술 네트워크는 무엇을 위해, 누가, 어떻게 만들어갔을까? 아시아의 여성학자들은 어디서, 어떻게 만났을까? 그들이 만들어간 '아시아여성학'은 무엇이었을까? 이른바 서구 여성학 이론이 제시하는 페미니즘과는 어떻게 다른 것이었을까? 한국여성학과는 무슨 관계에 있었을까?

아시아의 여성학을
꿈꾸다

아시아여성학은, 아시아 지역 여성의 정체성에 기반해 아시아 여성의 삶을 구체적으로 해석하면서 변화와 대안을 모색하는 이론적·실천적인 작업을 의미한다. 즉 아시아라는 추상적인 지역공동체에 기반하기보다는 여성들 사이의 '같음'과 '다름', 그들의 삶의 조건에 대한 구체적인 이해를 통해 여성주의적 연대를 지향한다.(아시아여성학센터 인용)

중국의 대표적인 역사학자이자 여성학자인 두팡친(Du Fangqin) 교수는 2007년 아시아여성학회 창립대회 발표에서, 10여 년에 걸친 아시아 여성학자들의 공동 작업의 과정을 다음과 같이 회고하였다. 1996년 '아시아 가부장제와 여성의식의 성장'을 주제로 한 첫 학술대회가 "아시아여성학의 조직과 이론 형성의 좋은 발단"이 되었으며, 이후 1997년부터 3년에 걸쳐 진행된 아시아여성학 프로젝트는 "아시아여성학의 이론 틀, 그리고 지식 경험 교류와 협력의 패턴을 창조한 성공적인 사례"였다. 이러한 작업의 결과물로 아시아의 50개 대학 학자들이 집필하여 2005년에 출간한 8개국 아시아여성학 교과서 시리즈는 "아시아 여성학을 위한 지식 생산"이 되었고, 더불어 2007년 아시아여성학회의 창립으로 그 결실을 보게 되었다.

한국에서 발신하는 아시아여성학 학술 네트워크의 이야기는 아시아여성학센터에서 시작했던 아시아여성학 만들기의 현장에서 시작된다. 1977년 우리나라 최초의 여성학 교육·연구의 산실이 되어온 이화여대 한국여성연구소는 국내 여성학의 활성화뿐 아니라 '아시아 여성학자 세미나 : 여성운동과 대학의 역할'(1978), '아시아 여성학자 워크숍'(1993), '동북아 여성 학술대회'(1993; 1994) 등 국제 학술대회를 개최함으로써 아시아 여성학으로 관심을 확장시킬 수 있는 기반을 마련해왔다.

1994년 윤후정 총장 재임시 한국여성연구소가 한국여성연구원으로 확대 개편되면서 1995년 산하기관으로 아시아여성학센터가 설립되었는데, '아시아여성학센터 준비위원회'에 참여한 장상 교수는 당시 아시아여성학센터 설립의 필요성을 다음 두 가지로 정리하였다.

"첫째, 아시아 여성의 문제는 아시아 여성들의 경험에 토대를 두고 페미니스트적 관점에서 다루어질 필요가 있다. 이를 위해서 아시아 여성학자들의 협동적인 공동 연구와 조사가 절실히 필요하다. 둘째, 아시아 여성들 자신이 서로 알고 이해하며 서로 격려하고 힘을 줄 수 있는 연대망을 형성할 수 있는 공동의 장소가 필요하다."

이렇게 아시아여성학센터는 아시아 여성 문제에 대한 여성주의적 연구를 촉진하고 아시아 연구자 간의 연대망, 즉 네트워크의 형성을

나의 페미니즘 레시피

통해 아시아 내의 여성학을 발전시키기 위한 공동의 '장소'로서 문을 열었다. '제1차 아시아 여성 학술대회 : 아시아의 페미니즘'(1995)에서 당시 정의숙 이화학당 이사장이 제시한 아시아 여성학의 과제의 두 가지 큰 맥락은, 아시아 여성 역사의 재발견 및 재구성, 그리고 성숙한 페미니스트 신념에 기반을 둔 여성주의적 윤리의 개발이었다. 이것은 "아시아적 맥락에서 여성에 대한 가부장적 지배를 재생산하는 경제적·정치적·문화적·종교적 기제들에 대한 연구"를 진행할 것과, 서로 다른 민족적·문화적 배경에서 온 "아시아 페미니스트들은 공통성뿐만이 아니라 서로 간의 차이를 페미니스트적인 관점과 전망으로부터 직시할 필요"가 있다는 점을 강조한 것이었다.

아시아여성학센터는 1995년 국제 학술지 《Asian Journal of Women's Studies》 창간과 더불어 이듬해인 1996년 국제 학술대회 '아시아 가부장제와 여성의식의 성장'을 개최하면서 본격적으로 아시아 여성 학자들 간의 조직화 사업과 지식 생산 작업을 시작하게 된다. 조혜정 교수의 발표에 의하면 여기서 제기된 '아시아 가부장제'는, 당시 '아시아적 가치'를 내세운 유교문명론·유교자본주의의 담론이 지적·정치적 헤게모니를 노리고 부상하던 시대에 이를 경계하는 동시에, 페미니스트들은 아시아의 여성들을 어떻게 이해하고 페미니즘은 어떻게 그들의 현실에 간섭할 수 있는가, 아시아 페미니스트들 간의 연대는 어떻게 만들어질 수 있는가의 문제를 성찰하는 '이중전략'을 함축하는 논쟁적인 개념으로 등장했다.

당시 센터의 초대 소장이었던 장필화 교수는 이 대회에서 처음으로 '아시아 여성학'이 무엇인가에 대한 질문을 새롭게 구성할 것을 제안했다. '한국의 가부장제와 여성의식의 성장'이라는 기조 발표에서, 아시아여성학센터를 만들었다는 소식에 대한 반응 중 하나가 "한국여성학도 제대로 못하면서 무슨 아시아 여성학이냐?"였다고 밝히고 있다. 그러나 여성주의 의식은 "어느 특정한 국적을 갖는 것일 수 없으며, 여성이 차별되는 사회라면 어느 시대에서나 어느 곳에서나 있었다고 가정할 수 있다"고 본다면, 이것이 한국의 가부장제에 저항하며 성장해온 한국 여성주의 역사에 대한 이해를 결여한 채 여성주의를 국가 경계들 안에 가두고 여성학을 단지 "서구 이론을 도입한" 수입 학문으로 폄하하려는 '국수주의적' 발상에서 비롯된 것이라고 문제를 제기한다.

나아가 아시아 여성학은 아시아 내부의 서구 중심주의를 밝혀내고 평가하는 것 또한 동시에 필요하다는 점을 강조한다. "아시아인들은 서구인들의 업적 결과물을 통해서 타자의 눈으로 자신을 인식하고 배워왔다. 지식·학문·정보가 거의 일방적으로 서구에서 아시아로 유입돼온 오랜 기간 동안 아시아인들이 갖고 있는 서구에 대한 지식은 그 반대의 경우와 비교할 수 없을 만큼 넓고 다양해진 반면에 이웃 아시아인들에 대한 지식과 정보는 미약하다."

이러한 서구와 아시아의 지식·정보의 불평등에 대한 문제의식은 이후 아시아 여성학 프로젝트 과정에서 아시아 여성학자들 간에도 공감을 불러일으킨 중요한 이슈였다. 이러한 비판의식 속에서 아시아의 여성주의/여성학 역사에 대해 무지했던 역사를 성찰하고, 지속적인 지식 교류를 통해 상호 지식을 형성해감으로써 아시아여성학은 여성주의에 기반한 대안 학문으로 성장할 수 있는 발판을 마련해갔다고 할 수 있다.

아시아의 여성학을
만나다

'아시아 여성학 : 이론과 실천에 관한 지식교류사업(Women's Studies in Asia : Knowledge Exchange, Theory and Practice)'(이하 '아시아 여성학 프로젝트'). 1997~2000년 3년간의 아시아 여성학 커리큘럼 개발 프로젝트와 2002년 아시아여성학 대회, 그리고 2005년 아시아 여성학 교과서 발간에 이르기까지, 아시아 여성학 프로젝트는 한국여성연구원(원장 이상화)과 공동으로 한국, 중국, 일본, 인도, 인도네시아, 필리핀, 대만, 태국의 아시아 8개국 여성학자들의 지식 교류를 통해, 지난 20~30년간 진행되어온 자국의 여성학 현황을 상호 비교 검토해보면서 '아시아의 여성학' 발전을 모색한다는 목적을 가지고 시작되었다.

서구의 유명한 여성학 이론가들의 이름은 줄줄이 알아도 아시아에 여성학자들이 있을 것이라고는 미처 상상하지 못했었기에 이름도 모르고 정보도 없는 상황에서, 당시 프로젝트 코디네이터였던 김현미 교수는 이러한 시작이 "각국 여성의 현실과 경험에 기반한 지식 체계를 구성하고 여성학이 대학 내 제도적인 학문으로 자리 잡게 하기 위한 공동의 노력을 벌이기 위해, '자원'이 빈약하고 '권력'도 없는 아시아의 여성학자들이 어렵게 모였다"고 회고한다. 그러나 이후 프로젝트에 참가한 8개국의 대표 여성학자들로 구성된 각국 코디네이터의 수는 총 18명에 이르며, 3년간 만난 학자만 해도 220개 대학, 350명에 이르게 된다.

아시아여성학센터는 1998년 이러한 교류 속에서 각국 여성학의 역사와 중심 이슈에 대한 국가별 보고서를 내고, 아시아 각국의 여성학 구축 과정에서의 서로 다른 역사적 경험과 맥락을 드러내고자 하였다. 국가별 보고서에는 민족주의 운동, 자국의 여성운동, 서구 여성학의 영향, 고등교육기관의 여성학 정착 과정에서 드러난 특수한 국가적 맥락과 조직적 특성, 여성학의 전 지구화, 여성학과 여성의 경험, 도시 중산층 중심의 페미니즘의 발전과 여성들 간의 차이, 여성학의 핵심 개념으로서 가부장제와 페미니즘, 여성학 제도화 과정에서 자율성과 다학제성, 여성학의 교육적·사회변혁적 역할에 대한 새로운 정보와 다양한 사례들이 제시되었다. 아시아 지역 여성학 연구의 공통성과 특수성이 국가별 비교 연구를 통해 드러난 것이다.

이러한 '지식 교환'을 통해 아시아의 여성학자들은 서로가 서로에 대해 거의 알지 못한다는 걸 깨달았다. 다른 국가에서 여성 억압의 주요한 이슈들은 무엇이고, 어떠한 다양한 방식을 통해 그에 저항하고 있는지에 대한 정보를 거의 갖고 있지 않다는 사실을 처음으로 확인할 수 있었다. 실제 동남아시아에서 온 한 참가자는, 이때 처음으로 동아시아의 여성학의 발전 과정에 대해 듣게 되었다고 말했다. 이러한 가운데 페미니즘, 가부장제, 국가와의 관계 등 여성학의 기본적인 전제와 인식론에서부터 의견 차이를 보였다. 또한 여성학의 영향력이나 학문적 자율성에서 나라마다 큰 차이가 있었기 때문에, 무엇을 진정한 저항과 비판으로 보느냐에 대한 이해의 차이도 많았다.

그럼에도 각국의 여성학 역사는 젠더 평등과 여성의 세력화를 위한 여성운동과의 긴밀한 연관 속에서 여성의 요구와 삶에 필요한 연구들을 수행하기 위해 수많은 어려움이나 불확실성과 싸우면서 시작되었다는 것, 각기 여성학의 제도화를 위해 다양한 전략을 가지고 노력해 왔다는 것을 이해하게 되었다. 이는 또한 서로가 '여성주의' 이념과 지향을 공유하는 과정이기도 했다. 더불어 여성학 이론을 생산하고 교육하는 위치에 있는 여성학자로서, '아시아' 여성이 처한 삶의 조건을 이해하고 분석할 수 있는 창조적인 이론적 모델을 발전시키는 것의 어려움 또한 서로에게 공감을 주었다. 서구/백인/남성 중심의 자본주의 전개에 따른 '식민지', '근대화', '전 지구화' 역사의 소용돌이 속에서 현대 신자유주의의 헤게모니가 아카데미뿐 아니라 젠더 정치에서 작동하는 가운데 '주변부' 아시아에 위치한 여성학자로서 공통적으로 직면하는 문제였다고 볼 수 있다.

무엇보다 이 프로젝트는 국내외를 막론하고 거의 전무하다시피 했던 '아시아 여성학'이란 무엇인가에 대한 물음을, 기왕의 서구 여성학자들의 지식 생산에 의존해온 관습을 넘어서 자기 자신에게, 또 바로 옆 이웃 동료들에게 서로 물어보고 부딪히고 이해하고 깨달아가는 과정이었다. 그것은 한편으로 각국의 여성학자들에게 자신들이 위치한 곳에서 키워온 여성학의 발전 과정에 대한 성찰, 더불어 아시아 국가 간 비교를 통해 '아시아(의) 여성학(Women's Studies in Asia)'을 만든다는 것의 도전과 한계, 나아가 '아시아여성학(Asian Women's Studies)'이라는 전망을 공유하는 과정이었다고 볼 수 있다. 전자가 아시아라는 지리적 '지역성'을 강조하는 것이라면, 후자는 서구 백인 중심의 여성주의 담론에 대한 '대항 담론'으로서 여성주의적 관점에서 탈식민지적 '아시아'를 의미화해가는 과정의 산물로서 만들어낸 이름이었다. 이는 개별 학자들에게는 여성주의/여성학/여성학자로서의 자기 인식의 한계를 깨달아가는 여성주의 비평의 훈련 과정이었을 뿐만 아니라, 학문적인 교류의 새로운 지평을 실험적으로 모색하는 과정이기도 했다.

참가자들은 처음 만난 8개국의 여성학자들이 3년간 공동으로 연구하며 지속적인 교류를 한다는 사실 자체가 '실험적'이며 매우 의미 있는 일임을 강조하는 것으로 만족하지 않았다. 오히려 이를 시작으로 아시아 여성들의 삶의 맥락을 보다 깊이 이해하기 위한 "아시아 가부장제의 지도 그리기"를 해보자는 열정으로 발전했다. 이에 각국의 정치·경제·문화·역사·종교적 차이에도 불구하고 국가 경계를 넘어서 여성주의 연구자로서, 또 실천가로서, 여성주의 지식 생산에 필요한 공통의 개념이 무엇인가에 대한 논의는 아시아 여성학 연구의 공동 기반을 모색하기 위한 적극적인 토론의 장을 제공하였다.

이러한 맥락에서 1998년 장필화 교수는 "여성학 공통의 개념 틀에 대한 이해를 위하여"라는 제목의 발제를 통해, '여성학'의 핵심 개념으로 '페미니즘'과 '가부장제'를 제시했다. 특히 이화여대 여성학과 프로그램 사례를 바탕으로 '가부장제'를, 가족·성·노동의 상호작용 관계를 통해 가족 및 사회 시스템을 작동시키고 유도하며 지속시키는 개념 틀로 제안한다. 이는 이후 프로젝트 참가자들 사이에 "하나의 개념, 이론, 관점으로서 페미니즘을 어떻게 이해할 것인가?", "페미니즘의 분석 도구로 가부장제를 어떻게 사용할 것인가?"라는 토론을 촉발시켰다.

'페미니즘'과 '가부장제'는 그 내부적 견해의 다양성에도 불구하고 여전히 아시아 여성학 이론의 핵심 개념 틀로 자리하게 된다. 필리핀 대학의 여성학자인 캐롤린 소브리치아(Carolyn Sobritchea)는 "우리의 차이에도 불구하고 여성학의 이론 틀에서 많은 공통점이 있다는 것을 알

앗으며, 여성주의 지식을 만들어내는 데 '가부장제'가 핵심 개념이라는 것에 동의하게 되었다. 이것은 기존의 아카데미를 재해체하고 여성주의 지식 생산이라는 두 가지 과제를 동시에 추구하는 데 중요한 개념이다"라고 평가했다.

각국의 여성학이 각기 다른 맥락에서 발전한 다양성과 공통성을 분석할 수 있는 새로운 개념 틀을 모색하는 단계를 지나, 지역적 상황에 맞는 여성학 교과과정을 재구축하기 위한 국가별 워크숍이라는 매우 실험적 단계로 진입을 하게 된다. 국가별 워크숍의 기본 아이디어는, 각국 여성학자들이 지역별로 여성학 워크숍을 스스로 조직하고 개최하는 것이었다. 1999년 한 해 동안 8개국 국가별 워크숍 참가자만 총 337명에 이른다. 국가별 워크숍은 각국의 팀들에게 지역 여성학자, 여성운동가, 대학 관계자, 학생, 그리고 다른 아시아 국가의 여성학자들이 함께 참여함으로써 "지역적 특수성에 기반한 여성학의 제반 문제와 글로벌한 연대를 위한 여성학의 새로운 패러다임"을 모색하는 전혀 새로운 경험의 확장이었다.

무엇보다도 이 워크숍은 "각 국가별 여성학자들 사이에서뿐만 아니라 전 아시아의 여성학자들 간에 상호 신뢰와 이해의 분위기를 주었다"는 데서 큰 의미를 찾을 수 있다. 아시아에서 여성학의 성장을 위한 미래의 방향성을 토론하고 고민하는 가운데 서서히 참가자들 사이의 연대를 형성하게 되었으며, 아시아여성학의 미래를 위한 공동 과제, 구체적으로는 "8개국 아시아 여성학 교과과정 개발을 위한 공동 과제"를 함께 논의하고 추진함으로써 '아시아여성학'이라는 학문적 정체성을 좀 더 민감하게 의식하게 되었다고 할 수 있다.

프로젝트에 참여한 아시아의 여성학자들은 수차례의 워크숍과 학술 대회와 만남을 공유하면서 각자 위치한 곳에서 여성학자로서 성찰적 발표와 글쓰기를 거듭했다. 아시아 여성학 프로젝트 작업을 통하여 다른 아시아 여성들의 경험과 저항을 알아나가는 것이 얼마나 새로운 자극과 힘을 주는지를 알게 되었다. 그들은 페미니즘 내부에서 이론과 지식 체계의 '서구 중심성'이 얼마나 심각한 것이며, 진정한 여성주의 연대를 위해 아시아 다른 나라의 여성 경험을 이해하는 것이 얼마나 중요한가에 동의했다. 우리가 얼마나 다른가를 이해하고, 그럼에도 불구하고 얼마나 공통적인 가부장적 억압 체제를 경험하고 있는가를 알게 되면서 적극적으로 다른 나라 여성들의 삶에 개입할 수 있는 상호 신뢰를 쌓아갈 수 있었고, 이것은 아시아 여성학자들 간의 지속적인 공동 연구를 가능하게 해주었다.

　일본의 후나바시 구니코(Funabashi Kuniko) 교수는 아시아 여성학 프로젝트에 참여함으로써 서구 여성학과는 다른 아시아 여성의 경험에 기초한 '아시아여성학'의 중요성을 인식하게 되었다고 말한다. 대만의 웨이홍 린(Wei-hung Lin) 교수는 국가 경계를 넘어 아시아의 자매들과 함께한 공동 작업이 상호 이해와 존경을 낳았고, 서로 조언을 해주고 수용함으로써 자신의 견해와 관점을 성찰할 수 있는 기회가 되었다고 밝혔다. 한국의 김현미 교수는 아시아 여성학자들이 공동의 연대를 창출하고 유지하고 발전시킴으로써 사회 변화를 위한 새로운 비판적 지식 체계를 창출할 수 있는 가능성을 열게 되었으며, 무엇보다 아시아 여성을 위한 '아시아 간의 대화'야말로 아시아에서 가장 분명한 페미니스트적 실천임을 알게 되었다고 말한다.

아시아 여성학 프로젝트는 학문적 층위에서만이 아니라, 참여한 개개인에게도 페미니스트로서 새로운 영감과 힘 갖추기를 경험할 수 있는 기회이기도 했다. 2002년 프로젝트를 평가하고 종합하는 발표회에서 인도의 여성학자 푸자 쥬알(Pooja Juyal) 교수는, 이러한 과정이 미래의 꿈과 희망의 지평을 넓히고 영혼 깊이 신념을 새기는 영감을 주는 작업이었다고 말하고 있다. 인도네시아 국립대학의 크리스티 포완다리(Kristi Poerwandari) 교수의 다음과 같은 감회는 아시아 여성학 안에는 함께할 수 있는 장소, 함께 풀어야 할 과제뿐 아니라 무엇보다 그 속에 함께한 사람들이 있었음을 상기시킨다.

"우리가 함께 일하면서 나눈 것들은 서로를 더 잘 이해할 수 있게 해준 거울이 되었습니다. 우리 자신을 더 잘 이해하게 되면서 우리는 더 많은 것을 나눌 수 있었지요. 나 스스로에게 힘이 되는 가운데 상대에게 힘이 되고, 서로를 지원해주는 가운데 나 자신도 힘을 얻게 되었습니다. 많은 장애물이 있다는 것을 서서히 깨달아가면서 우리는 바로 더 강해질 수 있었으며, 밝은 미래를 향해 인내심을 가지고 함께 작업을 했습니다. 함께했기에 한 사람 한 사람의 자유를 향한 길을 만들어갈 수 있었습니다. 그것은 정말 아무것도 잃을 것이 없는 소중하고 커다란 경험이었습니다."

아시아여성학
네트워크 만들기

'아시아여성학(Asian Women's Studies)'이라는 용어는 아시아 여성학 프로젝트의 완결을 위한 'Women's Studies in Asia 2000' 국제 학술 대회에서 처음 등장했다. 아시아의 여성학자들에 어떤 이들이 있는지 조차 알기가 쉽지 않은 상황에서 아시아 여성학 프로젝트는 '아시아 (의) 여성학'으로 전략적으로 출발할 수밖에 없었다. 이것이 오히려 처음에는 서로의 같음과 다름을 이해해가는 과정에서 포괄적인 틀이 되어주었다. 이후 지속적으로 진행된 토론과 논쟁의 과정이 밑거름이 되어서야 미래의 비전으로서 '아시아여성학'으로의 전환이 본격적으로 논의의 장으로 떠오르게 된 것이다.

나는 바로 그 즈음에 영국 유학을 접고 서울로 돌아왔다. '서구'의 '발전된' '큰' 이론을 배우고 싶다는 욕망을 가지고 떠난 유학에서, 한국 여성의 경험은 '사례 혹은 자료'로 이용하고 서구 여성의 경험을 설명하는 연구는 이른바 '이론'으로 이분화하고 있는 나 자신을 발견했다. 한국 여성의 경험을 그들의 언어로 '번역'하고 설명하는 것이 어렵게만 느껴졌다. 그곳에서 나는 젊은/여성/한국인/아시아인/연구자의 복합적 위치에 놓였다. 특히 한국이 어디에 있는지도 모르는 사람들에게 나는 국적보다는 '아시아인'으로서 인종적 범주에 더욱 쉽게 노출되었다. 민족적·인종적 동질성에 기반한 한국 문화에서 외부는 곧 서구였지 아시아는 아니었기에, 나는 아시아를 나의 '외부'로 혹은 '내부'로 위치 지어본 바가 없었다. 영국에서 대신 나는 다양한 이질성의 공생과 그 내부의 식민지 역사를, 그리고 문화적 위계를 목격했다.

내가 있었던 버밍엄이라는 도시는 사투리가 센 것으로 유명하다. 이른바 영국식 영어는 BBC 뉴스에서나 들을 수 있었을 뿐, 인도계, 파키스탄계, 자메이카계, 아프리카계, 중국계, 스페인계 이민자들의 영어와 각 도시의 다른 악센트, 그리고 전 세계에서 유학 온 이방인들의 영어는 모두 제각각이었다. 웨일스 지방은 아예 웨일스 언어와 영어를 동시에 표기하고 쓴다. 이 가운데 오히려 미국식 영어가 그리 환영받지 않는 분위기는 영국과 미국의 경쟁관계에서 오는 독특한 문화의식일 것이다. 나는 콩글리시로 살아남았을 뿐 아니라 앞으로도 그럴 생각이다. 내가 생각하는 영어라는 언어는 소통의 수단이지, 마스터해야 하는 것도 아니고 표준 혹은 기준이 되는 것도 딱히 없다. 특히 아시아 사람들을 만날 때 아직까지 소통의 언어는 영어일 수밖에 없는데, 영어가 모국어가 아닌 사람들 사이에서 필요에 의해 사용하는 영어, 제각기 각자의 스타일과 억양으로 구사하는 영어는 그래서 더 잘해야 한다는 강박에서 자유롭다.

그리고 돌아와 2002년 아시아여성학센터에서 내가 처음 맡은 일은 센터에서 발간하는 국제 영문 학술지 《Asian Journal of Women's Studies》(이하 'AJWS') 저널의 실무 편집책임자로 일하는 것이었다. AJWS의 우리말 이름은 '아시아여성학저널'인데, 우리나라 사회과학 여성학 종합 학술지 최초로 1997년에 SSCI에 등재된 저널이다(오늘날 한국연구재단과 대학들이 연구자 성과 정량 평가로 경쟁적으로 매달리고 있는 국제 저널 등재 문제가 제기되기 훨씬 이전의 일이다. 그래서 2000년대 중반 이후로는 어떻게 AJWS가 등재될 수 있었는지 문의해오는 전화가 꽤 오곤 했다). 1년에 4회 계간지로 발간되고 있는 AJWS는 아시아 여성 문제를 다루는 해외, 특히 아시아 지역 연구자들의 투고율이 늘 높은 수준을 유지하고 있다. 무엇보다 지난 20여 년간 13개국 53명에 달하는 편집위원들이 아시아여성학 지식 생산의 네트워크에 함께하고 있다는 것도 보기 드문 일이다. 즉 저널은 국제적 여성학 학술 네트워크의 산물인 지식 생산과 유통을 담보하는 또 하나의 '장소'이자 연구자인 사람들의 '관계'인 셈이다.

이러한 저널 일은 내게 신선한 충격이었다. 한국여성학의 위치성을 아시아여성학과 연관 지어 생각해본 적이 없다는 것에 대해 나 스스로 놀라웠다. 아시아 여성들의 경험을 분석하고 아시아 여성학 이슈들을 제기하는 논문을 읽는 것은 새로운 지적 충격의 경험이었다. 김은실 교수가 2010년 발표한 논문 〈한국에서의 아시아여성학의 전개와 여성주의 지식 제도화의 정치학〉에서 밝히고 있듯이, 그동안 아시아 여성학자들이 쓴 논문을 참조하거나 읽는 일은 거의 없었기에. 이는 아시아 학자들에게 여성학 지식 생산과 유통과 확산이 그리 쉬운 과정이 아니었음을 반증한다. 지식 생산과 유통에 국제적 분업과 권위, 헤게모니 정치가 개입되어왔다는 의미일 것이다. 그리고 아시아 여성학 교과서 시리즈 《Women's Studies in Asia Series》(이대출판부, 2005)가 출간되면서는 아마도 아시아의 여성학을 책으로 공부할 수 있었던 새로운 세대가 되었는지도 모른다. 아시아여성학 교과서는 한국여성학을 다른 아시아와 비교의 관점에서 볼 수 있게 해주었고, 아시아 여성학 연구와 연구자들의 '보이지 않았던' 지식의 역사에 대해 눈을 뜨게 했다.

이후 나는 센터에서 주관한 2005년 세계여성학대회 개최와 2007년 아시아여성학회 창립에 참여하면서 한국여성학회, 세계여성학회, 아시아여성학회 학술 네트워크 안에서 아시아여성학 지식 교류에 관여해왔다. 아시아여성학회의 창립은 아시아 여성학 프로젝트가 축적해온 지식 생산과 교류가 이루어낸 관계망의 결실이자, 한국여성학의 결실이기도 하다. 2005년 한국여성학회와 이화여대가 공동주최한 '제9차 세계여성학대회(Women's Worlds 2005 : 9th International Interdisciplinary Congress on Women)'가 밑받침이 되어주었기 때문이다.

 1981년 이스라엘을 시작으로 3년마다 개최되는 세계여성학대회는 학문 분야의 경계를 넘어 페미니즘의 시선으로 전 세계 여성의 이슈를 논의하는 국제 여성학 학술대회다. 한마디로 전 세계 여성학자들의 학술 토론장으로, 2005년 서울 대회를 통해 '세계여성학대회'라는 우리말을 얻었지만 흔히 'Women's Worlds'로 더 잘 알려져 있다. 2005년 서울에서 열린 세계여성학대회는 "경계를 넘어서 : 동-서/남-북(Embracing the Earth : East-West/North-South)"이라는 주제 하에 2200개의 논문 초록이 접수되었고, 이화여대 캠퍼스 46개 회의장에서 588개 세션이 5일간 내내 진행되었다. 날로 증대되는 남반구·북반구 간의 빈부격차와 서구·동양의 문화적 가치 충돌 현상이 여성의 삶과 어떻게 얽혀 있는지, 또한 어떻게 분리되어 있는지를 살피면서, 이러한 차이의 경계를 횡단하며 새로운 문화를 생산하고 글로벌 여성 연대를 통해 문제를 해결하고자 하는 새로운 여성 주체를 모색하는 학술 마당이었다.

 아시아에서는 처음으로 한국에서 개최된 9차 대회는 전 세계 79개국에서 모인 참가자들로 대회 등록 2271명, 사무국 스태프 및 자원활동가 397명, 전시 및 참관자 500여 명이 함께한, 세계여성학대회 역사상 최대 규모의 국제대회였다. 특히 한국을 포함해 일본, 중국, 대만, 필리핀, 태국, 인도, 홍콩 등 아시아에서만 1500명이 넘는 여성학 연구자들이 한자리에 모인 것은 처음 있는 일이었다. 언론에서는 "제9차 세계여성학대회는 아시아 여성들이 서구 중심의 여성학 연구에 도전장을 낸 대회로 기록될 것 같다. 아시아의 신진 여성학자와 운동가들은 전체의 70퍼센트가량 되는 연구 발표를 통해 서구와는 다른 '아시아적' 문제와 해결책 등을 쏟아냈다"(〈중앙일보〉 2005년 6월 24일)는 보도가 나올 정도였다.

'세계여성학회' 역시 'Worldwide Organization of Women's Studies'의 우리말 번역 이름이다. 세계여성학대회에 참여했던 여성학자들이 모여서 만든 네트워크였는데, 2005년 이후 그 활동의 중심을 네덜란드에서 서울로 가져왔고, 2011년에는 캐나다 오타와로 옮겼다. 이 조직은 다른 국제 학회처럼 회비를 받고 거버넌스를 가지고 조직적으로 운영하기보다는, 주로 세계여성학대회 유치와 지속성을 담보하기 위한 느슨한 네트워크에 가깝다. 실은 세계여성학회를 어떻게 제도화할 것인가에 대한 고민도 그간 있었다. 다른 국제 학회들의 정관과 조직 구성을 참고해가며 수많은 토론을 거쳤지만, 위계적이지 않고 평등하고 개방적이며 자율적인 조직을 만들고 지속 가능한 장치를 만드는 것은 그리 쉬운 일이 아니었다. 역시 사람들, 장소, 자원의 문제다. 무엇보다 세계여성학대회 자체를 여성운동과 여성학의 결합과 실천의 차원에서 보는 페미니스트들의 실천지향성이, 여타의 국제 학회의 제도화 과정과 어떻게 다른 과정을 만들어낼지 지켜볼 일이다.

나의 페미니즘 레시피

서울 대회 이후 2008년 제10차 스페인 세계여성학대회와 2011년 제11차 캐나다 세계여성학대회에 나는 '아시아여성학회'라는 새로운 이름의 사무국장으로서 참여했다. 2007년 아시아여성학회가 창립되어 아시아여성학센터에 사무국을 마련했기 때문이다. 당시 스페인 마드리드 대학과 캐나다 오타와 대학에서도 역시 한국여성학회, 유럽여성학회, 북미의 여성학회, 동남아시아 여성학회 등 다양한 지역의 여성학 연구자뿐 아니라 전 세계에서 온 여성운동가들을 만났다. 세계여성학대회는 그 자체가 '글로컬 페미니즘'의 현장이었고, 그 만남의 과정 자체가 경계를 넘어서 경계를 고민하게 하는 또 다른 성찰의 과정이었다.

글로벌 페미니즘은 서구 세계를 중심으로 저 너머 멀리에 있는 것이 아니라, 각 지역 페미니스트들의 다양한 집단적 실천을 통해 만들어지는 것이다. 이를 뒤집어서 보면, 미국과 유럽 페미니즘이 주도하면서 여성들 간의 보편적 동질성을 강조하는 글로벌 페미니즘의 위험이 보인다. 경계를 넘어서는 초국가적 페미니스트 연대는 단지 국가 경계를 넘어서는 것만이 아니라, 서로가 처한 상황과 문제를 좀 더 잘 이해하고 함께 인식하는 것, 그리고 그 문제 해결을 위해 서로가 맺은 끈을 더욱 튼튼히 해가는 과정이다. 흔히 초국적 페미니즘은 마치 국가를 초월한 페미니즘으로 오해될 수 있는데, 우리는 국가를 초월할 수는 없다. 초국적 페미니즘은 '문제'를 구성하는 경계가 차이에 의해 복합적으로 만들어지고 유동적이라는 문제의식에 가깝다.

페미니스트들이 만드는 여성학 학술 네트워크의 현장을 내가 '글로컬 페미니즘'의 현장으로 읽는 것은, 바로 아시아 여성학자들이 내게

준 새로운 언어와 배움이 있었기에 가능한 것이었다. 아시아여성학회
는 아시아여성학센터가 아시아 여성학 프로젝트를 통해 만든 '아시아
여성학'이라는 이름의 유산일 뿐 아니라, 교류해왔던 사람들도 지속적
으로 함께해왔다. 페미니스트 지식 생산 네트워크 창출의 과정은 그리
쉽지만은 않다. 장소를 뛰어넘어 만나기, 위계보다 참여를 중심으로
하는 조직화, 끝날 것 같지 않은 토론, 셀 수 없는 시간과 우리가 마신
찻잔들, 작은 일에서 그러나 중요한 뜻부터, 그리하여 있던 것을 바꾸
고 없던 것을 새롭게 만드는 창조와 협업의 과정…. 장소와 사람, 그리
고 함께 이루어가야 할 일들이 지속적으로 엮어낸 결과인 것이다.

이러한 과정에서 아시아 여성학자들이 오랫동안 쌓아온 우정, 상호
신뢰, 책임감과 헌신, 공통의 관심과 다름을 인정하는 태도를 배우고
몸으로 느낄 수 있었다. 오랜 세월 꾸준히 교우해온, 내가 만난 아시아
학자들을 생각한다. 그들은 나를 성장시킨 내 마음속의 페미니스트 어
머니들이고, 경이로운 헌신과 열정을 보여준 선배들이자, 무한히 존경
하는 배움의 스승이다.

아시아여성학
이어가기

지난 2013년 12월, 필리핀 마닐라에서 "정보화 시대 여성학의 도전
과 전망(Women's Studies in the Age of Information: Opportunities and Chal-
lenges)"이란 주제로 제3차 아시아여성학 학술대회가 열렸다. 2010년

말레이시아 페낭의 2차 대회 이후 3년 만이다. 필리핀 국립대학의 그레이스 알폰소 교수가 새로운 학회장으로 선출되면서 아시아여성학회 사무국은 필리핀 대학으로 그 '장소'를 옮겼다. 아시아여성학 네트워크의 새로운 거점이 만들어진 것이다. 나아가 아시아여성학회는 아시아의 지역별 여성학 이슈에 더 가까이 가기 위해서 이화여대 아시아여성학센터와 함께 한-아세안 협력 프로그램으로 아시아 지역의 차세대 여성학 연구자들을 만나 공동 연구를 계획하고 있다. 또한 어느덧 세계여성학대회도 12차 대회를 맞이해 2014년 8월, 인도 하이데라바드 대학에서 "변화하는 세계 속의 젠더(Gender in a Changing World)"를 주제로 개최되어 세계여성학 네트워크의 연대를 이어가고 있다.

아시아 여성학자들은 아시아 지역 여성들의 삶의 다양성과 공통성을 늘 마주한다. 이것이 젠더, 계급, 인종, 민족, 지역, 나이에 의한 차별 없는 경제정의, 사회정의, 젠더정의를 향한 새로운 대안적 패러다임을 만드는 아시아여성학의 힘과 도전의 바탕이기도 하다. 아시아 여성학자들은 여성들이 처한 구체적 삶의 맥락성, 다양성, 다층적 범위를 고려하면서 여성들이 위치하고 있는 각각의 점들을 연결하는 것, 그리고 이것이 사회변혁과 삶의 변화로 이어지도록 연구하고 연대하는 것이 아시아여성학의 길이라 강조한다. 서로 다른 복잡한 위치에 처해 있는 여성들, 지역에 뿌리내린 현장의 목소리에서 나온 비판과 연구, 또 흩어진 점들을 이어주는 초국적 실천…. 이것이 한국여성학과 아시아여성학이 언제라도 만날 수밖에 없는 이유일 것이다.

오늘날 더욱 깊어가는 신자유주의 지구화의 양극화 속에서 여성학 네트워크 역시 전 세계 대학과 학술단체들이 직면하고 있는 지속 가능성의 위기를 피해가기는 어려울 것이다. 오랫동안 함께해온 많은 학자들이 이제 은퇴의 나이에 접어들고 새로운 젊은 세대의 질문은 늘어가지만, 그 사이를 이어갈 허리 세대의 사람들은 너무 바쁘고 지쳐서 만나기가 어렵다. 이제 우리는 새로운 길 위에서 낯선 조우를 준비하며 용기를 잃지 말아야 할 때다. 다행히 내가 만난 여성학 네트워크의 사람들은 더 나은 사회로의 변화를 만들어가기 위한 열정과 상상력, 그리고 웃음과 유머를 잃지 않고 있다. 환대와 우정의 공간은 계속 이어져야 한다.

나의 페미니즘 레시피